예수님의 물질축복으로 부자가 될 분의 책

물질축복 받는비결

강요셉 지음

"이삭이 그 땅에서 농사하여 그 해에 백배나 얻었고
여호와께서 복을 주시므로 (13) 그 사람이 창대하고
왕성하여 마침내 거부가 되어"(창 26:12-13)

성령

물질 축복 받는 비결

성령

들어가는 말

하나님은 분명하게 축복의 하나님이십니다. 성도가 물질의 축복을 받는 것은 당연한 것입니다. 저는 이 책에서 성도들이 물질의 축복을 받아 하나님의 나라 확장에 사용하는 비결을 알려드릴 것입니다. 물질의 축복은 받아야 합니다. 빈곤한 것은 자랑이 아닙니다. 하나님의 연단도 아닙니다. 빈곤은 마귀로 말미암은 것입니다. 만약에 빈곤으로 고통을 당하고 계시다면 성령의 지배 가운데 원인을 찾아 해결해야 합니다. 그냥 가만히 앉아서 당하지 마시고 최우선으로 해결해야 하는 과제입니다. 문제가 있으면 반드시 원인이 있습니다. 원인은 하나님만이 아십니다. 성령의 지배 가운데 영의 상태에서 원인을 찾아서 해결해야 합니다. 빈곤하게 역사하는 귀신을 축귀해야 합니다. 하나님에게 축복하여 주시옵소서. "물질의 축복을 주시옵소서" 하며 기도한다고 물질의 축복이 오지를 않습니다. 성령세례를 받고 성령 안에서 예수님을 부르며 기도하여 자신의 주인이신 예수님을 만나 예수님으로부터 성령의 불을 받으며 성령의 불로 충만해야 합니다. 그리고 역사하는 귀신을 예수 이름으로 명령하여 떠나보내야 합니다. 하나님의 말씀을 믿어야 합니다. 성경 고린도 후서 8장 9절에 보면 "우리 주 예수 그리스도의 은혜를 너희가 알거니와 부요하신 이로서 너희를 위하여 빈곤하게 되심은 그의 빈곤함으로 말미암아 너희를 부요하게 하려 하심이라." 그러나 아직 우리에게는 이 빈곤이 그림자처럼 나타나고 있기에 예수 그리스도 안에서 권세를 주장하고 그 빈곤을 물리치고 탈출하여 하나님의 복을 받아야 하는 것입니다. 우리는 혈통에 대물림되는 빈곤의 문제들도 예수 이름으로 대적하여 끊어내고 몰아내야 할 것입니다. 그리고 아브라함의 축복으로 채워야 합니다. 하나님은 우리를 축복하시는 하나님이십니다. 제가 지금까지의 평신도 생활과 목회자 생활을 뒤돌아 볼 때 하나님은 성도들에게 복을 주시는 하나님이십니다. 저는 그것을 눈으로 몸으로 체험하고 있습니다. 대대로 흐르는 빈곤의 고통을 서서히 탈출하고 있기 때문에 이 글을 쓰는 것입니다. 책을 통하여 빈곤으로 고통당하는 분들에게 조금이나마 도움을 드리고자 합니다. 그리하여 예수를 믿는 성도님들이 빈곤의 문제로 고통당하지 않고 하나님의 복을 받으면서 이 땅에 하나님의 나라를 만들자는 취지에서 이 책을 발간하게 되었습니다. 이 책을 통하여 빈곤의 원인들을 말씀과 성령으로 찾아내어 끊어내고 몰아내어 아브라함의 복을 다 받으시기를 바랍니다.

주후 2023년 3월 20일
충만한 교회 성전에서
저자 강요셉목사.

물질 축복 세부목차

1장 성령의 역사로 물질축복 받은 사례

(고후8:9)"우리 주 예수 그리스도의 은혜를 너희가 알거
니와 부요하신 이로서 너희를 위하여 가난하게 되심은 그
의 가난함으로 말미암아 너희를 부요하게 하려 하심이라"

예수로 죽고 예수로 살아가는 성도가 되었을 때 물질의 축복은
따라오는 것입니다. 갈라디아서 2장 20절이 자신의 신앙고백이 되
어야 합니다. "내가 그리스도와 함께 십자가에 못 박혔나니 그런즉
이제는 내가 사는 것이 아니요 오직 내 안에 그리스도께서 사시는
것이라 이제 내가 육체 가운데 사는 것은 나를 사랑하사 나를 위하
여 자기 자신을 버리신 하나님의 아들을 믿는 믿음 안에서 사는 것
이라" 물질축복을 받으려면 우리에게 무엇 보다 분명해야 하는 것
은 "예수님을 믿을 때 나는 죽고 예수로 사는 십자가 복음"을 분명
히 하는 것입니다. 예수님을 믿는 사람들의 빈곤과 가난은 하나님
의 뜻이 아닙니다. 빈곤은 아담에게 해당되기 때문입니다. 우리가
세상에서 지내다가 예수를 믿고 교회에 들어오게 됩니다. 교회에
들어와 예배드리고 기도하다가 성령을 체험합니다. 말씀과 성령으
로 내면의 상처를 치유하게 됩니다. 상처가 치유되면서 육적인 자
아도 부수어 집니다. 차차로 혈통에 대물림하던 악한 영들이 떠나
갑니다. 드디어 아담의 저주에서 서서히 벗어나게 됩니다. 저주에
서 벗어나면서 자연스럽게 빈곤도 떠나가게 되는 것입니다. 저는

담대하게 말할 수 있습니다. 예수를 믿고 성령으로 거듭난 성도는 빈곤에서 탈출하는 것은 당연한 것이라고 믿고 실천하고 체험하고 있습니다. 문제는 자신의 주인이신 예수님을 만나는 것입니다.

필자는 예수 믿고 목사 되어 체험적으로 하나님의 복을 받고사는 목사입니다. 필자가 군대에서 명퇴를 하고 나올 때의 솔직한 심정은 우리 식구들 모두 굶어서 죽는 줄만 알았습니다. 아무것도 보이지 않았습니다. 그러나 하나님에게 기도하고 하나님에게만 소망을 두고 하나님이 지시한 일을 하면서 순종하고 성령의 인도를 따라오니 지금은 영적 정신적 육체적으로 부자가 되었습니다. 시시때때로 있어야 할 것을 아시고 채워주시는 하나님이라는 것을 몸으로 눈으로 체험하게 하십니다. 하나님은 말씀하시고 이루시는 하나님이라는 것을 체험하게 하십니다. 여러분 하나님에게 소망을 가지시기를 바랍니다. 하나님은 이렇게 말씀 하셨습니다. (신 8:1-3)"내가 오늘 명하는 모든 명령을 너희는 지켜 행하라 그리하면 너희가 살고 번성하고 여호와께서 너희의 조상들에게 맹세하신 땅에 들어가서 그것을 차지하리라 (2) 네 하나님 여호와께서 이 사십 년 동안에 네게 광야 길을 걷게 하신 것을 기억하라 이는 너를 낮추시며 너를 시험하사 네 마음이 어떠한지 그 명령을 지키는지 지키지 않는지 알려 하심이라 (3) 너를 낮추시며 너를 주리게 하시며 또 너도 알지 못하며 네 조상들도 알지 못하던 만나를 네게 먹이신 것은 사람이 떡으로만 사는 것이 아니요 여호와의 입에서 나오는 모든 말씀으로 사는 줄을 네가 알게 하려 하심이니라."

하나님의 말씀은 일점일획도 거짓이 없습니다. 하나님의 음성을 듣고 순종하고 계명을 지키는 자에게 복을 허락하시는 하나님이십니다. 제가 이것을 실제적으로 체험한 목사입니다. 제가 어렸을 때를 생각하면 밥을 굶는 날이 먹는 날보다 많았던 것 같습니다. 아버지가 병이 들어 일을 제대로 못하시니 우리 집이 지지리도 빈곤했습니다. 어느 날은 제가 초등학교 3학년 때인 것 같습니다. 밥을 3일을 먹지 못하고 학교를 가다가 그만 개울에 넘어져 빠져서 일어나지 못하는 것을 외할아버지가 발견하시어 끄집어내서 살았습니다. 또 한 번은 이런 일이 있었습니다. 제가 어렸을 때는 겨울에 눈이 그렇게 많이 내렸습니다. 눈이 많이 내리니, 일은 못하고 양식은 없고 김치만 먹으며 살아 갈 때입니다. 지금 아이들에게 그런 이야기를 하면 라면을 끓여 먹으면 되지 않느냐고 하는 아이들이 있습니다만, 그 때 형편으로는 그렇지를 못했습니다. 한번은 아버지가 전주에 다녀오시더니 쌀을 한 자루를 가지고 오셨습니다. 어머니가 이 쌀을 아껴서 먹는다고 저의 동생의 베개에 넣어 한 동안 베고 자던 보리쌀을 끄집어내어 쌀하고 섞어서 밥을 지었습니다. 그 보리쌀이 상했던 것입니다. 그 밥을 아주 맛있게 먹고 식구 모두가 배탈이 나서 아주 고생을 했던 생각이 떠오릅니다.

그리고 또 이것이 생각이 납니다. 제가 초등학교 4학년 때인 것으로 기억이 납니다. 너무 여러 날을 굶어 힘이 없어서 학교를 가지 못했습니다. 그때는 학교에서 점심에 강냉이 죽을 끓여서 빈곤한 학생들에게 점심에 먹게 하던 시절입니다. 학교에 가면 점심시간에 강냉이 죽이라도 얻어먹을 수가 있는데 며칠을 굶어서 힘이 없어 가지를 못한 것입니다. 그런데 힘이 없어 낮잠을 자던 중에 꿈을 꾸었는데 학교에서 강냉이 죽을 받아서 아주 맛있게 먹는 꿈을 꾼 것입니다. 그런 후 깨어나 보니 꿈이었습니다. 그때 그 서운함은 지금도 생각에서 사라지지 않습니다.

이렇게 제가 어려서부터 몇 년 전까지 정말 거지같은 인생을 살았습니다. 어려서는 앞에서 말씀드린 것 같은 고생을 했고, 군대에 있을 때도 물질이 이상하게 새나가서 항상 쪼들리는 생활을 했습니다. 정말 사람 노릇을 못하고 살았습니다. 결정적인 승진의 때에 이상하게 일이 꼬여서 승진을 못하고 결국은 명퇴하는 일을 당했습니다. 군에 대하여 여러 이야기를 많이 하고 싶으나 지금 청운의 꿈을 안고 군 생활을 열심히 하는 젊은 장교들의 사기에 영향을 미칠 것 같아서 생략합니다. 저에 대하여 함께 근무한 사람들은 다 압니다. 그래서 자신 있게 책을 쓸 수가 있는 것입니다. 워낙 원리 원칙을 주장하고 비리와는 타협하지 않고 아부하지 않고 오직 주 만 바라보고 군 생활을 성실하게 했습니다. 제가 군 생활 23년 했는데 깨끗하게 했습니다. 부끄러움 없는 군 생활을 했습니다. 그것 때문에 하나님의 눈에 들어서 목사가 되었는지 모릅니다. 지금 생각하면 군대를 빨리 졸업하고 나온 것은 하나님의 축복 중에 축복이었다고 생각합니다. 하나님께서 40대 초반에 군대를 졸업시켜 주셔서 얼마나 감사한지 지금 거의 매일 하나님께 감사하고 있습니다.

전역하고 얼마나 힘이 들었는지 모릅니다. 저는 신학대학원을 다니고 아이들은 중고등학교에 다니고 물질문제로 거지와 다름없는 생활을 했습니다. 목사 안수를 받고 교회를 개척해서 열심히 전도해도 교회가 부흥되지 않고 다 큰 딸아이들을 데리고 소돔과 고모라와 같은 향락이 판을 치는 곳, 교회당 뒤에 방을 만들어서 겨울이면 영하4-5도로 내려가는 곳에서 4년이나 살았다는 것 아닙니까? 이렇게 혈통을 타고 대물림되는 빈곤의 마귀 저주로 고통을 당하다가 하나님의 은혜로 제가 신학을 하고 목사가 되어 교회를 개척하고 하도 교회가 부흥되지 않아 부르짖어 기도를 했습니다.

기도를 하다가 "앞으로는 영성이다. 21세기는 영성이다. 영성! 영성! 영성!" 이라는 하나님의 음성을 듣고 영의 눈을 뜨기 시작하여 성령의 역사가 주인되는 영적인 사역에 관심을 가지고 몰입 집중하다 보니, "성령의 불 받을 때 느낌체험" 는 책에서 간증한 바와 같이 성령의 강한 불세례도 여러번 체험하고, 성령의 불로 지배당하며 내적치유도 1년을 받고, 혈통의 대물림을 끊는 세미나도 4번이나 참석하여 받았습니다. 그때부터 혈통에 대물림되는 마귀의 저주가 있다는 것을 인정하고 사모하고 함께 본격적으로 영적전쟁에 돌입하여 계속 대적기도하며 마귀와 일전을 벌였습니다.

그러면서 제가 직접 혈통의 대물림을 끊는 세미나도 수없이 진행하여 왔습니다. 특히 성령의 강력한 불의 역사를 받으며 귀신의 저주를 끊는 세미나에 참석하고 우리 친가의 죄악을 회개하고 마귀저주를 끊고 역사하는 악귀를 쫓아내고, 외가에 역사하는 무당의 영들에 의한 우상숭배의 죄악을 회개하고 귀신의 저주의 줄을 끊고 빈곤으로 저주하던 악귀를 축사했습니다. 그럴 때 마다 수많은 악귀들이 쫓겨 나갔습니다.

필자는 육적인 신앙생활을 할 때는 저에게 귀신이 들어오는지 나가는지 알지를 못했습니다. 목사가 된 다음, 성령으로 세례를 받고 성령 충만 받으면서 영적으로 예민해져서 영적인 현상을 분별하는 능력이 생긴 다음부터는 하나님이 은혜를 주셔서, 저에게 귀신이 침입하고 떠나가는 것을 느낍니다. 귀신이 침입하면 순간 아찔하면서 정신이 산만하고 머리가 어지럽기도 하고 혼미해집니다. 마음도 불안해집니다. 숨을 깊게 들이쉬고 내쉬면서 성령으로 충만하게 하고 성령의 지배가 온몸에 충만해지면, 숨을 깊게 들이쉬고 내쉬기를 반복하면 성령의 역사에 의하여 귀신이 떠나갑니다. 귀신이 나갈 때 저는 거의 재채기를 하거나, 하품을 하고 나가는 것을 체험적으로 알 수가 있습니다. 체험이라는 것은 재채기나 하품을 하고 나면 마음이 평안해지고 온몸이 가벼워지는 것입니다.

한번은 이런 일이 있었습니다. 그때는 성령의 체험도 했을 때이고, 성령치유 사역을 한창 하던 시기입니다. 낮에 사모하고 교회에서 기도하고 있는데 갑자기 성령께서 "너의 목회를 방해하고 빈곤하게 하는 악귀를 몰아내라," 는 감동을 주시는 것입니다. 그래서 제가 "예수 이름으로 명하노니 나의 목회를 방해하고 빈곤하게 하는 더러운 귀신은 예수 이름으로 명하노니 떠나갈지어다." 예수 이름으로 명하노니 나의 목회를 방해하고 빈곤하게 하는 더러운 귀신은 예수 이름으로 명하노니 떠나갈지어다." "예수 이름으로 명하노니 나의 목회를 방해하고 빈곤하게 하는 더러운 귀신은 예수 이름으로 명하노니 떠나갈지어다." 하고 3번 이상 명령을 하면서 올라오라고 했더니 막 하품이 나오기를 한 20번 이상 나오면서 더러운 악한 영들이 떠나가는 것이었습니다. 하품하기를 한참 했더니 이제 아랫배가 뒤틀리고 아프면서 악한 영들이 떠나갔습니다. 교회당 안에서 강력한 불의 역사가 일어나고 제가 성도들을 붙잡고 기도하며 악한 영들을 축사하고 사역을 해도 나를 괴롭히고 목회를 방해하고 빈곤하게 하던 악한 영들이 떠나가지를 않은 것입니다. 예수만 믿으면 악한 영은 자동으로 떠나간다는 말은 근거 없이 체험 없이 하는 말입니다.

제가 임상적으로 경험한 바로는 악한 영은 본인이 인정하고 성령으로 세례를 받고 예수님을 만나기 위해, 마음 안의 예수님을 부르며 성령으로 충만 받으면서 예수 이름으로 대적할 때 떠나가는 것입니다. 본인이 인정하지 않고 기도하지 않으면 절대로 떠나가지 않습니다. 알아야 할 것은 빈곤하게 하는 것은 하나님의 뜻이 아니라, 빈곤의 배후에는 빈곤의 악귀가 있다는 것입니다. 그래서 성령의 임재 가운데 빈곤의 악한 영을 쫓아내야 하는 것입니다.

교회를 개척하고 영육으로 고생을 많이 했습니다. 특히 물질로 고생을 많이 했습니다. 그러나 저는 반드시 축복을 받는 다는 믿음으로 믿음의 말을 선포했습니다. 우리 교회와 가정에 물질 고통을 주고 있는 악한 영은 "예수 이름으로 명하노니 떠나갈지어다." "떠나간 곳에 재정축복의 영이 임할지어다." 정말 많은 날을 믿음의 말을 선포하며 기도했습니다. 심지어 찬양도 축복을 받는 찬양을 불렀습니다. 제가 즐겨 부르던 찬양이 **"반드시 내가 너를 축복하리라"**입니다.

1절→반드시 내가 너를 축복하리라. 반드시 내가 너를 들어 쓰리라. 천지는 변해도 나의 약속은 영원히 변치 않으리. 두려워 말라 강하고 담대하라. 낙심하며 실망치 말라. 낙심하며 실망치 말라 실망치 말라. 네 소원 이루는 날 속히 오리니 내게 영광 돌리리. 영광의 그날이 속히 오리니 내게 찬양하여라.

2절→반드시 내가 너를 축복하리라. 반드시 내가 너를 들어 쓰리라. 세상의 소망이 사라졌어도 온전히 나를 믿으라. 두려워 말라 강하고 담대하라. 인내하며 부르짖으라. 인내하며 부르짖으라. 부르짖으라. 네 소원 이루는 날 속히 오리니 내게 영광 돌리리. 영광의 그 날이 속히 오리니 내게 찬양하여라.

3절→반드시 내가 너를 축복하리라. 반드시 내가 너를 들어 쓰리라. 사단의 역사가 강할지라도 온전히 나를 믿으라. 두려워 말라 강하고 담대하라. 담대하게 전진하여라. 담대하게 전진하여라. 전진하여라. 네 소원 이루는 날 속히 오리니 내게 영광 돌리리. 영광의 그 날이 속히 오리니 내게 찬양하여라. 두려워 말라. 강하고 담대하라. 담대하게 전진하여라. 담대하게 전진하여라. 전진하여라. 네 소원 이루는 날 속히 오리니 내게 영광 돌리리. 영광의 그 날이 속히 오리니 내게 찬양하여라.

찬양을 인도하면서 계속 불렀습니다. 하도 많이 부르니, 우리 사모하고 아이들이 그만 부르자고 했습니다. 그러나 저는 반드시 축복을 받는 다는 믿음을 가지고 축복 송을 불렀습니다. 그 결과 믿음의 말을 선포한 대로 지금 축복을 받고 있습니다.

좌우지간 저는 목회를 방해하고 빈곤하게 하는 귀신을 쫓아냈습니다. 믿음의 말로 선포하며 영적전쟁을 치루면서 성령치유집회를 하고, 성령 충만한 기도로 성령님을 만나 성령을 충만하게 하며 성전을 장악하는 활동을 강하게 한 이후부터 서서히 교회의 재정이 풀리기 시작을 했습니다. 교회가 부흥하여 교회 뒤에서 칸을 막고 4년이나 거지같이 살던 생활을 접고 아파트도 월세로 얻어서 밖으로 나가고, 교회도 서울로 이전하여 지금 목회를 잘하고 있는 것입니다. 그리고 가정의 물질도 서서히 풀려서 어려움이 없어지고 필자가 하나님의 진리의 말씀의 비밀이 깨달아지는 만큼씩 영안이 열리고 성령께서 깨닫게 해주시는 죄악들을 회개하여 심령을 정화하여 영적으로 깊어져서 하나님을 기쁘시게 하는 만큼씩 교회도 부흥하고 여러 가지 환경이 눈에 보이게 좋아지고 있는 것입니다.

지금 재정적인 고통을 당하고 계십니까? 성령으로 세례를 받고 성령으로 기도하며 성령님을 주인으로 모시고 온몸을 성령으로 충만한 성령의 권능을 가지고 마귀와 영적전쟁을 하시기를 바랍니다. 그러면 서서히 재정의 문제가 풀리기 시작할 것입니다. 이렇게 볼 때 빈곤의 배후에는 악한 마귀 악귀의 역사가 있습니다. 책을 읽는 분들은 긍정적인 믿음을 가지고 선포하시기를 바랍니다. 그러면 빠르면 1년 늦으면 3년 이내에 빈곤의 고통이 물러가고 하나님의 축복이 임하는 것을 체험하게 될 것입니다. 우리 자녀들이 서울로 이전하니 이렇게 이야기 합니다. 우리가 지금 이렇게 된 것은 하나님이 일으키신 기적이라고 간증합니다. 도저히 사람의 힘으로는 벗어날 수 없었던 빈곤의 환경을 성령의 역사로 바꾸어 하나님은 기적을 일으키시는 분이라고 어린아이들이 간증하게 하시는 것입니다. 하나님은 기적의 하나님 이십니다. 그리고 체험하게 하시는 하나님 이십니다. 그냥 기적을 체험하게 하시는 하나님은 아니십니다. 마음이 치유되어 심령이 하나님의 마음에 합하면 합한 만큼 서서히 여러 가지 환경을 풀어주시는 하나님 이십니다. 하나님의 말씀에 요행이라는 것은 없습니다. 마음과 정성을 드리고 심은 만큼 보답해주시는 하나님이십니다.

1. 성령으로 세례를 받고 성령 충만해야 한다. 영적으로 눈을 뜨다가 보니, 기도를 바르게 해야 한다는 것입니다. 많은 분들이 재정의 고통만 해결하여 달라고 기도합니다. 제가 깨닫고 보니 성령으로 기도하여 자신의 주인이신 예수님을 찾고 찾아서 예수님을 만나 예수님으로 충만해야 재정의 고통이 해결이 되더라는 것입니다. 성령으로 충만하니 재정의 고통을 가하는 귀신이 떠나가기 시작하기 때문입니다. 모든 성도들이 영적인 세계를 보는 눈이 열려야 한다는 것입니다. 영적인 세계에는 성령님이 계십니다. 마귀도 있습니다. 성령으로 거듭난 사람의 영도 있습니다. 영적세계에 대

하여는 제가 써서 출간한 **"카리스마로 영적세계를 장악하는 법"**와 **"영들을 보는 눈을 개발하라"**를 참고하시기를 바랍니다. 하나님은 예수를 믿고 성령으로 거듭난 성도들을 통하여 이 땅에 하나님의 나라를 건설하십니다. 그래서 성도들에게 소원을 두고 행하십니다. (빌2:13-14)"너희 안에서 행하시는 이는 하나님이시니 자기의 기쁘신 뜻을 위하여 너희에게 소원을 두고 행하게 하시나니. 모든 일을 원망과 시비가 없이 하라" 성도들에게 소원을 두신 하나님이 우리를 저주하실 리가 만무한 것입니다. 빈곤하게 하는 배후에 마귀, 귀신이 있다는 것입니다. 마귀의 저주로 인하여 빈곤이 왔다는 것을 알게 되었다면 빈곤 탈출은 절반은 된 것입니다. 많은 분들이 빈곤이 마귀로부터 말미암았다는 것을 인식하지 못합니다. 그래서 조상 탓을 합니다. 내가 조상을 잘못 만나 빈곤하게 산다고 합리화하고 해결을 하려고 하지를 않습니다.

그러나 이것은 해결책이 되지 못합니다. 저는 조상 탓을 하는 성도를 제일 싫어합니다. 목사님 우리 조상들이 우상을 숭배하여 제가 이렇게 고생을 합니다. 성인이 되어 출가를 했으면 자신이 빈곤을 청산하려고 노력을 해야 맞는 것입니다. 성도가 빈곤을 탈출하려면 먼저 영적인 눈이 열려야 합니다. 영적인 눈이 열리기 전에는 절대로 빈곤에서 탈출할 수가 없습니다.

2. 빈곤은 아담의 죄악과 선조들의 불신앙으로 왔다. 제가 영적인 눈을 뜨고 저의 가계를 살펴보니 선조들의 우상숭배가 말로 표

현할 수 없을 정도로 많이 했다는 것입니다. 제가 어렸을 때 우리 집에 제사가 1년에 26번이나 된다고 아버지가 늘 말씀하셨습니다. 없는 집에 제사 돌아오는 것 같다더니 우리 집이 그랬습니다. 큰 아버지가 돌아가셨을 때는 집 모퉁이에 제단을 만들어 놓고 아침마다 밥을 해다 놓고 아버지가 절을 하는 것을 보았습니다. 저의 외가도 만만치 않습니다. 툭하면 무당을 데려다가 굿을 했습니다. 제 눈으로 똑똑하게 보았습니다. 저의 외할아버지가 중병이 들어 일어나지 못해서 무당을 데려다가 굿을 몇 번하는 것을 지는 잠을 자지 않고 가서 구경을 했습니다. 이것을 보고 자란 저의 어머니 역시 아버지 가 돌아가시고 나니 툭하면 점을 치고, 굿을 하곤 했습니다.

제가 이것이 죄악이라는 것을 깨닫고 가계저주를 끊는 집회에 참석하여 회개하고 귀신을 몰아내니 귀신들이 하품을 통하여 나 가는데 썩는 냄새를 풍기고 나갔습니다. 옆에 계신 분들이 코를 막 을 정도로 심한 악취를 풍기면서 떠나갔습니다. 정말 말로 표현 못 할 정도로 우상을 숭배하며 지냈습니다. 저는 절대로 조상 탓하지 않고 제가 회개하고 성령으로 저주의 줄을 끊고 귀신을 축귀했습 니다. 이렇게 했기 때문에 조기에 빈곤에서 탈출하게 된 것 같습니 다. 조상의 우상 숭배를 찾아내고 인정해야 합니다. 그리고 적극적 인 조치를 해야 합니다. 그래야 빈곤에서 탈출할 수가 있습니다.

3. 성령의 불로 충만 받으며 내면을 치유 받았다. 아무리 조상의 우상숭배를 인정하고 회개를 해도 성령의 역사가 일어나지 않으면

헛일입니다. 다행히 저는 하나님께서 알려주셔서 영성에 눈을 뜨게 되었습니다. 영성도 성령으로 세례를 받고 내적치유를 해야 깊어진다는 것을 알게 되었습니다. 성령으로 세례를 받고 내면의 상처를 치유해야 땅의 사람이 하늘의 사람으로 바뀌기 때문입니다. 그래서 저의 사모하고 함께 매주 월요일부터 목요일까지 1년이라는 세월을 투자하여 성령을 체험하며 내면을 치유 받았습니다. 내적상처만 치유 받으면 되는 것이 아니라 자아를 부수어야 됩니다. 자아는 지금까지 세상을 살아가면서 배우고 터득한 내용들입니다. 제일 자아를 빨리 부수는 방법은 내 힘과 지식으로는 아무것도 할 수 없다는 것을 발견하는 것입니다. 모든 것을 하나님에게 문의 하여 해결해야 된다고 알고 행하면 자아는 빨리 부수어집니다. 제가 성령치유사역을 하다가 보면 세상에서 하던 행동을 예수 믿고도 끊지 못하여 귀신들이 떠나가지 않는 분들이 있습니다. 그렇게 강조를 해도 알아듣지를 못합니다. 귀신들이 들을 귀를 막아버려서 그러는 모양입니다. 좌우지간 성령으로 세례를 체험하고 내면의 상처를 치유하고 자아를 부수어야 혈통에 역사하던 빈곤 귀신들이 떠나가는 것입니다. 절대로 상처와 자아가 부수어지기 전에는 빈곤 귀신은 떠나가지 않습니다.

4. 성령으로 충만 받으며 영적전쟁을 했다. 우리가 예수를 믿고 성령으로 세례를 받고 기도하며 영적인 전쟁에 승리해야 빈곤 귀신이 떠나가 빈곤을 탈출할 수가 있습니다. 예수님도 성령으로 세

례를 받으시고 광야에서 주리시면서 마귀와 전쟁을 하셨습니다. 우리도 마찬가지입니다. 영적인 전쟁 없이 빈곤 탈출은 없습니다.

하나님은 분명하게 말씀을 하셨습니다. 여호수아에게 이렇게 말씀하셨습니다. 여호수아 1장 3-4절에서 "내가 모세에게 말한 바와 같이 너희 발바닥으로 밟는 곳은 모두 내가 너희에게 주었노니, 곧 광야와 이 레바논에서부터 큰 강 곧 유브라데 강까지 헷 족속의 온 땅과 또 해 지는 쪽 대해까지 너희의 영토가 되리라" 발바닥으로 밟는 곳은 모두 너희에게 주었다고 하십니다.

그냥 주시는 것이 아니고 발바닥으로 밟는 곳을 주신다는 것입니다. 발바닥으로 땅을 밟으면 그곳을 점령하고 있던 토속 민들하고 싸워야 합니다. 싸워서 이겨야 땅을 차지 할 수가 있는 것입니다. 그러므로 영적인 전쟁 없이 빈곤 탈출은 못하는 것입니다. 영적인 전쟁은 내 힘으로 하는 것이 아닙니다. 성령의 권능을 가지고 해야 하는 것입니다. 성령의 권능으로 영적전쟁을 해야 하기 때문에 필히 성령으로 세례를 받고 성령으로 충만해야 합니다.

하나님은 마태복음 11장 12절에서 이렇게 말씀하십니다. "세례 요한의 때부터 지금까지 천국은 침노를 당하나니 침노하는 자는 빼앗느니라." 물질을 침노하여 빼앗아야 빈곤에서 탈출할 수가 있는 것입니다. 일부 성도들이 잘못알고 있는 것이 하나님에게 열심히 빌고, 봉사하고, 헌금을 드리면 하나님이 자동으로 빈곤을 떠나가게 하시는 줄 알고 있습니다. 이것을 잘못알고 있는 것입니다. 열심히 기도하고, 봉사하고, 헌금하면서 성령의 권능을 가지고 본인이 싸워야 합니다. 자신이 하나님의 나라 성전이 되어야 합니다. 절대로 하나님에게 열심히 한다고 빈곤이 떠나가는 것이 아닙니다. 열심히 해서 빈곤이 떠난다고 하는 것은 샤머니즘의 신앙의 잔재입니다. 이것을 빨리 떨쳐버려야 빈곤에서 탈출할 수가 있습니다. 영적인 전쟁을 하려면 자기 힘으로는 영적 존재인 귀신을 이길 수가 없습니다. 성령으로 충만한 영의 상태에서 성령이 주시는 레마를 선포할 때 빈곤귀신들이 소리를 지르고 떠나가는 것입니다. 하루 아침에 해결되는 것이 아닙니다. 자신이 영적으로 변하는 만큼씩 귀신들이 떠나간다는 것을 알아야 합니다.

하나님은 출애굽기 23장 27-33절에서 이렇게 말씀하고 있습니다. "내가 내 위엄을 네 앞서 보내어 네가 이를 곳의 모든 백성을 물리치고 네 모든 원수들이 네게 등을 돌려 도망하게 할 것이며, 내가 왕벌을 네 앞에 보내리니 그 벌이 히위 족속과 가나안 족속과 헷 족속을 네 앞에서 쫓아내리라 그러나 그 땅이 황폐하게 됨으로 들짐승이 번성하여 너희를 해할까 하여 일 년 안에는 그들을 네 앞에서 쫓아내지 아니하고, 네가 번성하여 그 땅을 기업으로 얻을 때까지 내가 그들을 네 앞에서 조금씩 쫓아내리라. 내가 네 경계를 홍해에서부터 블레셋 바다까지, 광야에서부터 강까지 정하고 그 땅의 주민을 네 손에 넘기리니 네가 그들을 네 앞에서 쫓아낼지라. 너는 그들과 그들의 신들과 언약하지 말라. 그들이 네 땅에 머무르지 못할 것은 그들이 너를 내게 범죄 하게 할까 두려움이라 네가 그 신들을 섬기면 그것이 너의 올무가 되리라"

위의 말씀을 보면 29절 30절에서 "그러나 그 땅이 황폐하게 됨으로 들짐승이 번성하여 너희를 해할까 하여 일 년 안에는 그들을 네 앞에서 쫓아내지 아니하고, 네가 번성하여 그 땅을 기업으로 얻을 때까지 내가 그들을 네 앞에서 조금씩 쫓아내리라" 이 말씀을 이해가 될 때까지 읽어보시기를 바랍니다. 하나님은 절대로 한꺼번에 쫓아내주시지 않습니다. 이를 빨리 깨달으려면 **"귀신축사 속전속결"**과 **"귀신들을 쫓아내는 군사 되기"**를 일어보시기를 바랍니다. 내가 변하고 성령의 권능을 받아 감당할 만큼씩 쫓아낸다는 것을 알아야 합니다. 그러므로 지속적인 영적전쟁을 해야 합니다.

5. 하나님을 주인으로 모시며 살았다. 찬양에 이런 곡이 있습니다. "이 세상사람 날 몰라줘도, 이 세상사람 날 몰라줘도, 뒤 돌아서지 않겠네." 빈곤을 청산하려면 절대로 사람을 의지하면 안 됩니다. 사람들이 무어라고 해도 귀담아 듣지 말고 하나님에게 눈과 귀를 돌리는 것입니다. 저에게도 별별 희한한 소리를 하면서 저의 심기를 건드리는 분들이 있었습니다. 특별히 가족 친지들입니다. 편한 세상일을 두고 어렵고 힘든 일을 한다는 것입니다. 저는 절대로 마음에 두지 않았습니다. 다른 부류는 선배 목사님들입니다. 총회와 노회의 어른들을 챙기지 않는 다는 것입니다. 아니 내가 지금 빈곤으로 교회를 하느냐 못하느냐의 위기에 처해 있는데 무슨 여유가 있다고 선배목사님들 챙기고 돌아다닙니까? 말도 안 되는 말을 하시는 것입니다. 만약에 내가 교회를 못할 정도가 되어 교회

문을 닫았다면 그분들이 교회를 세워주겠습니까? 영성에는 이런 용어가 있습니다. 외적침묵과 내적침묵입니다. 이 말을 해석하면 "밖에서 들리는 소리에 신경 쓰지 말고, 내면에서 올라오는 잡념에 마음을 쓰지 말고 오로지 하나님에게만 집중하라는 말입니다." 오로지 하나님에게만 집중해야 빈곤에서 탈출할 수가 있습니다. 정말로 의지를 가지고 집중해야 합니다.

6. 하나님에게 영광을 돌렸다. 모든 일들을 하신 분은 하나님이십니다. 하나님이 저를 통하여 하신 일입니다. 저는 예수를 믿을 때 죽었습니다. 갈라디아서 2장 20절에 보면 "내가 그리스도와 함께 십자가에 못 박혔나니 그런즉 이제는 내가 사는 것이 아니요 오직 내 안에 그리스도께서 사시는 것이라, 이제 내가 육체 가운데 사는 것은 나를 사랑하사 나를 위하여 자기 자신을 버리신 하나님의 아들을 믿는 믿음 안에서 사는 것이라" 우리 확실하게 알아야 합니다. 이제 내가 사는 것이 아니라 내 안에 그리스도께서 사시는 것입니다. 주객이 전도되면 안 됩니다. 이 영적원리를 빨리 적용해야 빈곤에서 탈출할 수가 있습니다.

일부 목회자나 성도들이 자꾸 내가, 내가하면서 자기를 내세우는 분들이 있습니다. 이는 영적으로 보면 아직 땅의 사람이 죽지 않았다는 것을 은연중에 표현하는 것입니다. 땅의 사람은 아담입니다. 아담은 마귀의 종입니다. 하나님과 관계가 없는 사람입니다.

그래서 하나님은 고린도전서 10장 31절에서 이렇게 말씀하시는 것입니다. "그런즉 너희가 먹든지 마시든지 무엇을 하든지 다 하나님의 영광을 위하여 하라." 또 베드로전서 4장 11저에서 "만일 누가 말하려면 하나님의 말씀을 하는 것 같이 하고 누가 봉사하려면 하나님이 공급하시는 힘으로 하는 것 같이 하라. 이는 범사에 예수 그리스도로 말미암아 하나님이 영광을 받으시게 하려 함이니 그에게 영광과 권능이 세세에 무궁하도록 있느니라 아멘"

7. 사고를 성령으로 영적으로 했다. 영적인 사고방식이 중요합니다. 말이나 일이나 모두 성령으로 발원한 영적으로 사고를 해야 합니다. 그래야 문제에 봉착했을 때 성령으로 하나님의 방법을 찾을 수 있기 때문입니다. 궁극적으로 그리스도인의 생활이라는 문제와 그 어려움들은 모두 영적인 것이므로 거기에 대처하는 우리도 성령님이 주인된 영적으로 사고하여야 합니다. 합리적이고 인간적인 사고방식은 버려야 합니다. 이것은 특히 하나님께서 우리를 다루시는 방법을 이해하는 데 있어서 적용되어야 할 진리입니다. 시편 73편의 기자가 겪는 문제가 바로 이것입니다. 그는 하나님이 왜 이런 것들을 허용하시는가라고 말합니다. 왜 악인들이 형통하는가? 하나님이 하나님이시라면 왜 나로 하여금 현재와 같은 괴로움을 당하게 하시는가? 이것들은 하나님의 방식을 이해하려는데 있어서 제기되는 문제들입니다. 여기에 대한 대답은 오직 한 가지뿐입니다.

이사야 55장 8절의 "여호와의 말씀에 내 생각은 너희 생각과 다르며 내 길은 너희 길과 달라서 하늘이 땅보다 높음 같이 내 길은 너희 길보다 높으며 너희 생각 보다 높으니라." 이것만이 궁극적인 대답입니다. 우리가 먼저 기억해야 할 것은 하나님의 방법을 생각할 때에 우리가 젖어왔던 낮은 수준의 차원에 머물러서 생각하지 말아야 한다는 사실입니다. 우리는 이러한 문제를 생각할 때에는 중생하지 못한 사람들의 사고방식을 고집하는 것입니다. 우리는 구원의 문제를 다루는 데는 영적인 사고방식이 필요한줄 알지만 우리들 주변에 부딪히는 일들에 대해서는 다시 합리적인 사고방식으로 들어가려는 경향이 있습니다. 그러므로 우리들이 하나님의 방법을 이해하지 못한다 할지라도 이상하게 생각해서는 안 됩니다. 왜냐하면 하나님의 방법은 전적으로 다른 것이기 때문입니다. 이 두 사고방식 사이의 차이는 하늘과 땅의 차이입니다. 그러므로 우리가 이해할 수 없는 일을 당했을 때 우리는 먼저 "내가 이 일을 영적으로 대치하고 있는가?"라고 자문해 보아야 합니다. 이것은 하나님과 나 사이의 관계에 대한 문제가 아닌가? 내가 지금 영적인 사고방식을 가졌다고 확신 할 수 있는가? 아니면 나도 모르게 자연적인 사고방식으로 되돌아가고 있는가? 어떤 상황이나 사건에 직면했을 때에는 그 충격이나 염려 때문에 영적인 생각을 갖는다는 것은 어려운 것입니다. 그러므로 훈련을 통하여 어떤 상황, 어떤 문제가 닥치더라도 위로부터 생각하는 습관이 되어 삶으로 나타날 수 있어야 합니다. 바울은 고린도전서 15장 31절에서 "형제들아 내가 그리스도 예수 우리 주 안에서 가진 바 너희에게 대한 나의 사랑을 두고 단언하노니 나는 날마다 죽노라" 말합니다.

스펄젼은 학생들에게 이렇게 말한 적이 있습니다. 즉 기도회에서는 진짜 성도처럼 기도하고 성도처럼 행동하는 사람들이 교회의 집회에서는 자주 마귀가 되어버리는 것을 발견할 수 있다는 것입니다. 슬프게도 교회의 역사는 스펄젼의 말이 사실임을 증거 해 주고 있습니다. 알다시피 성도들은 하나님께 기도할 때만은 영적으로 생각합니다. 그러나 교회의 모임에서는 마귀가 되어 버립니다. 왜 그럴까요? 이는 기도회와 교회 모임 사이에는 본질적인 차이가 있다는 가성아래 처음부터 성령으로 발원한 영적인 방법으로 출발하지 않았기 때문입니다. 그들은 마음속에 구별의식을 갖고 있으며 그것이 밖으로 나타나는 것입니다. 그것은 단지 그들이 모든 일에 있어서 영적으로 생각해야 한다는 사실을 잊어버리기 때문입니다. 그러므로 우리가 명심해야 할 첫 번째 원리는 "어떤 길은 사람의 보기에 바르나 필경은 사망의 길이니라."(잠16:23) 항상 영적으로 생각하는 것을 배워야 한다는 것입니다. 그렇지 않으면 우리는 어느새 시편 기자가 아주 생생하게 묘사하고 있는 위험 속에 빠져들게 될 것입니다. 빈곤에서 탈출하고 싶습니까? 사고를 성령 안에서 성령으로 발원한 영적으로 하는 습관을 들이기를 바랍니다. 성령으로 발원한 영적인 사고를 하지 않으면 항상 하나님과 관계 없는 합리를 추구하게 됩니다. 합리는 육의 세상놀이입니다. 마귀 역사입니다. 하나님은 성도들을 통하여 세상에 하나님의 살아계심을 나타내시기 때문에 성도들을 물질로 축복하시면서 살아계신 하나님을 나타내십니다. 살아계신 축복의 하나님이시기 때문입니다.

2장 물질 축복은 하나님의 뜻이다.

(고후 8:9)"우리 주 예수 그리스도의 은혜를 너희가 알거
니와 부요하신 이로서 너희를 위하여 가난하게 되심은 그의
가난함으로 말미암아 너희를 부요하게 하려 하심이라"

하나님의 뜻은 예수를 믿는 모든 성도가 아브라함의 복을 받는
것입니다. 그런데 교회는 언제부터인가 건강하게 사는 것과 물질
적인 부를 죄악시하는 풍조가 생겼습니다. 이유는 좋은 신자가 되
기 위해서는 몸이 약해야 되고 빈곤해야 한다는 것입니다. 이것은
참으로 그릇된 생각입니다. 일부 목회자들이 성도가 건강하고 물
질적으로 부해지면 예배와 기도를 등한히 할 수 있다는 것입니다.

이렇게 사고를 하면서도 복음전도를 효과적이고 광범위하게 하
기 위해서 물질이 필요하여 교인들에게 끊임없이 많은 헌금을 하
라고 강요하는 것입니다. 헌금은 하라고 하면서 물질축복을 기복
신앙으로 몰아붙입니다. 과연 건강과 물질이 죄악입니까? 과연 빈
곤이 찬양받을 만한 미덕이 됩니까? 우리 성도들은 물질과 신앙생
활과의 관계를 어떻게 정리해야 될까요? 이 문제에 관해서 우리가
밝히 알고 넘어가야 될 필요성이 있는 것입니다.

1. 물질을 누가 만들었을까? 물질이 과연 죄악시된다면 그 물
질은 악마가 지은 것입니까? 하나님께서 지으신 것입니까? 악마

가 지은 것이 좋은 것을 지을 수 없고 좋으신 하나님이 악한 것을 지을 수 없는 것을 우리는 알고 있습니다. 창세기 1장 1절에 보면 "태초에 하나님이 천지를 창조하시니라"고 말씀하셨고 그 다음 땅이 공허하며 흑암이 깊음 위에 있을 때 주의 신이 수면에 운행하시자마자 하나님이 빛을 지으시고 하나님이 궁창을 지으시고, 하나님께서 물속에 육지가 나고, 모든 열매 맺는 나무들이 나게 하시고, 하나님께서 해와 달과 별들을 지어 궁창을 비춰게 하시고, 공중의 새와 물속에 있는 고기를 지으시고, 땅위에 기는 짐승과 곤충을 지으시고, 마지막에 하나님의 형상과 모양을 좇아 사람을 짓되 남녀를 지었다고 성경은 말씀하고 있는 것입니다.

이 세상에 존재하는 만물 중에 하나님께서 짓지 아니하신 것은 전혀 없습니다. 천지만물은 하나도 남김없이 모두 다 우리 하나님이 지으신바 되었으므로 하나님이 지으신 물질이 죄악이 될 수 없습니다. 더구나 동방에 에덴동산을 지으시고 먹기에도 좋고 보기에도 좋은 나무가 나게 하시고 상함도 해함도 없고 부요와 풍부가 있게 하셨습니다. 그곳을 에덴 낙원으로 부르시고 아담과 하와가 거할 집으로 삼아 주셨습니다. 그리고 성경에 보면 에덴에서 발원한 강이 있는데 그 강중의 한 강은 비손 강인데 금이 있는 하월라 온 땅을 두르고 거기에는 베델리엄과 호마노도 있는데 금과 은과 보석과 진귀한 돌들도 주님께서 모두 다 만들어 놓은 것입니다.

그 뿐만 아니라, 하나님께서 아담과 하와를 부르셔서 그에게 축복을 해 줄 때 우리가 생각하는 것처럼 빈곤하고 헐벗고 굶주리고, 그리고 말라서 죽으라고 말씀하지 않으시고 창세기 1장 28절로 29에 보면 "하나님이 그들에게 복을 주시며 그들에게 이르시되 생육하고 번성하며 땅에 충만 하라, 땅을 정복하라, 바다의 고기와 공중의 새와 땅에 움직이는 모든 생물을 다스리라 하시니라. 하나님이 가라사대 내가 온 지면의 씨 맺는 모든 채소와 씨가진 열매 맺는 모든 나무를 너희에게 주노니 너희 식물이 되리라" 이렇게 말씀하심으로 주께서 생육하고 번성하고 땅에 충만하고 땅을 정복하고 다스리는 왕으로 만들어 주신 것입니다.

이러므로 하나님께서 인간에 대한 근본적인 뜻은 선이요, 악에 있지 아니하고 의요, 불의에 있지 아니하고 창성이요, 패망에 있지 아니하고 부요요, 빈곤에 있지 않았다는 것을 우리는 너무나 잘 알 수 있습니다. 그러면 성도들 가운데 지금 우리가 보는 이 죄와 질병, 빈곤과 저주, 절망과 죽음은 왜 왔습니까? 그렇게 물을 수 있을 것입니다. 그것은 하나님께서 그렇게 하신 것이 아니라, 하나님이 지으신 아담이 하나님의 말씀을 의심하여 반역하고 범죄하고 마귀와 손을 잡음으로 말미암아 심판을 받아서 오늘날의 비극을 자초한 것입니다. 성경에는 인간의 빈곤과 곤고한 생활의 유일한 이유가 타락이라는 것을 뼈저리게 분명하게 보여주고 있는 것입니다.

창세기 3장 17절로 19절에 보면 "아담에게 이르시되 네가 네 아내의 말을 듣고 내가 너더러 먹지 말라 한 나무 실과를 먹었은즉 땅은 너를 인하여 저주를 받아 너는 종신토록 수고하여야 그 소산물을 먹으리라 땅이 네게 가시와 엉겅퀴를 낼 것이라 너의 먹을 것은 밭의 채소인즉 네가 얼굴에 땀이 흘러야 식물을 먹고 필경은 흙으로 돌아가리니 그 속에서 네가 취함을 얻었으리라 너는 흙이니 흙으로 돌아갈 것이라 하시니라" 여기에서 인간으로서 가장 슬프고 비극적인 사건이 생기게 된 것입니다.

이것은 아담이 하나님을 반역하고 죄를 지음으로 말미암아 에덴에서 쫓겨나서 땅이 저주를 받아 가시와 엉겅퀴를 내게 되었고 질병과 죽음이 그로 말미암아 연유하게 된 것입니다. 이러므로 우리가 하나님께 나아올 때 하나님은 축복의 근원이 되시지만 하나님을 반역하고 죄악으로 말미암아 거역한 그것이 오늘 이 세상에 횡행하는 죄와 불의, 추악과 저주, 절망과 죽음, 빈곤과 슬픔의 원인이 되었다는 것을 알아야 될 것입니다. 이제 하나님께서 이와 같은 버림받은 자식들을 모두 다 불러서 예수 그리스도로 말미암아 죄사함을 주시고 구원을 주시는 이 마당에야 빈곤과 굶주림이 정상적인 신자의 모습이라 생각할 수 없습니다.

2. 구약의 하나님은 어떻게 하셨나? 하나님께서 구약에서 하나님을 믿고 순종한 백성들을 하나님께서 어떻게 처리하셨는지 이것을 보면 우리가 분명히 알 수 있습니다. 구약 시대에 하나님께 가장 사랑을 받고 하나님께서 그를 통해서 위대한 섭리를 이루신 분이 아브라함입니다. 아브라함은 나이 75세에 영광의 하나님이 나타나셔서 그를 불러내실 때 상상할 수 없을만한 위대한 축복의 언약을 주셨습니다. 하나님께서는 저주의 언약을 주셔서 부르신 것

이 아니라 축복의 언약을 주셔서 부르신 것입니다.

창세기 12장 1절로 3절을 보면 "여호와께서 아브람에게 이르시되 너는 너의 고향 친척 아버지의 집을 떠나 내가 네게 지시할 땅으로 가라. 내가 너로 큰 민족을 이루고 네게 복을 주어 네 이름을 창대케 하리니 너는 복의 근원이 될지라. 너를 축복하는 자에게는 내가 복을 내리고 너를 저주하는 자에게는 내가 저주하리니 땅의 모든 족속이 너를 인하여 복을 얻을 것이니라 하신지라" 하나님께서 아브람을 불러내실 때 그에게 인간으로 형언할 수 없을 만한 위대한 축복의 언약을 주셨습니다.

"너를 축복하는 자에게는 내가 축복하고 너를 저주하는 자에게는 내가 저주하겠다. 땅의 온 족속이 너를 인하여 복을 얻을 것이라" 그래서 아브라함이 하나님의 약속을 따라 나왔고 그가 나중에 애굽에서 가나안으로 다시 올라올 때 성경은 말하기를 "아브람에게 육축과 은금이 풍부하였더라."고 말한 것입니다. 오늘날 사람들은 말하기를 잘 먹고, 잘 입고, 잘살고, 그리고 풍부한 생활을 하는 사람은 세속적인 생활이요, 그것은 하나님을 잘 믿는 생활이 아니라고 말하는 사람이 있는데 그렇다면 아브라함은 믿음의 조상이요, 하나님의 친구라고 말하고, 그렇게 하나님 사랑을 받고 잘 믿는 사람이었는데, 성경은 말하기를 아브라함에게 육축과 은금이 풍부하였더라고 말한 것입니다. 성경은 말하기를 "아브라함과 같은 믿음을 가진 사람은 아브라함과 함께 복을 받느니라"고 말한 것입니다. 아브라함이 부름을 받을 때 축복을 받고 나온 것처럼 우리도 죄악의 세상에서 하나님의 부르심을 받아 예수께로 나아올 때 주님은 우리에게 축복을 해 주시는 것입니다. 문제는 온전하게 하나님의 나라가 되었느냐 아니냐가 문제입니다. 하나님은 복의 근원이시요 축복을 주시는 분이신 것입니다.

하나님께서 아브라함의 아들 이삭에게 어떻게 하셨는가. 살펴봅시다. 창세기 24장 36절에 보면 "나의 주인의 부인 사라가 노년에 나의 주인에게 아들을 낳으매 주인이 그 모든 소유를 그 아들에게 주었나이다." 이삭은 태어날 때부터 거부가 되어서 태어났습니다. 아버지의 상속을 다 받았으므로 주체할 수 없는 재산을 얻었지만 창세기 26장 12절로 14절에 보면 "이삭이 그 땅에서 농사하여 그 해에 백배나 얻었고 여호와께서 복을 주시므로 그 사람이 창대하고 왕성하여 마침내 거부가 되어 양과 소가 떼를 이루고 노복이 심히 많으므로 블레셋 사람이 그를 시기하여" 이것 보십시오. 하나님께서 택하신 이삭은 빈곤하고 헐벗고 굶주려서 좋은 신자가 되었다고 말하지 아니하고 성경에 사람이 말로써 사용할 수 있는 최대의 축복의 말이 "창대하고 왕성하여 마침내 거부가 되었다"고 성경은 기록하고 있는 것입니다.

야곱을 보십시다. 야곱은 꾀가 많고 사기성이 있었지만 그가 20년 동안 외삼촌 집에서 머슴살이 하다가 돌아올 때 그는 창세기 32장 10절에 이렇게 기도했습니다. "나는 주께서 주의 종에게 베푸신 모든 은총과 모든 진리를 조금이라도 감당할 수 없사오나 내가 내 지팡이만 가지고 이 요단을 건넜더니 지금은 두 떼나 이루었나이다." 20년 전 지팡이만 짚고서 혈연단신으로 형을 피해서 외삼촌 집으로 피했던 소년이 이젠 잔뼈가 굵어 장년이 되어서 요단을 건너 올 때 한 떼 두 떼 바다의 모래 같은 짐승들을 거느리고 거부가 되어서 돌아오게 된 것입니다. 성경에 보면 하나님께서 하나님의 칭호를 일러서 말씀하시기를 아브라함의 하나님, 이삭의 하나님, 야곱의 하나님이라고 말씀한 것입니다. 그렇다면 아브라함의 하나님은 부르시고 훈련하여 거부를 만드는 하나님이요. 이삭의 하나님은 순종한 사람에게 부귀를 주시는 하나님이요. 야곱의 하나님도 모난 것을 다듬어서 부귀를 주는 하나님이신 것입니다. 성경에는 아브라함의 하나님, 이삭의 하나님, 야곱의 하나님은 죽은 자의 하나님이 아니요, 산 자의 하나님이라고 말씀하신 것입니다.

바로 우리의 하나님이신 것입니다. 아브라함과 이삭과 야곱의 하나님은 변역치 아니하시는 하나님이요 사람을 외모로 취하지 아니하신다고 말씀하셨습니다. 이러므로 이 하나님께서 예수를 믿어 이 하나님을 의지하고 나오는 사람에게 헐벗고 굶주리고 빈곤해야 좋은 신자가 되며 너희가 부를 죄악시하라 이렇게 하겠습니까? 말도 안 되는 소리인 것입니다. 이스라엘 백성이 430년 동안 애굽에서 종살이하고 나올 때 하나님께서 그냥 나오라고 하셨습니까. 젖과 꿀이 흐르는 땅으로 가자. 젖과 꿀이 흐르는 땅으로 가자. 말만 들어도 배가 부를 것 같습니다. 젖이 흐르고 꿀이 흐르는 말만 들어도 마음이 흐뭇하고 마음이 긍정적이고 적극적이고 창조적이 되지 아니할 수 없습니다.

사막에 바람 불고, 곡식은 안 되고, 물은 마르고, 사람마다 말라 죽는 가나안으로 가자. 그렇게 했더라면 따라서 나올 사람 한 사람도 없을 것입니다. 하나님께서 이스라엘 백성을 애굽에서 불러 낼 때는 젖과 꿀이 흐르는 땅으로 이끌어 내셨습니다. 우리가 애굽과 같은 죄악의 세상에서 예수를 믿어 나올 때 주님께서 젖과 꿀이 흐르는 땅으로 이끌어 내 주시는 것입니다. 이스라엘은 육의 선민이요, 우리는 영의 선민입니다. 이스라엘은 짐승의 피로써 언약을 맺은 사람이요, 우리는 하나님의 아들 예수 그리스도의 그 흘리신 생명의 피로 언약을 맺은 것이기 때문에 이스라엘보다 우리가 훨씬 더 중요한 것입니다.

그러므로 이스라엘을 젖과 꿀이 흐르는 곳으로 인도하신 하나님께서 우리에게 그보다 못하게 해 주실 줄 압니까? 하나님께서 이스라엘이 가나안으로 들어왔을 때 주님께서 두 가지 언약을 주셨습니다. 축복과 저주의 언약을 주셨는데 믿고 순종하면 축복의 언약이 되고, 불신앙과 불순종할 때는 저주의 언약이 이루어지도록 하셨습니다.

신명기 28장 1절로 6절에 보면 "네가 내 하나님 여호와의 말씀을 삼가 듣고 내가 오늘날 네게 명하는 그 모든 명령을 지켜 행하면 내 하나님 여호와께서 너를 세계 모든 민족 위에 뛰어나게 하실 것이라. 네가 네 하나님 여호와의 말씀을 순종하면 이 모든 복이 네게 임하며 네게 미치리니 성읍에서도 복을 받고 들에서도 복을 받을 것이며, 네 몸의 소생과 네 토지의 소산과 네 짐승의 새끼와 우양의 새끼가 복을 받을 것이며, 네 광주리와 떡 반죽 그릇이 복을 받을 것이며, 네가 들어와도 복을 받고 나가도 복을 받을 것이니라."고 말씀하신 것입니다. 순종과 믿음은 하나님께서 반드시 이와 같은 하나님의 위대한 축복의 창고에서 기르실 것을 약속하신 것입니다.

그러나 불순종과 불신앙으로써 반역할 때는 신명기 28장 15절로 19절에 저주의 언약이 있습니다. "네가 만일 네 하나님 여호와의 말씀을 순종하지 아니하며 내가 오늘날 네게 명하는 그 모든 명령과 규례를 지켜 행하지 아니하면 이 모든 저주가 네게 임하고 네게 미칠 것이니 네가 성읍에서도 저주를 받으며 들에서도 저주를 받을 것이요. 또 네 광주리와 떡 반죽 그릇이 저주를 받을 것이요. 네 몸의 소생과 네 토지의 소산과 네 우양의 새끼가 저주를 받을 것이며 네가 들어와도 저주를 받고 나가도 저주를 받으리라" 그래서 이스라엘 백성이 하나님께 순종하고 믿을 때 창대하게 축복을 받았습니다만 이스라엘 백성이 하나님을 반역하고 거역했을 때는 아담과 하와가 하나님을 반역하고 거역하고 저주를 받았던 것처럼 저주를 받은 것입니다.

이러므로 오늘날 하나님께서는 우리 앞에 축복과 저주를 함께 두고 계십니다. 주의 택하심을 받고 부르심을 입은 사람들이 믿음과 순종으로 나갈 때는 축복을 우리가 받게 되어 있는 것입니다. 그리고 하나님께서는 축복이 반드시 죄라고 말씀하시지 않습니다. 빈곤은 축복이 아닙니다. 사람들이 헐벗고 굶주려서 인간의 존엄

성조차 상실하고 남에게 늘 얻어먹겠다고 손을 내미는 사람이 어떻게 축복 받았다고 말할 수 있겠습니까? 성경에는 "주는 자가 받는 자보다 복이 있다"고 말하고 있는 것입니다. 그러므로 우리 구약의 아브라함의 하나님, 이삭의 하나님, 야곱의 하나님은 축복의 하나님이요, 그리고 하나님께서는 사람들에게 풍성하게 주시는 하나님이라는 것을 보여주고 있는 것입니다.

3. 예수 믿으면 모두 큰 부자가 될 수 있느냐? 그러면 예수 믿으면 모두 큰 부자가 될 수 있느냐? 이런 질문을 할 것입니다. 물론 백만장자가 되는 것은 하나님의 특별하신 뜻이 있어야 되는 것입니다만 누구든지 구주를 믿고 죄악의 애굽에서 나온 사람은 하나님이 젖과 꿀이 흐르는 땅으로 인도하시기 때문에 주님께서 한 사람도 빈곤해지기를 원하지 않으십니다. 예수를 믿었다고 모두가 재정의 고통이 해결되는 것이 아닙니다. 반드시 성령으로 세례를 받아야 합니다. 성령으로 세례를 받고 성령 안에서 예수님을 부르며 기도하여 자신의 주인이신 예수님을 만나 예수님으로부터 성령의 불이 나와서 온몸이 충만하게 채워져서 살아계신 하나님의 성전이 되어야 재정의 고통이 해결되기 시작하는 것입니다. 성령으로 기도하여 성령으로 충만함이 무엇보다 중요한 것입니다.

성경에는 부족함이 없는 삶을 살도록 주님께서 약속하신 것입니다. 시편 23편 1절에 보면 "여호와는 나의 목자시니 내게 부족함이 없다"고 했는데 예수께서 친히 말씀하기를 "나는 선한 목자라

선한 목자는 양을 위하여 목숨을 버린다"고 했습니다. 그러므로 성도들은 주님을 선한 목자로 모시고 있는 이상 생활 속에 부족함이 없는 삶을 살기를 원하시고 계신 것입니다. 늘 부족해서 절절매는 생활 이런 생활은 정상적인 예수 믿는 생활이 아닌 것입니다.

또 나아가서 예수님께서는 우리가 마태복음 6장 11절처럼 "일용할 양식을 구하라"고 하셨습니다. "오늘날 우리에게 일용할 양식을 주옵시고" 일용할 양식이란 매일매일 하루 세끼 먹어야 합니다. 먹고살기 위해서는 옷이 있어야 되고 신발이 있어야 되고 숙식할 집이 있어야 되고, 그리고 우리 일을 움직여 나가야할 자본이 있어야 되고, 이 모두가 일용할 양식입니다. 하나님께서 우리에게 굶주리지 않는 삶, 일용할 양식을 매일 공급받는 삶을 살기 원하셔서 예수님이 이것만은 우리의 권리이기 때문에 주기도문에서 당당히 하나님께 구하라고 말씀하고 있는 것입니다. 또 하나님은 필요한 것은 채워 주시겠다고 하셨습니다. 빌립보서 4장 19절에 "나의 하나님이 그리스도 예수 안에서 그 영광 가운데 더 풍성한 대로 너희 모든 쓸 것을 채우시리라"고 말씀하시는 것입니다. 거기에만 머무르지 않고 하나님께서는 넉넉한 삶을 얻기를 원하신다고 하셨습니다.

고린도후서 9장 8절로 10절에 "하나님이 능히 모든 은혜를 너희에게 넘치게 하시나니 이는 너희로 모든 일에 항상 모든 것이 넉넉하여 모든 착한 일을 넘치게 하게 하려 하심이라" 넉넉해야 남에게 나누어주는 착한 일을 할 수 있습니다. 주님은 우리에게 착한 일을 하라고 말씀하셨습니다. 아무 것도 없는데 무엇을 나누어줍니까? 나도 먹을 것, 입을 것이 없는데 누구에게 먹을 것, 입을 것을 제공해 줄 수 있어요? 성경에는 "심는 것을 주가 풍성하게 하시고 너희 의의 열매를 더하게 하시리니 항상 모든 것이 넉넉하여 모든 착한 일을 넘치게 하게 하려 하심이라"고 성경은 말씀하고 있는 것입니다. 그렇기 때문에 크리스천은 모두 거부가 된다는 약속은 없습니다. 그러나 누구를 불구하고 부족함이 없는 삶, 일용할 양식을 얻는 삶, 필요함이 채워지는 삶, 넉넉한 삶을 얻어서 사는 것이 하나님의 뜻입니다. 하나님은 남에게 꾸어 줄지라도 꾸지 않는 삶을 살아가기를 원하십니다. 그래서 믿는 자들이 주변 사람들에게 축복기도를 해주고 믿음을 주고, 소망을 주고 사랑을 주고 물질까지라도 나누어 줄 수 있는 그런 삶에 살아가기를 하나님은 원하시고 계신 것입니다. 이것을 우리가 반드시 알아야 됩니다. 빈곤해야 좋은 신자가 된다, 물질은 죄악이다, 이것은 하나님이 준 생각이 아닙니다. 이것은 마귀 도적이 준 생각인 것입니다. 성경에 보면 "도적은 도적질하고 죽이고 멸망시키는 것뿐이요. 내가 온 것은 양으로 생명을 얻되 더 풍성히 얻게 하려 왔다"고 말씀하신 것입니다.

우리가 생각 하나 잘못 먹으면 하나님이 축복을 해 주실 수 없으십니다. 하나님께서는 우리에게 온갖 구하는 것이나 생각하는 것에 능히 넘치게 하신다고 했는데 우리 생각이 빈곤해야 잘 믿는 것이다, 물질은 죄악이다. 이와 같은 부정적인 마음이 들어와 있으면 그만 물질에 대해서는 죄책감을 느끼고 빈곤에 대해서는 찬미의 생각을 가지고 있으면 하나님께서 아무리 축복을 해 주려고 해도 벌써 그 생각이 잘못되어 있기 때문에 축복하실 수가 없으십니다. 나는 성경 전체를 보아도 어느 성경에서 빈곤은 미덕이며 물질은 죄악이라는 것은 찾아볼 수 없습니다. 우리 하나님께서 빈곤하게 만들어 놓고 기뻐하시고 물질을 다 빼앗아 버리시고 난 다음에 즐거워하신다는 것을 성경에서 찾아볼 수 없습니다.

그러면 그런 생각이 어디에서 나왔을까요? 빈곤이 미덕이며 잘 믿으려면 빈곤해야 되고 물질은 죄악이란 이런 생각은 어디서 왔을까요? 성경은 그렇게 가르치고 있지 않습니다. 하나님도 그렇게 말씀하고 있지 않습니다. 그렇다면 마귀가 우리로 하여금 착한 일을 넘치게 할 수 없게 하기 위해서 잘못된 생각을 우리 마음속에 집어넣은 것입니다. 오늘날 얼마나 착한 일을 넘치게 할 것이 필요합니까? 예수 믿는 사람들이 교회를 부흥 시켜야 되고, 더 많은 성경을 찍어야 하고, 더 많은 영적인 서적을 출간해야 되고, 더 많은 전도를 해야 되고, 더 많은 라디오와 TV를 통하여 기독교를 방영해야 되고, 더 많은 선교사를 보내야 되고, 주님 오실 때까지 천하 만국에 복음을 전하기 위해서 얼마나 많은 물질적인 자원이 필요합니까? 이러한 일을 하지 못하게 하기 위해서 마귀가 와서 "빈곤은 미덕이다, 빈곤해야 잘 믿는다, 물질은 죄악이다." 그렇게 해서 성도들에게서 물질을 빼앗아 버림으로 말미암아 하나님의 교회 사업이 전진하지 못하게 하는 것은 하나님의 성령의 일이 아니라 이것은 사탄의 일인 것입니다. 마귀의 일인 것입니다.

4. 착실한 신앙생활을 하는 사람은 빈곤을 탈출할 수 있다. 착실한 신앙생활을 하는 사람은 빈곤을 탈출할 수 있게 되는 것입니다. 착실히 예수 믿는 생활을 하면서 빈곤해 질 수 없습니다. 왜냐하면 독일의 유명한 경제윤리학자요, 독일 부흥의 아버지라고 말하는 아르 리스트는 말하기를 "정신적인 자원 없이는 물질의 부흥은 없다"고 말했습니다. 예수를 믿고 예배드리며 성령으로 충만한 생활을 하면서 그 마음에 영적인 정신적인 자원을 얻는 사람은 물질적인 부요가 안 따라올 수 없습니다. 막스 웨버 같은 유명한 경제학자도 구라파나 미국의 물질적인 부흥은 기독교 정신에서 왔다고 말했으며, 영국의 감리교 운동을 일으킨 요한 웨슬레는 자기의 요한 웨슬레 운동에 참여해서 예수를 믿고 구원을 받은 사람 중에 점점 부자가 많이 되어가고 있기 때문에 걱정을 했다고 합니다.

너무 돈을 많이 벌어 부자가 됨으로 말미암아 신앙을 잃어버릴까 싶어서 걱정하는 것을 그 수기에 기록했었습니다. 왜냐하면 부를 가져오는 내적 자원이 예수를 믿음으로 생기는 것입니다.

예수 믿음으로 말미암아 정직하고 성실하고 근면하게 일하며 절약하고 저축하게 되는 것입니다. 옛날에 술 먹고 음란하고 방탕하고 도박하고 세속적으로 살고 게으르게 살던 것 다 청산하고, 주님 안에서 근면하고 성실하고 부지런하고 절약하고 저축하는 그런 사람이 잘 사는 것입니다. 저는 25년 동안 목회 하면서 예수를 믿고 이렇게 근검절약하면서 성실하게 인생을 살면서 빈곤해지는 사람을 본 적이 없습니다. 이러므로 예수를 믿으면 부에 이르는 내적인 심령의 자원을 가지고 있기 때문에 그 사람은 잘 살게 됩니다.

그뿐 아니라 예수님은 십자가를 통하여 우리의 환경을 속량해 주셨습니다. 사람들은 이렇게 말합니다. "예수님께서 공중에 나는 새도 들어갈 집이 있고 여우도 들어갈 굴이 있는데 인자는 머리 둘 곳이 없다고 해서 굉장히 빈곤하게 살았는데 예수 믿는 우리도 예수님을 본받아야 된다."고 말하는데 이것은 예수님의 마음을 진실하게 이해하지 못하고 하는 말입니다.

성경 고린도후서 8장 9절에 "우리 주 예수 그리스도의 은혜를 너희가 알거니와 부요하신 자로서 너희를 위하여 빈곤하게 되심은 그의 빈곤함을 인하여 너희로 부요케 하려 하심이니라"고 말씀하고 있는 것입니다. 예수께서 그렇게 적빈하고 뼈에 사무치도록 빈곤하게 산 것은 예수님 자신을 위해서 그런 것이 아니라, 우리의 빈곤, 우리의 그 적빈한 빈곤을 청산해 버리기 위해서 주께서 그렇게 하신 것입니다. 오늘 예수님이 빈곤했으니 우리도 빈곤하자는 것은 예수님의 고생을 무로 돌리고 예수님의 대속의 은총을 파괴하는 역사인 것입니다. 예수님이 우리를 위해서 빈곤해졌으므로 우리는 예수 그리스도를 의지하고 축복을 받아서 그리스도의 이름을 온 세계에 나타내도록 물질을 사용하는 사람이 되어야 예수께 영광을 돌리게 되는 것입니다.

그뿐 아니라 갈라디아서 3장 13절에서 14절 말씀을 보십시오. 저주가 어디에 있습니까? "그리스도께서 우리를 위하여 저주를 받은바 되사 율법의 저주에서 우리를 속량하셨으니 기록된바 나무에 달린 자마다 저주 아래 있는 자라 하였음이라 이는 그리스도 예수 안에서 아브라함의 복이 이방인에게 미치게 하고"라고 말씀하셨습니다. 예수 같이 하나님의 복 받은 아들이 저주를 받아 십자가에 못 박힌 것은 당신 자기의 저주가 아닙니다. 신명기 28장의 저주 보셨지요. 들어가도 나가도 저주받아 개인이 실패하고 가정이 실패하고 사업이 실패하고 생활에 실패하는 저주, 이 저주는 예수께서 저주를 받은 분이 아님에도 불구하고 우리를 대신해서 저주를 받아 율법의 저주에서 속량하셨습니다. 값 주고 사버렸습니다. 그래서 아브라함의 복이 우리에게 임하게 했는데 아브라함의 복은 무엇입니까? 우양과 은금이 풍부하다고 말한 것입니다. 이렇기 때문에 오늘날 우리가 예수 그리스도를 믿고 나오면 영원히 구원받아 죄사함을 받고 천국 가는 것은 말할 필요 없거니와 현실적인 삶속에서 빈곤과 저주가 속량되고 청산되어 버렸다는 것을 알게 되시기를 바랍니다.

마음의 생각을 바꾸십시오. 너무나 많은 사람들이 오랜 세월 동안 예수 믿으면 빈곤해진다, 빈곤해야 좋은 신자가 된다, 물질은 죄악시하라, 물질은 던져버려라, 그러나 물질은 자체가 나쁘지 않습니다. 물질은 사용하는 사람이 나쁘면 그 물질이 나쁘게 사용되고 물질을 사용하는 사람이 좋은 사람이면 물질이 좋게 사용되는 것입니다. 우리 하나님께서는 예수 그리스도를 통하여 분명하게 빈곤과 저주를 그 몸에 걸머지고 속량했기 때문에 예수를 믿고 사랑하는 사람이면 예수를 위해서라도 몸에서 빈곤과 저주를 벗어버려야 합니다. 누가 무슨 소리를 해도 저 하늘이 무너지고 이 땅이 꺼져도 하나님 말씀은 절대적으로 일점일획도 변함이 없습니다.

예수님은 이미 십자가에 못 박히시고 피 흘려서 청산하고 성경에 그렇게 선언해 놓은 것을 누가 어떻게 부인하겠습니까? 우리가 대속의 깨어진 몸과 흘리신 피를 우리가 먹고 마시는 이것이 증거입니다. 예수님이 나를 위해서 몸이 깨어지고 나를 위하여 피 흘리신 것은 십자가에 못 박혀 죽었다는 증거요. 그것은 바로 거기에서 우리의 빈곤을 제하고 우리의 저주를 속량해버렸다는 확증을 하는 것입니다. 이러므로 우리는 예수를 잘 믿고 착실한 신앙생활을 하면 빈곤해질 권리가 없고 저주 아래서 실패할 권리가 없습니다. 성도들은 의무적으로라도 빈곤을 벗어나고 저주를 벗어나서 모든 일에 항상 모든 것이 넉넉하여 모든 착한 일을 넘치게 해야 할 책임이 있는 것입니다. 또 나아가서 착실한 신앙생활은 빈곤을 퇴치할 수밖에 없는 십일조의 언약이 있기 때문인 것입니다.

말라기 3장 10절로 12절에 "만군의 여호와가 이르노라 너희의 온전한 십일조를 창고에 들여 나의 집에 양식이 있게 하고 그것으로 나를 시험하여 내가 하늘 문을 열고 너희에게 복을 쌓을 것이 없도록 붓지 아니하나 보라 만군의 여호와가 이르노라 내가 너희를 위하여 황충을 금하여 너희 토지소산을 멸하지 않게 하며 너희 밭에 포도나무의 과실로 기한 전에 떨어지지 않게 하리니 너희 땅이 아름다워지므로 열방이 너희를 복되다 하리라 만군의 여호와의 말이니라" 성경에는 하나님을 시험치 말라 하였는데 여기에 하나님께서 당신 자신을 내어놓고 말씀하시기를 "나를 시험하라 십일조와 헌물을 하나님께 드리고 나를 시험해 보라 내가 너희 손으로 하는 모든 일을 축복해 주어서 곡식을 심으면 황충을 금하게 하고 포도원을 만들면 기한 내에 떨어지지 않게 하고 병들지 않게 한다." 아무리 우리가 열심히 애를 써도 우리 손으로 하는 것이 자꾸 가시 채에 말려 들어가고 이리 얽히고 저리 설키면 안 됩니다.

될 듯 될 듯 안 되는 것입니다. 하나님께서 우리에게 축복을 해 주시면 우리가 손대는 것마다 자꾸 부흥하고 발전하여 열방이 우리를 복되다고 말씀하셨으니 십일조의 언약이 있는 이상 예수 믿는 사람이 빈곤해질 염려도 없고 필요도 없는 것입니다. 이러므로 우리 예수 믿는 사람들은 빈곤이 미덕이라고 하지 말아야 됩니다. 물질이 죄악이라고 하지 말아야 됩니다. 우리가 우리 마음을 다하고 뜻을 다하고 정성을 다하고 목숨을 다하여 주 하나님을 사랑하고, 그 나라와 그 의를 먼저 구하며, 우리 모든 것을 하나님 발 앞에 내려놓고 하나님은 주인이요, 나는 그 관리자로서 겸허하게 하나님을 섬기기 위해서 사는 사람에게는 물질이 아무리 많아도 올무에 걸리지 않습니다.

물질을 탐욕으로 추구하고 물질이 우상이 되면 이것이 자기에게 올무가 되어서 오히려 물질이 영혼을 잃어버리게 하는 저주가 될 수 있지만, 그렇지 않고 하나님 중심으로 살고 그 나라와 그 의를 먼저 구하며 내가 관리자로서 겸허한 인생을 살아가며, 하나님 앞에 십일조와 헌물을 도둑질하지 아니하며, 언제나 시간 내어 몸

드려 물질 드려 착한 일을 넘치게 하며, 주는 삶을 살고 있을 때 우리 하나님께서는 하늘 문을 여시고 우리에게 끊임없이 부어주시는 것입니다. 아브라함의 하나님은 부요의 하나님이셨습니다. 이삭의 하나님은 창대케 하는 하나님이십니다. 야곱의 하나님은 한 떼 두 떼 모래사장같이 많은 짐승을 주는 하나님이셨습니다.

그리고 이 아브라함의 하나님, 이삭의 하나님, 야곱의 하나님이 예수 안에서 우리의 하나님이 되신 것을 믿게 되시기를 주님의 이름으로 소원합니다. 이 하나님께서 이 시간에 두 손을 활짝 내밀고 여러분을 향하여 "수고하고 무거운 짐진자들아, 다 내게로 오라 내가 너희를 쉬게 하겠다"고 말씀하신 것입니다.

세상에 살 동안 잘못 생각한 것, 예수 믿고 들어와서도 잘못 믿은 것 다 청산하고 회개하고 예수 그리스도 안에서 우리는 빈곤과 저주를 벗어서 내어 던지고 부족함이 없는 삶, 필요를 채워 주는 삶, 그리고 넉넉한 삶을 하나님께 받아서 주는 자가 받는 자보다 복이 있다는 말씀대로 주면서 살게 되시기를 주의 이름으로 소원합니다. 빈곤한 것이 하나님의 뜻이 아닙니다. 빈곤을 탈출하여 전인적인 부자가 되는 것이 하나님의 뜻입니다. 빈곤으로 고생하십니까? 말씀과 성령으로 원인을 찾아 해결하십시오. 그리고 하나님의 편에 서십시오. 그러면 당신에게 와있는 빈곤은 서서히 물러갈 것입니다. 날마다 성령으로 기도하여 아브라함의 복을 받는 모두가 되시기를 바랍니다.

3장 빈곤의 고통을 당하는 원인

(고전 2:10) "오직 하나님이 성령으로 이것을 우리에게 보이셨으니 성령은 모든 것 곧 하나님의 깊은 것까지도 통 달하시느니라."

하나님은 우리를 축복하시는 하나님 이십니다. 그런데 왜 예수를 믿었는데도 혈통으로 대물림되는 빈곤의 고통을 당하면서 살아가는 것입니까? 그것은 한마디로 하나님을 아는 지식이 무지하기 때문입니다. 그래서 하나님은 이 백성이 지식이 없어서 망한다고 하셨습니다. 지식은 하나님을 아는 지식을 말합니다. 하나님을 체험적으로 아는 지식입니다. 우리가 예수를 믿고 하나님의 복을 받으면서 살아가려면 하나님에 대하여 바르게 알아야 합니다. 하나님을 안다는 것은 지식적으로 아는 것이 아닙니다. 하나님을 실제적으로 체험하는 것을 안다고 하는 것입니다. 하나님을 체험하고 삶에서 누리면서 살아가는 것을 안다고 하는 것입니다. 하나님은 믿는 우리에게 소원을 두고 행하시는 하나님 이십니다. 그래서 지금 당신이 당하면서 살아가고 있는 빈곤의 고통은 다 세상 마귀로부터 말미암은 것입니다.

빈곤의 고통에 대한 원인을 바로 알고 치유 받고 해결하려고 노력해야 하는 것입니다. 믿는 우리가 혈통으로 대물림되는 빈곤의 고통을 끊어내고 행복한 삶을 살아가려면 먼저 성령의 역사가 일어날 수 있도록 영적인 준비가 있어야 합니다. 하나님은 영적으로 준비하는 사람을 혈통에 대물림되는 빈곤의 고통에서 해방되게 하십니다. 빈곤의 고통을 치유할 수 있도록 먼저 준비하시기를 바랍니다. 혈통으로 대물림되는 빈곤의 치유는 본인이나 사역자가 하는 것이 아니고 말씀과 성령의 역사로 하는 것입니다. 성령이 역사하실 수 있도록 자신을 준비 하십시오. 그리고 왜 내가 예수를 믿으면서도 대대로 대물림되는 빈곤의 고통을 당하면서 살아가고 있는지를 바르게 알아야 합니다. 제가 지금까지 말씀과 성령으로 치유사역을 하면서 임상적으로 경험한 바로는 예수를 믿으면서도 빈곤의 고통을 당하는 이유는 대략 이렇다고 볼 수 있습니다.

1.예수로 죽고 예수로 살지 않기 때문이다. 우리가 예수님을 믿는 순간 예수님이 달리신 십자가에서 죽은 것입니다. 다시 부활하신 예수님으로 살아가는 것입니다. 그러니까 예수님을 믿을 때 자신은 죽었고 다시 예수님으로 태어난 것입니다. 이제 자신이 산 것이 아니라 예수님을 주인으로 모시고 사는 것입니다. 이를 믿고 행해야 합니다. 우리가 예수를 믿었지만 옛사람, 즉 고향과 친척과 아버지의 집을 떠나오지 않기 때문에 빈곤의 고통을 당하는 것입니다. (창12:1-4)"여호와께서 아브람에게 이르시되 너는 너의 고향과 친척과 아버지의 집을 떠나 내가 네게 보여 줄 땅으로 가라 내가 너로 큰 민족을 이루고 네게 복을 주어 네 이름을 창대하게 하리니 너는 복이 될지라 너를 축복하는 자에게는 내가 복을 내리

고 너를 저주하는 자에게는 내가 저주하리니 땅의 모든 족속이 너로 말미암아 복을 얻을 것이라 하신지라 이에 아브람이 여호와의 말씀을 따라갔고 롯도 그와 함께 갔으며 아브람이 하란을 떠날 때에 칠십오 세였더라." 하나님이 왜 고향과 친척과 아버지의 집을 떠나라고 하시는지 바르게 아셔야 합니다. 옛사람은 마귀의 종으로 살던 삶입니다. 마귀의 종은 자유가 없습니다. 옛 사람, 아담은 마귀의 저주를 피할 수가 없습니다. 그래서 하나님은 세상에서 마귀의 종 되어 살아가는 우리를 부르고 계시는 것입니다. 고향과 친척과 아버지의 집을 떠나 하나님 앞으로 나오라고 하시는 것입니다. 우리가 마귀의 종으로 세상을 살아가다가 예수를 영접하게 되면 성령이 우리 안에 들어오셔서 우리의 영이 살아나 생령이 되는 것입니다. 사람은 영으로 하나님과 교통하도록 하나님이 인간을 창조 하셨습니다. 예수를 믿지 않고 세상에서 살아가고 있는 사람은 영은 있으나 하나님과 관계가 없는 죽은 영입니다. 예수를 믿음으로 비로소 아담의 죄악으로 죽었던 영이 살아나 하나님과 교통하게 됩니다.

그러므로 예수를 믿어 영이 살아난 성도는 하나님과 영적교통을 하게 되므로 성령의 능력으로 대물림의 문제를 해결할 수가 있는 것입니다. 혈통을 통하여 대물림되는 빈곤의 고통 뒤에는 마귀가 도사리고 있습니다. 마귀는 옛 사람에게 붙어서 역사하는 것입니다. 우리가 고향과 친척과 아버지의 집을 떠나오지 않는 이상 육성에 도사리고 있는 마귀는 떠나지를 않습니다. 이 도사리고 있는 마귀는 사람의 힘으로는 어찌할 수 없는 존재입니다. 이 옛사람에게 역사하는 마귀는 예수 이름과 성령의 권세로 몰아낼 수가 있는 것입니다. 그래서 혈통으로 대물림되는 빈곤의 고통을 끊으려면 예수를 믿고 세상을 나와 성령의 세례를 받아야 합니다. 그리고 성령으로 충만받으며 성령의 인도를 받아야 되는 것입니다. 사람이 성령의 인도를 받으려면 예수를 영접해야 산영이 되어 성령으로 세례를 받은 후에 성령의 인도를 받을 수가 있는 것입니다. 지금 하나님은 예수님을 믿으면서 죽고, 다시사신 예수님으로 태어난 성도님들의 마음에 주인으로 계십니다. 예수님을 믿고 성령으로 거듭나 성령으로 충만한 우리는 온몸이 하나님의 나라 성전이 되었음으로 우리가 하나님의 나라 성전인 것입니다. 성경은 이렇게 말씀하십니다. "너희는 너희가 하나님의 성전인 것과 하나님의 성령이 너희 안에 계시는 것을 알지 못하느냐"(고전 3:16).

2.예수를 주인으로 영접하지 않았기 때문이다. (요1:12-13)"영접하는 자 곧 그 이름을 믿는 자들에게는 하나님의 자녀가 되는 권세를 주셨으니 이는 혈통으로나 육정으로나 사람의 뜻으로 나지 아니하고 오직 하나님께로부터 난 자들이니라" 어느 장로님이 저에게 이렇게 말했습니다. 아니 목사님 교회를 다니면서 예수를 영접하지 않은 사람이 있습니까? 그래서 필자가 있습니다. 필자가 지금까지 성령치유 사역을 하다가 체험적으로 알게 된 사실은 예수를 영접하지 않고 교회를 10년 이상 다닌 성도가 있다는 것입니다.

그것도 집사 직분을 받고 믿음생활을 하고 있는데도 예수를 영접하지 않았다는 것입니다. 몇 년 전에 아들이 영적인 문제가 생겨서 아들을 치유하려고 온 여 집사가 저에게 이런 말을 했습니다. 목사님 저는 교회를 10년이상 다녔고, 집사직분을 받은 지가 8년이나 되었는데 지금까지 성령세례를 받지 못했습니다. 우리 교회가 성령 충만한 교회라 예수 믿고 얼마 되지 않은 성도들도 다 성령으로 세례를 받고 방언으로 기도를 하는데 저는 지금까지 방언을 하지 못합니다. 그래서 필자가 미리에 손을 얹고 성령님 이유가 무엇입니까? 하고 질문을 했더니 성령께서 감동하시기를 예수를 영접했는지 물어보라고 해서, 혹시 예수님을 나의 주인으로 모시는 영접기도를 했느냐고 물었더니, 자신은 원래 남묘호랭객교를 믿었는데 시집을 와서 보니 시댁이 전부 기독교를 믿고 교회를 나갔습니다.

그런데 시 어머니가 시집을 왔으면 시댁의 종교를 믿어야 되지 않겠느냐고 성화를 해서 가정의 평화를 위해서 주일날이면 교회를 다니다가 보니 집사도 되고 이렇게 시간이 흘렀다는 것입니다. 그래서 제가 예수를 영접시키고, 안수 기도를 했더니 성령세례가 임하고 방언이 터지고 치유가 되기 시작했습니다. 그러자 이 여 집사가 목사님 마음이 정말 편안하고 좋습니다. 감사합니다. 그러는 것입니다. 이와 같이 예수를 영접해야 성령이 우리 안에 오셔서 치유를 하십니다. 예수님은 우리가 마음을 먼저 열고 모셔 들여야 들어오십니다. 빈곤의 고통을 치유받기 전에 먼저 예수를 영접하는 것이 필수입니다. 예수를 영접하지 않으면 성령의 역사가 일어나지 않습니다. 혈통에 대물림되는 빈곤의 문제를 일으키는 세력은 가상적인 존재가 아니고 실제적인 살아있는 존재입니다.

고로 살아계신 성령님의 역사가 없이는 혈통으로 대물림되는 빈곤의 치유는 불가합니다. 살아계신 성령은 우리가 예수를 주인으로 영접해야 우리 안에 오셔서 역사하시기 때문입니다. 만약에 혈통으로 대물림되는 빈곤을 치유하는데 성령의 역사가 일어나지 않는 사람은 예수님의 영접 여부를 확인해야 합니다. 저의 경험으로 다수의 사람들이 예수님을 영접하지 않고 교회를 다니다가 집사 직분을 받는 사람들이 있습니다. 이런 분들은 성령이 역사하시지 않습니다. 예수님을 영접하고 치유를 해야 할 것입니다.

3. 옛사람 아담의 신분으로 살기 때문이다. 우리가 예수를 믿음으로 하나님은 나의 아버지가 되시고 나는 그분의 아들이란 신분을 가지게 되었음을 경험하게 하는 것입니다. 인간적인 아버지에 대해 만족스러운 경험을 하지 못했을지라도 아들을 향한 하나님 아버지의 사랑은 우리의 모든 욕구를 충분히 채우십니다. 우리가 예수를 영접하므로 우리의 신분이 바꾸어 졌습니다. 세상 사람들은 하나님 없이 자신의 수단과 방법과 노력으로 살지만 우리는 주님께서 우리의 짐을 짊어져 주시고 주님께서 우리에게 복을 주시고 주님께서 우리를 붙들어 주시는 은혜로 살게 되는 이러한 세상 속에서 삶의 모든 것입니다. 예수님 나라에 들어와서 우리의 삶의 모든 것을 알아야 되는 것입니다. 우리는 성령 안에서 자유와 해방

된 삶을 살고 있는 것입니다. 그러나 옛 사람은 종의 신분의 근성을 가지고 나에게 부가되고 있는 대물림의 빈곤의 고통이 내가 하나님에게 잘못하여 하나님이 주시는 것이라고 생각하면 빈곤과 고통에서 벗어날 수가 없는 것입니다. 의식을 바꾸시기를 바랍니다. 당신은 종이 아니고 하나님의 자녀입니다. 자녀이면 하나님이 주시는 복을 받으면서 살아가야 하는 존재입니다. 로마서 8장 1절로 2절을 보십시다. "그러므로 이제 그리스도 예수 안에 있는 자에게는 결코 정죄함이 없나니 이는 그리스도 예수 안에 있는 생명의 성령의 법이 죄와 사망의 법에서 너를 해방하였음이라"

갈라디아서 5장 1절 다시 읽어 보십시다. "그리스도께서 우리를 자유롭게 하려고 자유를 주셨으니 그러므로 굳건하게 서서 다시는 종의 멍에를 메지 말라" 예수 그리스도의 나라에는 자유와 해방이 있는 것입니다. 예수를 믿는 성도는 마귀와 악의 종노릇하지 않습니다. 습관에 종노릇하지 않는 것입니다. 자유를 얻고 영혼이 잘되고 범사에 잘되며 강건하고 의와 평강과 희락 가운데 행복을 누리고 살 수 있게 되는 것이 예수님 나라에 들어와서 사는 것입니다. 새 사람이 되었습니다. 이러므로 세상 나라와 예수님의 나라가 이 땅에 동시에 임하여 있는 것을 우리가 알아야 되는 것입니다. 예수 나라에 들어오면 우리는 근본적으로 변화를 받고 사는 것입니다.

우리는 이처럼 두 세상에 살고 있는 것입니다. 세상이 주는 쾌락을 따라 노예의 생활을 하는가, 그리스도의 은혜를 깨닫고 하나님을 섬기며 하나님이 주시는 복을 받으며 자유와 해방 속의 삶으로 살 것인가. 이 두 가지 세계를 우리가 선택해야 되는 것입니다. 예수 안에는 하나님이 우리를 돌보시고 자유와 해방이 있고 성령의 역사가 있는 영광과 기쁨을 삶을 살수가 있게 되는 것입니다. 눈에 안 보이는 두 나라가 우리를 서로 빼앗으려고 투쟁을 하고 있는 것입니다. 마귀의 나라가 우리를 시시각각으로 도둑질하고 죽이고 멸망시키려고 하고 하나님의 나라에는 성령이 지키고 보호하고 은총과 사랑과 역사를 베풀기를 원하시고 계신 것입니다. 모두 다 예수 죽음을 몸에 걸머지면 세상과 마귀와 별세를 하고 하직을 하고 예수의 나라에 살게 되는 것입니다. 우리의 신분이 변화되어 하나님을 아바 아버지라고 부르는 천국의 백성들인 것입니다. (마 23:9)"땅에 있는 자를 아버지라 하지 말라 너희의 아버지는 한 분이시니 곧 하늘에 계신이시니라"

빈곤의 탈출은 하나님의 아들로서의 새로운 나의 신분을 분명히 깨닫게 될 때 시작됩니다. (벧전 2:24)"친히 나무에 달려 그 몸으로 우리 죄를 담당하셨으니 이는 우리로 죄에 대하여 죽고 의에 대하여 살게 하심이라 그가 채찍에 맞음으로 너희는 나음을 얻었나니" (눅 7:47)"이러므로 내가 네게 말하노니 그의 많은 죄가 사하여졌도다 이는 그의 사랑함이 많음이라 사함을 받은 일이 적은 자는 적게 사랑하느니라" (고전 15:10)"그러나 내가 나 된 것은 하나님의 은혜로 된 것이니 내게 주신 그의 은혜가 헛되지 아니하여 내가 모든 사도보다 더 많이 수고하였으나 내가 한 것이 아니요 오직 나와 함께 하신 하나님의 은혜로라"

4.성령으로 세례를 받지 못해서. 우리에게 빈곤과 고통을 대물림하는 것은 악한 마귀입니다. 악한 마귀는 살아 역사하는 실체입니다. 살아 역사하는 악의 실체는 사람의 힘으로는 어찌 할 수가 없습니다. 살아있는 성령의 역사가 있을 때 떠나가는 것입니다. 성령은 성도가 예수를 믿을 때 마음 안에 오십니다. 마음 안에 오신 성령은 성도가 성령으로 세례를 받을 때 혼을 뚫고 밖으로 나타는 것입니다. 성도가 성령으로 세례를 받을 때 비로소 성령이 성도의 전인격을 장악하는 것입니다. 그 성령이 전인격을 지속적으로 장악하는 것이 성령의 충만입니다. 이 성령이 성도의 마음 안에서 밖으로 역사할 때 성령의 권세로 마귀는 정체를 드러내고 떠나가는 것입니다. 그래서 성도가 성령으로 세례를 받아야 권능 있는 성도가 되는 것입니다. 그래서 하나님은 성령으로 세례를 받으라고 하시는 것입니다. 성령이 예수를 믿게 했다고 성령으로 세례 받는 것은 아니라고 생각합니다. 믿는 것과 세례를 받는 것은 다르며, 성령을 체험하는 것과 성령의 세례를 받는 것도 다른 것입니다. 세례를 받는 것이 적당히 넘어갈 수 있는 문제가 아니듯이 성령의 세례도 마찬가지입니다. 성경에서 성령과 관련하여 사용된 심오한 진리 중의 하나는 "성령으로 세례 받으라."라는 것입니다.

　　1) 성령 세례란 예수 그리스도께서 주시는 것입니다. 성령의 세례란 성령에 의해서가 아니라 주 예수에 의해 행해지는 그리스도의 사역입니다. (행 11:15-18)"내가 말을 시작할 때에 성령이 그들에게 임하시기를 처음 우리에게 하신 것과 같이 하는지라. 내가 주

의 말씀에 요한은 물로 세례를 베풀었으나 너희는 성령으로 세례를 받으리라 하신 것이 생각났노라 그런즉 하나님이 우리가 주 예수 그리스도를 믿을 때에 주신 것과 같은 선물을 그들에게도 주셨으니 내가 누구이기에 하나님을 능히 막겠느냐 하더라 그들이 이 말을 듣고 잠잠하여 하나님께 영광을 돌려 이르되 그러면 하나님께서 이방인에게도 생명 얻는 회개를 주셨도다 하니라"

2) 성령으로 세례 받을 때는 확실한 체험으로 경험이 있습니다. 성령으로 세례를 받을 때 성령이 예수 그리스도의 이름으로 임하므로 성령으로 세례 받는 것은 체험으로 느낄 수 있습니다.

3) 성령 세례를 받으면 하나님의 능력이 임합니다. 성령으로 세례 받을 때 성령의 권능이 함께 임합니다. 권능은 하나님의 일을 행하는 데 적합한 사람으로 크리스천을 준비시킵니다. 성령 세례는 하나님께서 우리를 예수 그리스도의 몸의 일부분으로 택하셔서 맡기신 지체로서의 임무를 효과적으로 수행하게 합니다. (행 9:17-20) "아나니아가 떠나 그 집에 들어가서 그에게 안수하여 이르되 형제 사울아 주 곧 네가 오는 길에서 나타나셨던 예수께서 나를 보내어 너로 다시 보게 하시고 성령으로 충만하게 하신다 하니 즉시로 각 회당에서 예수가 하나님의 아들이심을 전파하니"

4) 성령으로 세례 받음은 하나님의 영으로 사로잡히는 것입니다. 성령 세례는 성도의 마음을 그리스도에 대한 이해와 사랑과 신뢰로 가득 차게 하며, 성령이 삶의 주관자가 되게 하며, 하나님의 자녀로서 하나님의 부름에 적합하도록 능력을 부여합니다. 하나님

의 영으로 사로잡혀야 혈통에 대물림되는 빈곤의 저주가 물러가는 것입니다. 성령의 세례를 받으시기를 바랍니다. 성령세례는 내가 하나님의 역사하심을 감각으로 눈으로 보게 된다는 뜻입니다. 반드시 체험적인 성령세례를 받고 기도하여 충만해야 합니다. 성령세례에 대해서는 **"성령의 불세례에 숨은 비밀"**책을 참고바랍니다.

5. 빈곤의 고통은 누구에게나 해당된다. 빈곤은 나에게도 해당이 될 수 있다는 것을 무시하기 때문입니다. 안일하게 생각하기 때문입니다. 칭의는 믿음으로 구원을 받는 것이고, 성화는 그리스도의 성품으로 변화되는 것을 말합니다. 그러므로 믿기만 하면 구원을 받습니다. 그러나 예수만 믿었다고 순간에 성화되는 것이 아닙니다. 이는 우리가 육체를 가지고 있기 때문입니다. 그래서 지속적으로 예배를 드리고 기도하고 영성훈련을 통하여 성화되어 가는 것입니다. 성화는 순간에 되는 것이 아닙니다. 지속적인 말씀과 성령의 역사에 의한 영성훈련이 필요한 것입니다. 지속적인 영성훈련으로 우리의 육체가 성령으로 거듭나서 성령님에게 영, 혼, 육이 완전하게 장악을 당했다면 육체에 역사하던 마귀는 어쩔 수 없이 떠나가는 것입니다.

그러나 육체가 살아있어 성령을 따르지 않고 육체를 따른다면 육체에 역사하는 마귀는 절대로 떠나가는 것이 아닙니다. 설령 떠나갔다가도 다시 들어옵니다. 그래서 성령으로 세례를 받고 성령으로 인도를 받으면서 진리를 깨닫고 육체가 성령의 지배를 받도록 하는 성령 충만이 있어야 되는 것입니다. 그런데 일부 성도들이 예수만 믿으면 영육이 하나님의 나라가 되는 줄 알고 있습니다. 그러면서 갖다 붙이는 말씀이 고린도후서 5장 17절의 "그런즉 누구든지 그리스도 안에 있으면 새로운 피조물이라 이전 것은 지나갔으니 보라 새 것이 되었도다"는 말씀을 들이댑니다.

그러나 이 말씀을 잘 이해해야 합니다. 이 말씀을 옛 사람은 십자가에서 죽고 새사람 하늘의 사람으로 다시 태어났다는 말입니다. 그러므로 옛사람이 죽지 않았다면 여전히 옛사람에게 역사하는 마귀는 떠나지 않았다는 것입니다. 마귀는 그렇게 호락호락하지 않습니다. 이런 논리 때문에 예수를 믿고 교회에 다니는 성도들도 잘못된 지식으로 인하여 예수만 믿으면 혈통의 대물림되는 빈곤의 고통이 자동으로 해결되는 줄 착각하고 그냥 사는 분들이 많습니다. 그러면서 자신도 잘 모르는 영적인 문제로 고통을 당하는 경우가 많습니다. 제가 지금까지 치유사역하며 경험한 바로는 혈통에 대물림되는 영육의 문제는 말씀과 성령으로 찾아내어 끊어내고 치유받기 전까지는 떠나가지 아니하고 알게 모르게 문제를 일으킵니다. 그러므로 자신에게도 혈통으로 대물림되는 문제가 있을 수 있다고 인정하고 성령의 역사로 찾아내어 치유하는 것이 중요합니다. 절대 방심은 금물입니다. 그런데 이렇게 대물림되는 빈곤의 고통을 당하고 산다고 해서 구원을 받지 못하는 것은 아니라는 것을 이해하시기를 바랍니다. 대물림되는 빈곤의 고통을 그냥 감당하면서 신앙생활하면 구원을 받습니다. 그러나 이 책에서는 이

왕에 예수를 믿었으니 성령으로 심령을 정화하여 이 땅에서도 아브라함의 축복을 받으면서 살아가자는 취지에서 말씀을 드리는 것입니다. 하나님은 믿는 자들이 땅에서도 천국을 체험하며 살아가기를 원하시는 것입니다. 이 책을 읽으시는 분은 혈통에 나도 모르게 대물림되는 영육의 문제가 있을 수 있다고 생각하고 찾아내어 성령의 역사로 끊어내고 치유하여 하늘의 복을 받으시기를 바랍니다. 가계의 대물림에 대해서 자세하게 알고 싶으면 **"가계저주와 영원히 이별하는 길"**과 **"가계가 축복받는 선포기도"**을 참고하세요. 그리고 성령의 세례와 성령의 역사에 대하여 깊게 알고 싶으면 **"성령의 불 받을 때 느낌 체험"**책을 읽어보시기를 바랍니다.

6. 빈곤은 예수님 안에서 꼭 탈출된다는 믿음이 없기 때문이다.
예수 안에 들어오면 빈곤은 반드시 탈출할 수 있다는 믿음이 중요합니다. (히 11:6)"믿음이 없이는 하나님을 기쁘시게 하지 못하나니 하나님께 나아가는 자는 반드시 그가 계신 것과 또한 그가 자기를 찾는 자들에게 상주시는 이심을 믿어야 할지니라" 하나님은 아무리 죄가 태산 같아도 예수를 믿고 회개하고 나오는 사람을 정죄하거나 내치시지 않습니다. 하나님은 회개하는 자에게 구원을 주시는 하나님이십니다. 하나님은 사랑의 하나님 이십니다. 그래서 우리는 예수를 믿고 회개하면 하나님이 대물림의 고통을 치유하여 주신다는 것을 믿어야 합니다. 예수님의 이름으로 빈곤을 탈출할 수 있다는 믿음이 없이는 치유되지 못합니다. "믿음이 이기네.

믿음이 이기네." 라는 찬송가 가사처럼 영적 싸움을 하려면 믿음이 있어야 합니다. 여러분이 아무리 강하고 똑똑해도 우리들의 힘과 IQ를 가지고는 흑암의 세력과 싸울 수가 없습니다.

1) **'나는 하나님의 자녀'라는 믿음이 있어야 합니다.** "나는 하나님의 자녀다." 란 말을 한 번 해서 효과가 없다면 또 고백하고 또 고백하시기 바랍니다. 일어나려는데 또 눌린다면 그럼 또 고백해야 합니다.

2) **하나님의 능력이 지금 빈곤을 탈출하는 나에게 공급되고 있다는 것을 믿어야 합니다.** 빈곤의 탈출은 단기간에 되지 않습니다. 그 이유는 우리의 육체가 성령의 지배를 받는데 시간이 걸린다는 것입니다. 그러므로 꼭 치유하겠다는 본인의 의지가 대단히 중요합니다. 수로보니게 여인과 같이 어떤 일에 자존심의 상처와 치욕이 있더라도 포기하지 말아야 혈통으로 대물림되는 빈곤이 치유되는 은혜를 받습니다. 자아가 깨져서 간청의 기도가 강청의 기도로 바뀌어야 합니다. 예수님이 제자들에게 기도를 가르치실 때 강청하는 기도를 하라고 말씀했습니다. (눅 11:8)"내가 너희에게 말하노니 비록 벗 됨으로 인하여서는 일어나서 주지 아니할지라도 그 간청함을 인하여 일어나 그 요구대로 주리라" 성령의 임재 하에 하나님에게 구하면 주시고, 찾으면 찾고, 두드리면 열립니다(눅 11:9). 하나님께서 강청의 기도를 들으실 때 성령을 통해 응답해 주십니다. (눅 11:11-13)"너희 중에 아버지 된 자로서 누가 아들이 생선을 달라 하는데 생선 대신에 뱀을 주며 알을 달라 하는데 전갈

을 주겠느냐 너희가 악할지라도 좋은 것을 자식에게 줄 줄 알거든 하물며 너희 하늘 아버지께서 구하는 자에게 성령을 주시지 않겠 느냐 하시니라"

7. 자아가 깨어지지 않은 연고이다. 자아가 성령의 인도에 순종 하면 성령의 사람이 됩니다. 그러나 자아가 육에게 순종하면 성령 과 상관이 없는 육의 사람입니다. 그래서 내 자아가 육적이라면 성 령으로 깨어져야 합니다. 성령으로 깨어진다는 것은 내안에 계신 성령이 나를 장악하여 영의 사람이 되는 것을 말합니다. 육적인 자 아는 하나님의 의를 이루지 못합니다. 그래서 빈곤을 탈출하려면 하나님의 도움을 구하여 육적 자아를 부수어 뜨려야 합니다. 옛 성 품을 깨뜨려야 합니다. 성령의 도우심을 날마다 받아야 합니다.

자존심, 자아, 혈과 육은 하나님나라를 유업으로 받지 못합니다. 나는 거듭나서 깨끗하다는 자아는 하나님의 의를 이루지 못합니 다. 병든 사람만이 의원이 필요한 것입니다. 하나님의 은혜를 받으 려면 하나님은 빈곤의 탈출을 원하신다는 믿음이 있어야 합니다. 제가 치유사역을 하다가 보니까, 예수 믿고 교회에 들어오면 영육 의 문제가 다 치유된다고 믿고 믿음생활하며 목회자가 되었어도 자신도 잘 기억하지 못하는 혈통의 대물림으로 고생을 하는 분이 많습니다.

방심은 금물입니다. 제가 사역할 때 장로, 안수집사, 권사 할 것 없이 혈통으로 대물림되는 악의 영으로 물질로 고통을 당하다가 치유 받고 간 성도가 많은 수입니다. 나는 권사이기 때문에 나는 장로이기 때문에 해당이 없다. 귀신이 장로나 권사나 목사를 보면 무서워서 도망간다. 천만에 말씀입니다. 자아는 의를 이루지 못합니다. 말씀과 성령의 역사로 자신을 성찰하는 시간을 가지시기를 부탁합니다. 자신에게도 혈통을 따라서 대물림되는 빈곤의 문제가 있을 수 있다고 인정하시고 성령으로 찾아내어 치유하시기를 바랍니다. 혈과 육은 하나님의 나라를 유업으로 받을 수 없습니다. 고로 나는 성령으로 거듭나 깨끗하다는 자아가 깨어지는 고통이 있어야 열매가 맺힙니다. 자신의 자아를 십자가에 매달아 버리고 순수해지시기를 바랍니다.

8. 귀신의 실체를 인정하지 않기 때문. 예수 믿는 사람에게 악한 영이 틈타지 않는다는 구절은 성경 아무 데도 없습니다. 악한 영이 예수 믿는 사람에게 침입할 수 없다는 주장은 영적인 세계를 모르고 하는 말입니다. 이는 영적인 지식이 모자라는 지극히 안일하고 육신적인 차원에서 나온 생각일 뿐입니다. 그러므로 나에게도 악한 영의 역사가 있을 수 있다고 인정해야 합니다. 우리는 모두 예수를 믿기 전에 이 세상 풍조를 따르고 공중의 권세 잡은 자를 따랐습니다. (엡 2:2)"그 때에 너희는 그 가운데서 행하여 이 세상 풍조를 따르고 공중의 권세 잡은 자를 따랐으니 곧 지금 불순종의 아들들 가운데서 역사하는 영이라."

그러므로 예수를 믿기 전에 나에게 들어와 집을 짓고 있던 악한 영이 있을 수 있다고 인정해야 합니다. 방심은 금물입니다. 그리고 악한 영을 몰아내려는 의지가 있어야 합니다. 그리고 우리의 혈통에 대물림되는 빈곤의 고통 뒤에는 귀신역사가 있다는 것을 인정하는 것이 중요합니다. 왜냐하면 예수님은 믿는 자에게 아브라함의 복을 허락하여 주신다고 말씀했기 때문입니다.

9.성령의 역사를 두려워하기 때문이다. 제가 지금까지 성령치유사역을 하다 보니, 많은 성도들이 성령의 역사를 말로만 이해하고 체험하지 못해서 살아있는 성령이 실제로 역사하면 잘못된 현상인 줄 착각하고 거부하기 때문에 치유를 받지 못합니다. 목사님, 장로님이 저희 교회 집회에 참석하여 성령의 역사가 일어나 자신의 몸에 이상을 느끼면 그만 다리야 나살려라 하고 도망을 치는 분들이 있습니다. 이런 분은 평생 문제를 해결 받지 못합니다. 성령의 역사도 살아있는 역사이고, 마귀도 살아있는 영의 실체입니다. 성령의 역사에 의하여 살아있는 영의 역사가 일어남으로 자신에게 느끼고 보이는 가시적인 현상이 일어나는 것입니다. 성령의 역사는 초자연적으로 살아서 역사하는 실체입니다. 그러므로 나에게 성령이 임재하시면 본인이 성령의 임재를 체험적으로 느끼게 됩니다. 성령이 임재하시면 보편적으로 호흡이 깊어지고, 손이 찌릿찌릿해지고, 절제할 수 없이 웃음이 터지고, 두려움들의 현상들이 나타납니다. 성령의 역사에 대해서는 **"성령의 불 받을 때 느낌 체험"**와 **"성령의 불 받는 법"**를 읽어 보시면 자세하게 설명되어 있습니다.

10.육신적인 믿음 생활을 하기 때문. 제가 지금까지 성령으로 빈곤의 고통을 치유하면서 임상적으로 체험한 바로는 대물림되는 빈곤의 문제 근원은 우리의 잠재의식에 숨어 있습니다. 잠재의식에 숨어있는 문제의 근원은 살아있는 실체입니다. 이 살아있는 실체가 의식위로 올라와 치유되려면 우리의 마음 안에서 역사하는 성령께서 역사해야 잠재의식에 웅크리고 있는 악한 영이 성령의 능력으로 밀려서 올라와 떠나가는 것입니다. 그러므로 성령의 깊은 임재가 자신의 영육을 완전하게 장악하는 깊은 임재에 이르러야 깊은 곳에 있는 문제의 실체가 떠나가는 것입니다. 그러므로 빈곤의 고통을 치유하는 기도를 할 때에는 주문 외우는 것같이 그냥 입술로 기도문을 외워서는 잠재의식에 숨어있는 실체가 떠나가지 않습니다. 즉, 육신적인 차원의 기도로는 빈곤의 영들이 드러나지도 떠나지도 않는 다는 것입니다.

빈곤의 고통을 치유하는 기도를 할 때도 성령의 깊은 임재 하에 영상으로 죄를 짓는 모습을 보면서 기도해야 성령의 역사로 문제를 일으키던 세력들이 떠나가는 것입니다. 그러므로 성도는 무엇보다도 성령의 깊은 임재에 이를 줄 알아야 하는 것입니다. 제가 지금까지 체험한 바로는 성령님이 임재하시면 이렇게 심리적, 감정적, 실제적 체험을 하게 됩니다.

11. 영적 지식이 부족하여 탈출하지 못한다. 물론 빈곤의 고통의 치유는 자신이 직접 해야 합니다. 그러나 최초 한번은 정확히

진단을 하고 성령의 역사를 일으켜서 잠재의식에 웅크리고 있던 빈곤과 고통의 정체를 드러내야 치유가 되기 시작하는 것입니다. 빈곤과 고통의 정체를 드러내려면 성령의 역사가 있어야 하므로 전문 치유사역자의 도움을 받아 성령의 역사가 일어나게 해야 된다는 것입니다. 성령의 깊은 임재로 빈곤과 고통의 정체를 드러나게 하여 치유하는 과정을 거쳐야 합니다. 그래서 제가 지금까지 임상적으로 경험한 바로는 빈곤의 대물림의 치유는 전문 사역자의 도움을 받아야 빨리 종결됩니다.

세상에서도 질병을 치유하려면 전문적인 의사의 치료가 필요하듯이 전문적인 치유를 받아야 합니다. 세상 병원에서도 수술할 것은 수술하고 전문 치료약을 쓸 것은 쓰는 것과 마찬가지입니다. 빈곤의 고통도 오래 두면 깊어집니다. 혈통으로 대물림되는 빈곤을 치유하는 데 시간이 많이 걸립니다. 그러므로 전문적인 훈련을 받고 치유의 임상적인 경험을 한 치유 사역자의 도움을 받을 필요가 있습니다. 그래야 문제를 정확히 진단하고 치유를 받고 평안을 유지 할 수 있습니다.

충만한 교회에서는 매주 월-화-금-토요일 09:00-11:00까지 1주전 예약하여 집중 온몸기도 내적치유 시간이 있습니다. 성령의 불세례를 받고 싶으나 받지 못하며, 가난의 고통을 청산하지 못하고, 상처나 질병이 깊어서 장기간 고통을 당하고, 권능이 나타나지 않는 분들이 참석하시면 모두다 기적적인 영육의 치유와 능력을 받습니다. 반드시 1주전에 전화하시고 예약해야 합니다.

4장 하나님의 물질축복 받게 하는 원리

(고후 8:9)"우리 주 예수 그리스도의 은혜를 너희가 알거니와 부요하신 이로서 너희를 위하여 가난하게 되심은 그의 가난함으로 말미암아 너희를 부요하게 하려 하심이라"

하나님은 우리를 축복하시는 하나님이십니다. 필자가 지금까지의 평신도 생활과 목회자 생활을 뒤돌아 볼 때 하나님은 성도들에게 복을 주시는 하나님이십니다. 필자가 그것을 눈으로 몸으로 체험하고 있습니다. 단 성령으로 세례를 받고 성령으로 충만하게 살기 시작한 이후부터 대대로 흐르는 빈곤의 고통을 서서히 청산하고 있기 때문에 이 글을 쓰는 것입니다. 필자가 빈곤을 청산하지 못하면서 어떻게 다른 사람들에게 이렇게 하라고 글을 쓸 수 있겠습니까? 이 책의 내용의 적용은 첫째 필자에게 적용하여 효과가 나타났고, 둘째 필자의 교회 성도들에게 적용하여 효과가 나타났고, 셋째 필자의 성령 내적치유센터에서 실시되는 가난탈출과 물질축복 세미나에 적용하여 오신 분들의 빈곤의 문제가 해결되는 임상적인 효과가 있기 때문에 책을 발간하여 성도들에게 조금이나마 도움을 드리고자 하는 것입니다. 하나님은 성도들에게 소원을 두시고 일을 행하시는 하나님이십니다. "너희 안에서 행하시는 이는 하나님이시니 자기의 기쁘신 뜻을 위하여 너희에게 소원을 두고 행하게 하시나니"(빌립보서 2:13). 하나님은 이 천지 만물을 초자연적으로 다스리시는 하나님이십니다. 지금도 하나님은 불꽃같은 눈으로 하나님의 마음에 합한 자를 찾고 계십니다. 하나님은 권세가 있으신 하나님이십니다. 고로 하나님은 지금 당하고 있는 불경제와 우리의 빈곤의 고통을 청산하여 주시고도 남는 권세가 있는 분이십니다. 지금 우리가 당하고 있는 세계적인 경제의 고통은 누구도 해결할 수가 없습니다. 하나님만이 빈곤과 불경제의 고통을 청산 할 수가 있습니다. 빈곤의 고통을 하나님에게 가지고 나와 해결 받으시기를 바랍니다. 오직 전시를 주관하시는 하나님만이 해결하실 수 있습니다. 지금 경제적인 고통을 당하고 계십니까? 고통을 가지고 하나님에게 나오시기를 바랍니다. 나와서 자신 안에 주인이신 하나님을 찾고 찾아서 하나님을 만나 자신의 전인격을 하나님으로 채우면 하나님께서 물질로 건강으로 채워주시는 것입니다. 문제는 기도하며 찾고 찾아서 자신안의 하나님을 만나는 것입니다. 하나님을 만나 말씀과 성령으로 해결방책을 받아 믿음으로 행하면 하나님이 해결하여 주십니다. 성경에는 이런 불경기 속에서도 하나님의 말씀을 듣고 믿어 순종하여 복을 받은 교훈들이 많이 기록되어 있습니다. 구약에 나오는 믿음의 선진들처럼 하나님의 음성을 듣고 순종하여 세계적인 불경제의 광풍을 물리치시기를 바랍니다. 우리가 믿은 하나님은 이런 경제의 광풍을 물리치시고도 남을 만한 힘과 권세가 있으십니다. 믿음이 있어야 합니다.

　하나님은 우리를 축복하시는 하나님이십니다. 하나님은 우리에게 소원을 두고 하나님의 일을 이루어 가십니다. 그런데도 우리는 왜 예수를 믿노라 하면서도 빈곤한가? 빈곤한 것은 과연 좋은 것인가? 빈곤하게 사는 것이 하나님의 뜻인가? 마귀의 저주인가? 이와 같은 의문들이 저의 머리를 복잡하게 해주었습니다. 그래서 신약과 구약의 성경을 보니 성경에 기근이나 물질적 궁핍이나 절망 상태에 빠진 사람들이 하나님의 은혜로 기적적인 도움을 받은 사건들이 여러 곳에 기록되어 있었습니다. 그래서 오늘 우리 함께 빈곤한 것은 하나님의 뜻인가? 그렇지 않은가?를 확실히 살펴보고 빈곤문제에 대한 우리의 분명한 입장을 정리하고자 하는 것입니다.

1. 하나님의 도움으로 빈곤을 탈출한 사건. 신구약 성경에는 기근이나 물질적 궁핍이나 절망 상태에 빠진 사람들이 하나님의 은혜로 기적적인 도움을 받아 빈곤에서 해방 받은 사건들이 여러 곳에 기록되어 있습니다.

1) 열왕기상 17장 8절로 16절에 기록된 사건입니다. 이스라엘 아합 왕의 시대에 그 아내 이세벨의 충동으로 말미암아 온 나라가 바알과 아세라신을 섬기는 우상숭배로 떨어지고 말았습니다. 여호와의 선지자들을 다 잡아 죽이고 혹은 가두고 여호와를 섬기는 신앙은 이스라엘에서 금지되고 사라졌습니다. 하나님이 진노하사 선지자 엘리야를 아합 왕에게 보내어서 3년 6개월 동안 이스라엘의 우로가 없을 것이고 말했습니다. 그날 이후로부터 시작해서 하늘이 놋같이 푸르고 전혀 우로가 없으매 모든 산천초목이 다 불타 죽고 마실 물조차 없고 기근이 극심하여 수많은 사람들이 죽었습

니다. 그 때에 그릿 시냇가에 숨어있던 엘리야에게 하나님이 이렇게 말씀을 하십니다. (왕상17:9)"너는 일어나 시돈에 속한 사르밧으로 가서 거기 머물라 내가 그 곳 과부에게 명령하여 네게 음식을 주게 하였느니라."

하나님의 종 엘리야는 시돈의 사르밧으로 가라는 하나님의 음성을 듣고 이방 땅 시돈의 사르밧으로 갔습니다. 그곳에 가니 한 과부가 성문에서 나무를 줍고 있었습니다. 엘리야가 그 과부에게 이렇게 말했습니다. 빨리 집에 가서 물 한 그릇을 가지고 와서 나에게 마시게 하라, 그가 물을 가지러 가려고 할 때에 다시 엘리야가 이렇게 말합니다. "엘리야가 그를 불러 이르되 청하건대 네 손의 떡 한 조각을 내게로 가져오라." 그러니 그 부인이 하는 말이 우리 집에 밀가루 한 움큼과 기름병에 기름 조금 밖에 없소. 그것으로 마지막 과자를 구워서 자식하고 나누어 먹고 죽으려고 합니다.

엘리야가 말하기를 당신이 나의 말을 믿고 그렇게 하면 이 가뭄이 지날 때까지 너의 밀가루 통에 너의 밀가루가 떨어지지 아니하고 기름병에 기름이 마르지 아니하리라고 말했습니다. 과부가 엘리야의 말을 믿고 가서 그 과자를 굽고 물을 가져와서 엘리야에게 주니 이 엘리야가 그 물을 다 마시고 그 과자를 다 먹었습니다. 그리고 그 과부의 집에 우거하는데 엘리야가 말한 그대로 그 밀가루 통에 밀가루가 먹고 나면 또 생기고, 먹고 나면 또 생기고, 기름병에 기름을 붓고 나면 또 생기고, 3년 6개월 동안 가뭄이 지날 때까지 그 식구가 다 먹고 마시고 기근을 피할 수가 있었습니다. 이와 같이 하나님은 믿고 순종하는 자에게 기적의 은혜를 베풀어주시는 하나님이십니다. 하나님은 하지 못하는 일이 없으십니다. 단 거짓말만은 못하십니다. 이 사르밧 과부와 같이 하나님의 레마가 들려오면 믿고 순종합시다. 그리하여 하나님의 기적을 체험하시기를 소원합니다.

2) 열왕기하 4장 1절로 7절에 기록된 사건입니다. 엘리사 선지자가 선지 학교를 경영하고 있었는데 그 학생 중에 한 사람이 죽었습니다. 그러자 그 학생의 아내와 두 아들이 채주에게 빚을 갚지 못함으로 그 채주가 그 아들 둘을 잡아서 팔려고 했었습니다. 그러자 그 과부가 하나님은 이 문제를 해결하실 수 있다고 믿고 하나님의 사람 엘리사 선지자에게 와서 눈물로 호소했었습니다. 우리 남편이 살아있을 때에 여호와를 잘 섬겼는데 세상을 뜨고 난 다음 이제 채주가 와서 아이 둘을 잡아다가 종으로 팔려고 하는데 어떻게 해서든 나를 도와주시옵소서. 그때에 엘리사가 물었습니다. 너희 집에 무엇이 있는지 내게 고하라. 우리 집에는 기름 한 병 밖에는 아무 것도 없습니다. 그러면 가서 온 이웃의 그릇을 구하되 많이 구하라. 그리고 문을 닫고 그 그릇에 기름을 부어 넣어라. 그 과부가 집에 가서 자기 아이들과 함께 그릇을 잔뜩 빌려서 집에 가지고 가서 문을 닫고 기름병으로 부으니 그릇에 기름이 가득 가득해집니다. 또 옮겨 놓고 또 붓고 또 옮겨 놓고 또 붓고 마지막으로 애야 그릇 가져와라. 어머니 이제 그릇이 없습니다. 그릇이 없다고 하자 기름이 그치고 말았습니다. 그래서 엘리사의 말대로 그 기름을 팔

아 빚을 갚고 나머지로써 그들이 생활할 수가 있었다는 기록인 것입니다. 하나님은 기적의 하나님이십니다. 믿고 순종하여 여러분도 기적을 체험하시기를 바랍니다. 하나님은 없는 것을 있는 것같이 행하시는 하나님을 믿으시기를 바랍니다.

3) 요한복음 6장 1절로 13절에 있는 사건입니다. 벳세다 광야에 예수님이 나가셔서 말씀을 증거하고 병자를 고쳤는데 해가 질 무렵에 사람들은 배가 고파서 길거리에 드러누웠습니다. 예수님께서 제자들을 불러 모으시고 저들이 굶어서 저렇게 길거리에 쓰러져 있으니 저대로 버려둘 수가 없다. 너희가 먹을 것을 주라. 그때에 제자들이 우리에게 돈이 없습니다. 저들에게 떡을 조금씩 나누어줄지라도 300 데나리온이나 되는 돈이 필요할 것입니다. 이곳은 떡 살 곳도 없습니다. 흩어 보내는 것이 좋습니다. 그럴 때에 예수님께서는 안드레가 가져온 한 아이가 내 놓은 보리떡 다섯 개와 물고기 두 마리를 축사하시고 남자만 5천명 부녀를 합치면 2만 명을 배불리 먹이고 12바구니나 남게 한 그러한 사건이 기록되어 있는 것입니다. 이와 같은 말씀들을 종합하여 볼 때 하나님은 성도들에게 복을 주시는 하나님이십니다. 그래서 하나님에게 문제를 가지고 와서 하나님에게 아뢰면 하나님은 자신에게 있는 것으로 그 빈곤의 고통을 청산하게 하십니다. 절대 어디에서 빌려다가 빈곤을 청산하게 하시지를 않고 자기에게 있는 것을 통해서 역사하여 빈곤을 극복하게 하십니다. 하나님은 너에게 있는 것이 무엇이냐 하십니다. 그러므로 빈곤의 고통을 하나님에게 가지고 나오시기를

바랍니다. 하나님에게 질문하시기를 바랍니다. 하나님이 너에게 있는 것이 무엇이냐 하시면 저에게 이것이 있습니다. 하고 들고 나오면 하나님은 자신에게 있는 것 가지고 문제를 해결하게 하십니다. 하나님은 절대로 다른 곳에서 빌려서 자신이 당한 고통을 해결하시지 않는 다는 것을 명심하시기를 바랍니다. 내가 가지고 있는 것을 가지고 하나님이 빈곤의 고통을 해결하여 주신다는 것을 믿으시기를 바랍니다. 일점일획도 틀림이 없는 하나님의 말씀이라고 믿으시기를 바랍니다. 인간방법 동원하여 해결하려고 해도 소용이 없습니다. 성령으로 되는 것입니다. 빈곤의 뒤에는 마귀가 있기 때문입니다. 마귀는 우리 인간의 힘만으로는 어찌 할 수 없는 초인적인 존재입니다. 오직 초자연적으로 천지를 주장하시는 성령 하나님의 역사가 있어야 빈곤의 고통을 가하는 마귀 귀신이 떠나가는 것입니다. 그러므로 문제를 들고 하나님에게 나와서 성령 충만을 받고 성령께서 알려 주시는 지식의 말씀과 지혜의 말씀으로 대적하여 빈곤의 고통을 청산하시기를 바랍니다. 하나님의 역사로 빈곤이 청산될 수 있다는 믿음이 중요합니다. 믿으면 해결됩니다. 하나님은 지금도 말씀하십니다. 수고하고 무거운 짐진자들아 다 나에게로 나오라고 하십니다. 성령의 음성을 듣고 순종하면 승리하는 것입니다. 하나님을 믿으시기를 바랍니다. 하나님은 말씀만 하시는 하나님이 아니십니다. 말씀하시고 이루어지는 것을 보고 느끼게 하는 하나님 이십니다.

2. 하나님께서 우리의 현실 문제의 해답이 된다. 이 이야기를 통해서 우리가 깨달아 알아야 할 것은 하나님께서는 우리의 현실 문제의 해답이 되신다는 것을 알아야 되는 것입니다. 성령으로 충만해야 된다는 말씀입니다. 어떤 사람들은 말하기를 하나님은 우리의 물질적인 현실 생활에 관하여는 무관심하시다고 가르칩니다. 그것은 크게 잘못된 것입니다. 왜냐하면 현재 우리가 살고 있는 이 물질적인 우주와 만물은 하나님이 직접 지으셨습니다. 물질 그 자체기 악이요 죄라면 왜 하나님이 왜 악이요 죄를 지으셨겠습니까? 물질 그 자체는 악도 아니고 죄도 아닙니다. 그 물질을 쓰는 사람이 나쁜 사람이면 나쁘게 쓰고 악하게 쓰면 악하게 쓰고 선한 사람이면 선하게 쓰는 것이지 물질 자체가 죄도 아니고 악도 아닌 것입니다. 물질은 하나님이 지으신 좋은 것입니다. 우리 하나님께서는 이 만유를 옷 입고 계십니다. 만유 안에 계시고 하나님은 만유를 초월해서 계십니다. 그러므로 하나님께서 물질세계를 떠나 있다고 생각하면 대단한 오해인 것입니다. 하나님이 이 시간 내 안에 계시고 이 공간 안에 계시고 이 물질 안에 계십니다. 그러면서도 또 이 물질을 초월해서 하나님은 계시는 것입니다. 그리고 하나님은 이 물질 세계를 운영하고 계시기 때문에 물질세계에 관해서 무관심하다고 생각하는 것은 대단히 잘못된 오해인 것입니다. 그리고 하나님은 우리들의 삶의 흥망성쇠의 열쇠를 친히 손에 쥐고 계십니다.

성경 신명기 28장 1절로 8절에 기록된 말씀을 한번 들어 보십시오. "네가 네 하나님 여호와의 말씀을 삼가 듣고 내가 오늘날 네게 명하는 그 모든 명령을 지켜 행하면 네 하나님 여호와께서 너를 세계 모든 민족 위에 뛰어나게 하실 것이라 네가 네 하나님 여호와의 말씀을 순종하면 이 모든 복이 네게 임하며 네게 미치리니 성읍에서도 복을 받고 들에서도 복을 받을 것이며 네 몸의 소생과 네 토지의 소산과 네 짐승의 새끼와 우양의 새끼가 복을 받을 것이며 네 광주리와 떡반죽 그릇이 복을 받을 것이며 네가 들어와도 복을 받고 나가도 복을 받을 것이니라. 네 대적들이 일어나 너를 치려하면 여호와께서 그들을 네 앞에서 패하게 하시리니 그들이 한 길로 너를 치러 들어왔으나 네 앞에서 일곱 길로 도망하리라 여호와께서 명하사 네 창고와 네 손으로 하는 모든 일에 복을 내리시고 네 하나님 여호와께서 네게 주시는 땅에서 네게 복을 주실 것이며" 이 말씀의 하나님은 복의 근원이 되시고 하나님께서는 당신을 순종하는 백성들에게 복을 주는 하나님이라고 분명히 성경에 기록하고 있는 것입니다. 그러므로 우리가 복을 받으려면 하나님을 찾아가야 되며 하나님께서는 만복의 근원이 되신다는 사실을 우리는 마음속에 깊이 깨달아 알아야만 되는 것입니다. 신명기 8장 18절에 "네 하나님 여호와를 기억하라 그가 네게 재물 얻을 능을 주셨음이라 이같이 하심은 네 열조에게 맹세하신 언약을 오늘과 같이 이루려 하심이니라"고 말한 것입니다. 우리 하나님께서는 우리에게 재물 얻을 능을 주시겠다고 말씀을 하신 것입니다. 이러므로 하나님께서 물질적인 것에 관해서 관심이 없다고 생각하는 것은 대단히 잘못된 생각인 것입니다.

그러면 우리가 오늘 물질적으로 경제적으로 고통과 좌절과 절망에 처했을 때에 어떻게 해야 될 것입니까? 이것은 우리 하나님을 먼저 찾아야만 되는 것입니다. 우리가 하나님 앞에 잘못 했기 때문에 오늘 이런 일이 생겼으므로 우리가 다른 데 가서 방황하지 말고 하나님을 찾아야만 합니다.

요엘서 1장 14절로 20절에 "너희는 금식 일을 정하고 성회를 소집하여 장로들과 이 땅의 모든 주민들을 너희 하나님 여호와의 성전으로 모으고 여호와께 부르짖을지어다. 슬프다 그 날이여 여호와의 날이 가까왔나니 곧 멸망 같이 전능자에게로부터 이르리로다. 먹을 것이 우리 눈앞에 끊어지지 아니하였느냐 기쁨과 즐거움이 우리 하나님의 성전에서 끊어지지 아니하였느냐, 씨가 흙덩이 아래에서 썩어졌고 창고가 비었고 곳간이 무너졌으니 이는 곡식이 시들었음이로다. 가축이 울부짖고 소 떼가 소란하니 이는 꼴이 없음이라 양 떼도 피곤하도다. 여호와여 내가 주께 부르짖으오니 불이 목장의 풀을 살랐고 불꽃이 들의 모든 나무를 살랐음이니이다. 들짐승도 주를 향하여 헐떡거리오니 시내가 다 말랐고 들의 풀이 불에 탔음이니이다." 이와 같이 우리가 경제적으로 물질적으로 어려운 곤핍한 시대에 도달했을 때에는 하나님께 나와서 부르짖어 회개하고 통회하며 기도하라고 성경은 말하고 있는 것입니다. 온 교회가 온 나라가 다 금식하며 회개하고 주님께 나와서 부르짖고 복의 근원 되시는 주님을 간절히 찾으라고 성경은 말하고 있습니다.

그렇게 하나님을 찾으면 어떤 결과가 생길까요? 요엘서 2장 21절로 26절에 "땅이여 두려워하지 말고 기뻐하며 즐거워할지어다. 여호와께서 큰일을 행하셨음이로다. 들짐승들아 두려워하지 말지어다. 들의 풀이 싹이 나며 나무가 열매를 맺으며 무화과나무와 포도나무가 다 힘을 내는 도다. 시온의 자녀들아 너희는 너희 하나님 여호와로 말미암아 기뻐하며 즐거워할지어다. 그가 너희를 위하여 비를 내리시되 이른 비를 너희에게 적당하게 주시리니 이른 비와 늦은 비가 예전과 같을 것이라. 마당에는 밀이 가득하고 독에는 새 포도주와 기름이 넘치리로다. 내가 전에 너희에게 보낸 큰 군대 곧 메뚜기와 느치와 황충과 팥종이가 먹은 햇수대로 너희에게 갚아 주리니 너희는 먹되 풍족히 먹고 너희에게 놀라운 일을 행하신 너희 하나님 여호와의 이름을 찬송할 것이라 내 백성이 영원히 수치를 당하지 아니하리로다"

우리가 회개하고 주님께 부르짖고 주의 얼굴을 간절히 찾으면 주님께서 다시 복을 내리시사 수치와 곤욕을 당하지 않고 영혼이 잘 되고 범사가 잘 되며 강건하게 만들어 주시는 하나님이라고 성경은 말하고 있습니다.

이러므로 우리가 곤고하고 어려울 때에 하나님을 찾아야 되는 것입니다. 하나님께 부르짖어야 됩니다. 교회마다 성도들이 모여서 주여 우리를 불쌍히 여기소서. 주여 어떻게 해야 이 곤고와 빈곤에서 탈출할 수 있겠습니까? 알려주시옵소서. 깨닫게 해주시옵소서. 라고 외치면서 기도해야 되는 것입니다. 하나님이 능치 못할 일이 어디에 있습니까? 하나님은 죽은 자를 살리시며 없는 것을 있게 만드신 하나님이신 것입니다.

이러므로 오늘 우리가 경제적인 심한 고통과 괴로움에 처하고 있을 때에 하나님을 찾고 복의 근원 되시는 하나님 앞에 나오면 하나님이 우리의 기도를 들어주시고 그 전능의 손을 펼쳐서 우리를 위해서 역사하시면 흑암은 변하여 광명이 되고 무질서는 변화하여 질서가 되고 죽음은 생명으로 빈곤은 부요로 추는 아름다움으로 변화되고 말 것입니다.

3. 하나님의 음성을 들으라. 우리가 어려움을 처할 때에 하나님의 음성에 귀를 기울여야 되는 것입니다. 하나님께서 우리에게 묻는 것은 네 집에 무엇이 있는지 내게 고하라고 주님께서 물으시는 것입니다. 너희 나라에 무엇이 있는가, 그것을 내게 고하라. 하나님의 도우심은 내게 없는 것을 다른 곳에서 빌려 와서 도우심이 아닌 것입니다. 지난 IMF 때를 뒤돌아보면 우리나라가 외국에서 너무나 많은 돈을 빌려 왔습니다. 한국의 기업들이 겁 없이 해외에서 돈을 잔뜩 빌려왔습니다. 은행이나 종금사가 턱도 없이 많은 돈을 빌려와서 다 탕진해 버리고 그 빚은 국민에게 덮어 씌웠습니다. 남의 것을 빌려와서 돈벌이를 하려고 하다가 자기도 망하고 나라도 망친 것입니다.

하나님께서 우리에게 복을 주실 때에는 남에게 빌려온 것을 가지고 복을 주겠다고 말씀하지 아니하셨습니다. 네 집에 무엇이 있는지 내게 고하라고 말씀하신 것입니다. 자기에게 있는 자본을 가지고 시작하라는 것입니다. 하나님의 물질 축복의 원리는 "네 시작은 미약하였으나 네 나중은 심히 창대하리라"(욥 8:7)입니다. 우리가 한국과 대만을 비교해 보십시오. 대만은 98%가 중소기업입니다. 대만 사람들은 그 부채 율을 보면 85.7%밖에 되지 않습니다. 자기 자본의 85.7%밖에 부채가 없습니다. 한국의 기업들은 자기 자본의 평균 270% 이상의 남의 돈을 빌려서 하고 있습니다. 대만 사람은 외국의 빚을 빌리지 아니하고 자기의 있는 것을 가지고 올막졸막 좁은 중소기업을 가지고 장사를 해도 오늘날 세계에서 가장 우등 경제국 중에 하나인 것입니다.

그런데 우리나라는 외국에서 산더미 같은 빚을 빌려와 가지고서 나라를 경영한 우리나라는 오늘 빚더미에 올라앉고 세계적인 채무 국가로 전락하고 말았던 것입니다. 채무가 너무 많으니 결국 IMF를 만나고 말았던 것입니다. 우리는 이를 교훈으로 생각하여 과거와 같은 고통을 당하지 말아야 합니다.

하나님이 우리에게 묻는 것은 네 집에 무엇이 있는지 말씀했지? 얼마나 많은 것을 외국에서 빌려 왔느냐? 거기에 복을 주겠다. 그렇게 말씀하시지 않았습니다. 많든 적든 우리에게 있는 것으로 복을 주시겠다고 말씀한 것입니다. 자기에게 있는 자본을 가지고 작게 시작하여 나중에 창대하게 하시는 하나님 이십니다.

하나님은 네가 가지고 있는 것이 무엇이냐 물으십니다. 그것을 통하여 축복하시기 위해서입니다. 절대 하나님은 남의 것을 빌려서 사업을 하라고 하지 않으십니다. 성경에 보면 선지자의 생도의 과부도 집에 있는 기름 한 병으로 하나님께서 복을 주셨습니다. 그 과부에게 가서 돈을 많이 빌려라. 이웃에 빚을 많이 내어서 살아라. 그렇게 말하지 않았습니다. 네 집에 무엇이 있는 것을 고하라. 기름 한 병이 있습니다. 그것으로 주님이 축복해 주셔서 빚을 다 갚고 먹고 살게 해 주셨습니다.

사르밧 과부도 집에 있는 밀가루 한 움큼과 조금 남는 기름으로 3년 6개월 동안 흉년을 지내게 했습니다. 다른 부자 집에 가서 금 이나 은이나 빌려온 것도 아니고 돈을 빌려 온 것도 아닙니다. 집 에 있는 밀가루 한 움큼과 조금 남은 기름 그것에 하나님이 복을 주어서 기근을 면할 수가 있었습니다. 뱃세다 광야에서도 남자가 5천명 부녀자가 기만 명이었는데 주님께서 저 다른 동네에 가서 쌀을 빌려 오라 밀을 빌려 오라 기름을 빌려 오라 그렇게 말씀 하 셨습니까? 너희 가운데에 무엇이 있는지 내어 놓아라. 어린 소년이 보리떡 다섯 개와 물고기 두 마리를 가져오니 이것에 복을 주어서 기만 명을 먹이고 12바구니에 남게 한 것입니다.

소년 다윗을 기억하시지요. 다윗이 골리앗과 싸우러 갈 때에 사 울이 자기의 번쩍 번쩍 빛나는 투구를 씌워주고 어마어마한 갑옷 과 날카로운 검을 빌려주었습니다.

다윗은 그 투구를 쓰고 그 갑옷을 입고 검을 차고 왔다 갔다 하 더니 도로 투구를 벗어 놓았습니다. 이제 갑옷을 벗어 놓고 칼도 주었습니다. 그리고 그는 왕의 투구나 갑옷이나 칼을 빌려서 내가 골리앗과 싸우지 않고 내가 가지고 있는 목자의 옷과 목자의 도구 그대로 가지고 가겠다고 했습니다.

다윗과 골리앗과 싸우러 나갈 때에 빌려서 싸우러 간 것이 아니라 자기가 가지고 있는 것을 가지고 싸우러 나갔습니다. 하나님이 다윗이 입고 있는 목자의 도구와 그 물매와 물맷돌에 같이 계심으로 사울이 그 금 투구와 그 어마어마한 갑옷과 칼로써 죽이지 못한 골리앗을 돌멩이 하나로 죽였습니다.

문제는 얼마나 많이 빌려 오는 가가 문제가 아닌 것입니다. 하나님은 내게 있는 것 그것을 가지고 복을 주시는 것입니다. 다윗이 얼마든지 사울의 투구와 갑옷과 칼을 빌려 갈 수 있습니다. 그러나 하나님께서는 사울이 가지고 있는 투구나 갑옷이나 칼을 다윗이 빌려 가기를 원치 않았습니다. 다윗에게 있는 그것으로 가라고 했습니다. 어림도 없는 소리 같지만 목자의 도구에 그는 물맷돌을 가지고서 어마어마한 골리앗을 대결해 나가서 골리앗을 쳐서 이긴 것입니다.

이러므로 오늘 하나님께서 우리에게 묻는 질문에 우리는 귀 기울여 들어야 합니다. 네 집에 무엇이 있는지 내게 고하라. 우리는 우리의 집에 있는 그것으로써 복을 받아야 됩니다. 우리나라에 있는 그것으로써 우리가 사업하고 복을 받아야 되는 것입니다. 지금도 자꾸 남의 돈을 빌리려고 눈에 혈안이 되어 있는데 빌려오면 빌려올수록 채무는 많아지고 이자도 많아지는 것입니다. 저는 사업이 잘되었는데 채무가 많아서 도산하고 만 사업가들을 많이 만났습니다. 이분들이 하는 말이 장사는 잘되었습니다. 그러나 채무가 많아서 망했습니다. 채무가 많아서 망했다는 것입니다.

하나님께서는 그 빌려오는 것에 복을 주겠다고 하지 않았습니다. 네 집에 무엇이 있느냐? 기름 한 병이 있어도 좋다, 밀가루 한 움큼이 있어도 좋다, 보리떡 다섯 개와 물고기 두 마리가 있어도 좋다. 네게 있는 것으로 내가 복을 주겠다. 빌려온 것에 내가 복을 주지 않는다는 것입니다. 그러므로 빌려서 장사하고 빌려서 사업하고 빌려서 먹고 살려고 하지 마십시오. 없는 것은 없는 대로 있는 것으로부터 하나님의 축복을 받아서 사는 우리가 되시기를 바랍니다.

4. 먼저 하나님께 내어 놓아라. 잠언 3장 5절로 10절에 "너는 마음을 다하여 여호와를 의뢰하고 네 명철을 의지하지 말라 너는 범사에 그를 인정하라 그리하면 네 길을 지도하시리라 스스로 지혜롭게 여기지 말지어다. 여호와를 경외하며 악을 떠날지어다. 이것이 네 몸에 양약이 되어 네 골수로 윤택하게 하리라 네 재물과 네 소산물의 처음 익은 열매로 여호와를 공경하라 그리하면 네 창고가 가득히 차고 네 즙틀에 새 포도즙이 넘치리라" 먼저 우리가 하나님께 내어놓고 하나님을 먼저 공경하고, 그리고 하나님의 축복을 받아서 우리가 살아야 되는 것입니다. 사르밧 과부의 희생을 보십시오. 사르밧 과부는 마지막에 남은 밀가루 통의 한 움큼 밀가루와 적은 기름으로 떡 하나 구워서 자식하고 먹고 죽으려고 생각했

습니다.

그런데 건장한 엘리야가 와서 여호와의 이름으로 물 한 그릇하고 그 과자를 구워서 자기에게 가져오라고 했습니다. 이야말로 너무나 가혹한 요구인 것입니다. 불쌍한 과부와 그 아들의 사정을 전혀 무시한 것 같습니다. 그러나 요지부동입니다. 너는 그것으로 과자를 만들어 먼저 내게 가져오너라. 사르밧 과부가 물 한 그릇과 그 과자를 구워 오니 엘리야는 떡 달라고 우는 어린아이를 밀치고 무정하게 혼자 다 먹고 물을 다 마셨습니다. 그렇게 하나님의 이름으로 온 주의 종에게 물 한 그릇 하고 과자를 만들어 바친다는 것은 거대한 희생입니다. 그 나라와 그 의를 사르밧 과부가 먼저 구한 것입니다. 그 결과 하나님이 뭐라고 말했습니까? 이 가뭄이 지날 때까지 밀가루 통에 밀가루가 떨어지지 아니하고 기름병에 기름이 사라지지 아니하리라.

먼저 하나님께 내어놓는 희생이 필요한 것입니다. 뱃세다의 소년의 희생도 보십시오. 하루종이 예수님 따라 다니다가 점심 먹을 것을 잊었는데 저녁이 되어 배가 꼬르룩 거리고 고픕니다. 많은 사람들에게 **빼앗**길까 싶어서 구석에 숨어서 아침에 엄마가 싸준 점심 도시락을 혼자 먹으려고 했는데 마침 하나님의 사업을 위해서 그 도시락을 내어놓으라고 안드레가 보고서 사정을 했습니다. 이 어린아이가 왜 내 도시락을 내가 먹는데 왜 잔소리가 많습니까? 나는 먹을래요. 그렇게 할 수 있는데도 불구하고 그 도시락을 예수님께 내어놓으면 많은 사람이 먹을 수 있다는 것을 듣고 그는 희생을 해서 도시락을 내어놓았습니다. 그 결과로 기만명의 사람이 배불리 먹고 12바구니가 남게 하는 기적이 일어나게 된 것입니다. 이러므로 먼저 하나님 앞에 희생적으로 내어놓아야 하나님이 역사하는 것입니다.

5. 네 입을 넓게 열라 내가 채우리라. 성경에는 네 입을 넓게 열라 내가 채우리라고 시편 81편 10절에 말했었습니다. 우리가 아무리 환경이 어수선하고 어렵더라도 꿈을 잃어버리면 안 됩니다. 우리가 꿈을 잃어버리고 그만 땅을 바라보고 탄식하고 에라 아파트에서 뛰어 내려 버리자! 온 가족들 다 모여 가지고 농약 먹고 자살해 버리자. 그저 될 대로 되라 있는 것 다 써버리고 나중에는 죽어 버리자. 이렇게 하면 안 됩니다. 우리가 하나님께 축복을 받으려면 어떠한 어려운 환경 가운데도 하나님을 바라보고 꿈을 키워야 되는 것입니다. 적은 밀가루와 조금 남은 기름으로 엘리야와 과부와 그 아들이 3년 이상 먹을 것을 꿈꾸고 믿어야만 하는 것입니다. 이 사르밧의 과부는 꿈이 있는 여자입니다. 인간적으로 생각해 보십시오.

그 마지막 남은 한 움큼 밀가루와 조금 남은 기름 가지고 어떻게 3년 6개월 동안 먹을 수가 있습니까? 그러나 엘리야가 그렇게 말하니 그것을 그대로 받아들여서 믿고 그 꿈을 가졌었던 것입니다. 우리는 우리가 현재 있는 것을 가지고 절망해서는 안 됩니다. 우리가 아무 것도 없고 빚 투성이니 이젠 죽었다고 생각하면 안 됩니다. 우리에게 무엇이 있는가를 알아야 합니다. 우리에게는 하나님이 계신 것입니다. 물질이 있는 것이 아니라 하나님이 계십니다. 하나님이 계시면 우리 하나님 안에서 하나님 말씀을 따라갈 때에 무한대의 큰 꿈을 가질 줄 알아야 되는 것입니다. 내일은 오늘보다, 다음 달은 금번 달보다, 명년은 금년보다 나아질 꿈을 가져야 되는 것입니다.

우리가 이 경제 한파의 어려움을 당할 때에 가장 두려운 것은 이 어려움보다도 국민들이 꿈을 잃어버리는 것이 가장 두려운 것입니다. 낙심해 버리고 좌절해 버리고 될 대로 되라는 것입니다.

먼저 우리를 이끌어 가는 지도자들이 꿈을 가지고 살 수 있도록 꿈을 심어 주어야 합니다. 낙심하지 말라 살 수 있다. 할 수 있다. 하면 된다. 꿈을 보여 주어야 합니다. 우리를 이끌어 가는 지도자들 자체가 그 꿈을 짓밟아 버리면 서민들은 무엇을 보고 살며 어떻게 사는 것입니까? 이게 가장 중요한 것입니다. 성경은 말하기를 꿈이 없는 백성은 망하리라고 말했습니다. 지도자 자체가 꿈이 없으면 나라가 망하고 마는 것입니다. 밀가루 한 움큼과 조그마한 병의 기름을 가지고도 3년 6개월 동안 살아갈 꿈을 가진 사렙다의 과부를 우리가 보아야 되는 것입니다.

선지자의 생도 과부가 이웃으로부터 그릇을 많이 빌려 그 많은 그릇에 기름이 가득 찰 것을 꿈꾸었습니다. 기름 한 병 밖에 없는데 선지자 엘리사가 빈 그릇을 많이 빌려 와서 그곳에 기름을 부으라고 했습니다. 웃기는 소리 아닙니까? 그 많은 대야, 큰 독 빌려

와서 조그마한 병의 기름으로 기름 붓는다고 거기에 기름이 가득 찰 턱이 있습니까? 그럼에도 불구하고 성도의 과부는 엘리사의 말을 듣고 믿고 그 꿈을 가졌습니다. 부푼 꿈을 가졌습니다. 그래서 실천한 결과로 기름을 가득히 얻어서 빚을 갚고 살아갈 수가 있었습니다. 생각해 보십시오. 남자만 5천명 부녀자기만 명을 먹일 꿈을 가지고 있다는 것 놀라운 일 아닙니까? 빌립은 그 꿈을 갖지 못했습니다. 빌립은 도대체 돈도 없고 떡 살 곳도 없는데 어떻게 이 많은 사람 먹인다는 말입니까? 그러나 안드레는 꿈이 있었습니다. 돈도 없고 떡 살 곳도 없지만 보리떡 다섯 개와 물고기 두 마리로 주님이 같이 계시면 먹일 수 있다는 엄청난 꿈과 믿음을 가졌습니다. 그 꿈과 믿음을 통하여 예수님은 그들을 먹이고 12바구니 남게 한 것입니다.

시편 81편 10절에 "나는 너를 애굽 땅에서 인도하여 낸 여호와 네 하나님이니 네 입을 넓게 열라 내가 채우리라 하였으나" 지금은 우리가 꿈을 가질 때인 것입니다. 입을 넓게 열고 하나님이 우리에게 복을 주실 것을 믿고 나아가야만 되는 것입니다. 우리에게는 그래도 5만 교회가 있고 1200만 성도가 있습니다. 우리나라에 하나님이 함께 계신 것입니다. 예수님이 우리와 함께 계십니다. 그렇다면 주를 의지하고 그 나라와 그 의를 구하면서 우리는 꿈을 가져야 되는 것입니다. 내일은 오늘보다 다음 달은 금번 달 보다 명년은 금년보다 나아질 것이라는 꿈을 꾸어야 되는 것입니다. 영혼이 잘됨 같이 범사에 잘 되며 강건할 것을 꿈꾸어야 되는 것입니다. 꿈과 믿음을 가지고 우리가 하나님께 부르짖어 나갈 때에 하나님은 그러한 사람은 결코 버리지 않고 붙들어 주시는 것입니다.

고린도 후서 9장 8절에 "하나님이 능히 모든 은혜를 너희에게 넘치게 하시나니 이는 너희로 모든 일에 항상 모든 것이 넉넉하여 모든 착한 일을 넘치게 하게 하려 하심이라"고 말씀하신 것입니다. 지금 우리나라는 6.25 사변 이후 최악의 경제 위기를 당하고 있습니다. 지금이 IMF 시절보다 더 경제가 어렵다고 합니다. 우리 성도님들이 더 잘아실 것입니다. 우리가 이 위기를 극복하고 살아남으며 번영하기 위해서는 하나님을 찾는 길 밖에는 다른 길이 없습니다. 하나님만이 우리의 생명이요 복의 근원이 되시기 때문인 것입니다. 남에게 돈을 빌리려고 하지 말고 하나님의 음성을 들어야 합니다. 하나님은 이렇게 말씀합니다. 너희 가운데 무엇이 있는가. 내게 고하라고 말씀한 것입니다. 우리에게는 아직까지도 1,200만에 가까운 성도가 있습니다. 열심히 기도하고 있습니다.

걱정하지 말고 우리 있는 것을 가지고 이것으로 하나님께 나아가야 하는 것입니다. 더 이상 남에게 의지하지 말고 우리에게 있는 지극히 적은 것이라도 내 놓으면서 하나님에 기도하여 레마를 받아야 합니다. 레마를 받아 행동에 옮기면 믿음을 보시고 하나님이 역사하십니다. 하나님의 축복의 역사가 우리의 적은 것과 같이 하면 큰 기적이 일어나게 되는 것입니다. 그래서 수치와 곤욕에서 해방되고 삶과 축복의 길로 나갈 수가 있는 것입니다. 반드시 하나님은 빈곤을 탈출하고 축복하여 주실 것입니다.

5장 하나님의 보편적 영육 축복 순서

(요삼1:2)"사랑하는 자여 네 영혼이 잘됨 같이 네가 범
사에 잘되고 강건하기를 내가 간구하노라"

하나님은 우리의 영혼부터 복을 받게 하십니다. 다음에 범사가
잘되는 복을 받게 하십니다. 마지막으로 육체가 강건하게 하십니
다. 인간 생활의 비극은 아담의 타락으로부터 시작한 것입니다.
아담이 하나님과 올바른 관계를 갖고 있을 때는 삶에 아무런 문제
도 없었고 또 있을 수도 없었습니다. 하나님께서 모든 일을 처음
부터 끝까지 돌보아 주셨기 때문에 전지전능 무소 부재하신 하나
님의 능력에 의존해서 사는 삶에 문제가 있을 수가 없는 것입니
다. 오늘 우리가 경험하는 모든 슬픔과 고통은 인간이 하나님을
떠난 그 시간부터 출발하는 것입니다. 하나님께서 해 주실 일을
인간들이 자기 힘으로 해 나가겠다고 하니 될 턱이 없습니다. 그
렇기 때문에 모든 문제는 정치적인 문제도 아니요, 경제적인 문제
도 아니요, 사회적인 문제도 아니요, 근원적으로 한 가지 영적인
문제인 것입니다.

아담이 하나님과 영적인 교제가 끊어지고 영이 죽었을 때 인간
의 모든 비극이 시작되었기 때문인 것입니다. 그 이후로 범사에도
저주가 임했고 육체도 병들고 죽게 된 것입니다. 이러므로 하나님
앞에 축복 받기 위해서는 우리의 신앙생활에 올바른 순서를 잡아

나아가야 하는 것입니다. 요한 삼서 2절은 바로 그 순서를 보여 주고 있습니다. "사랑하는 자여 네 영혼이 잘 됨 같이 네가 범사에 잘 되고 강건하기를 내가 간구하노라"라고 말했습니다.

1. 영혼이 잘 됨 같이. 영혼이 잘 됨 같이 라고 말했는데, 어떻게 해서 우리의 영혼이 잘 될 수가 있습니까? 그것은 우리 영혼이 어쩌다가 잘못 되었는가 그 사실을 우리가 알아보고 고쳐나가야 될 것입니다. 우리 영혼이 잘 안 된 이유는 악한 마귀의 꾀를 쫓아서 아담과 하와가 생수의 근원 되시는 하나님을 떠나서 등을 돌리고 자신을 신으로 삼고 자력으로 살려고 한 이것이 모든 비극의 근원인 것입니다. 그렇기 때문에 영혼이 잘되기 위해서는 먼저 예수를 믿고 예수달린 십자가에서 죽어야 합니다. 다시사신 예수님으로 태어나야 합니다. 다시 태어나서 성령으로 세례를 받고 성령 안에서 자신의 주인이신 예수님을 부르며 온몸으로 기도하여 자신 안에 계시는 예수님을 만나야 합니다. 자신의 주인이신 예수님으로부터 성령의 불이 나와서 성령의 불로 온몸이 충만하게 되어 하나님의 나라가 되니 영혼이 잘되는 것입니다. 예수님도 (마 6:33)"그런즉 너희는 먼저 그의 나라와 그의 의를 구하라 그리하면 이 모든 것을 너희에게 더하시리라." 말씀하셨습니다. 재정의 축복을 받으면서 살아가려면 먼저 예수님을 만나 예수님으로 충만하면 재정의 축복이 나타나기 시작하는 것입니다.

호세아 6장 6절로 7절에 보면 "나는 인애를 원하고 제사를 원치 아니하며 번제보다 하나님을 아는 것을 원하노라, 저희는 아담처럼 언약을 어기고 거기서 내게 패역을 행하였느니라"고 기록되어 있습니다. 아담은 하나님을 믿고 하나님을 섬기며 살 때에 하나님께서 아담을 위해서 모든 일을 다 예비하시고 다 준비해 두셨습니다. 그러므로 아담은 하나님을 섬기고 믿는다는 그 조건하에서 모든 하나님의 풍성한 축복을 다 누렸습니다만 그가 하나님을 섬기지 않고 자기를 섬기고 하나님을 믿지 않고 자기의 힘을 믿고 하나님을 배반했을 때 모든 것은 끝장이 나고 만 것입니다.

그러나 우리 하나님께서는 이 불쌍한 인생들을 건지시려고 2천년 전에 그 아들 예수님을 보내셔서 인간이 저지른 죄악을 대신 담당하게 하시여 십자가에 걸머지고 몸을 찢고 피를 흘려 인류의 모든 죄를 대속하신 것을 우리는 잘 알고 있습니다. 이 하나님의 사랑의 손길인 예수 그리스도를 우리가 받아들이고 하나님께로 돌아와야 합니다. 영혼이 잘 될 수 있는 길은 우리가 떠난 하나님을 다시 찾아 돌아오는 길 밖에 없습니다. 사람은 하나님을 섬기고 믿고 살도록 지어졌기 때문에 이 삶의 근본적인 자세를 떠나가면 인간은 잘 못 살게 되어 있는 것입니다. 이러므로 하나님께서 우리에게 돌아올 수 있는 길, 예수 그리스도의 길을 허락해 주셨기 때문에 우리가 영혼이 잘되기 위해서는 회개하고 깨닫고 예수님을 구주로 모시고 하나님께로 돌아와야 되는 것입니다. 그래서 하나님을 참 신으로 섬기고 하나님을 믿고서 사는 삶을 출발해야 하는 것입니다.

사도행전 14장 15절은 "가로되 여러분이여 어찌하여 이러한 일을 하느냐 우리도 너희와 같은 성정을 가진 사람이라 너희에게 복음을 전하는 것은 이 헛된 일을 버리고 천지와 바다와 그 가운데 만유를 지으시고 살아계신 하나님께로 돌아오라 함이라"고 말씀하셨습니다. 이러므로 우리의 불신의 악한 마음을 저버리고 주님께로 돌아와서 그를 섬기고 그를 따르는 이 길이 영혼이 잘되는 일차적인 길인 것입니다. 더 영혼이 잘 되는 계속된 삶을 살기 위해서는 죄의 유혹을 털어버리고 나아가야 하는 것입니다. 사람들은 오늘날 예수를 믿으면서도 죄의 유혹에 빠져서 하나님의 계명을 다 짓밟아 버리고 살고 있습니다. 입술로만 주여! 주여! 하고 교회만 왔다 갔다 하지 실제적인 신앙생활에 내용이 없습니다. 껍데기만 남아 있고 내용이 없습니다. 알맹이는 다 빠져 나가버리고 그 안에는 부패와 부정이 꽉 들어 차 있습니다.

우리의 신앙이 형식만 가진 것이 아니라 내용이 하나님의 계명을 지키며 살아야 됩니다. 물론 예수를 믿음으로 구원을 받지 계명을 지킴으로 그 댓가로 구원받는 것은 아닙니다만 예수 믿고 구원받은 사람은 구원의 내용인 생활면에서 하나님의 계명을 지키며 살아야 되는 것입니다. 하나님 이외에 다른 신을 두지 말라. 우상에 절하지 말라. 하나님의 이름을 망령되이 일컫지 말라. 안식일을 거룩히 지키라. 네 부모를 공경하라. 살인하지 말라. 간음하지 말라. 도적질하지 말라. 네 이웃을 거짓 증거 하지 말라. 네 이웃을 탐하지 말라. 이것은 우리가 하나님 앞에서 하나님과 교통하며 살아갈 수 있는 최소한의 조건인 것입니다. 이 계명은 조금도 어려운 것이 아닙니다. 우리가 이 계명을 지키며 살려고 작정하면 능히 누구든지 다 지키며 살 수 있는 것입니다. 그러므로 우리가 신앙의 내용인 계명을 지키고 탐욕을 저버리고 살아야 됩니다. 우리가 자기 분수를 저버리고 욕심을 품으면 욕심이 잉태하면 반드시 죄를 낳습니다. 왜? 정상적으로는 욕심을 이루지 못하기 때문에 부정직하고 부정을 행하는 비뚜른 길로 나가서 죄를 짓고 죄가 장성하면 사망을 낳습니다.

오늘날 우리 한국 정치계와 사회가 이렇게 지저분한 것은 모두 다 탐욕 때문에 그런 것입니다. 정상적인 평상심을 가지고 자기 분수를 지키는 정치인, 경제인들만 모여 있었다면 오늘날 이런 일이 일어나지 않았을 것입니다. 자기의 탐욕을 가지고 욕심으로 비정상적인 방법으로 일확천금을 위해서 뇌물을 쓰고 온갖 부정과 부패를 사용한 결과 오늘날 한국 경제가 곤두박질하고 있는 것입니다. 우리가 하나님께 복 받고 영혼이 잘된 삶을 살려면 신앙 내용이 있어서 하나님의 계명을 지켜서 정의를 실천하면서 살아야 됩니다. 우리 마음속에 탐욕을 버리고 분수대로 살아야 되는 것입니다. 자기의 분수대로 살아야지 욕심을 가지고 자기의 처지와 신분을 뛰어넘어 탐욕을 이루려고 하다가는 자기도 망하고 수많은 사람을 다치게 만드는 것입니다.

그리고 우리의 평상적인 생활에 그 나라와 그 의를 구하는 삶을 평생 살아야 됩니다. 그 나라를 구한다는 것은 교회를 열심히 받들고 섬기는 것이고 그 의를 구하는 것은 예수 그리스도가 나와 같이 계시면 어떻게 하실 것인가를 늘 질문해 보고 그리스도를 닮아 가는 삶을 사는 것이 그 의를 구하는 삶인 것입니다. 우리의 삶 속에 언제나 교회가 마음에 중심이 되고 그리스도의 몸 된 교회, 눈에 보이는 하늘나라를 잘 받들어 섬겨서 성장하게 하고 예수님을 본받아 사는 그런 삶을 살려고 노력할 때 영혼이 잘 되지 않을 수 가 없는 것입니다.

또한 영혼이 잘되기 위해서는 자기 자랑에 심취하여 교만해지는 것을 막아야 됩니다. 루시퍼는 하나님이 만든 아름다운 천사였지만 그가 자기의 아름다움에 심취해서 그만 하나님 보다 높아지려고 하고 하나님 보좌를 빼앗으려고 하다가 쫓겨나서 오늘날 사탄이 되어버리지 않았습니까? 우리도 하나님이 주신 우리의 신분과 처지를 생각하여 감사히 여기고 자기를 분수 이외로 높게 생각하면 안 되는 것입니다. 이 세상에서 가장 좋은 것은 자기를 낮추고 겸손하고 남을 나보다 낮게 여기면서 허리를 굽히고 사는 것이 좋습니다. 우리가 영혼이 잘 되는 삶을 살기 위해서는 항상 눈을 들어 자기를 바라보지 말고 주님을 바라보아야 됩니다. 모든 생명의 근원이 되시는 주님을 바라야 됩니다. 우리 생사화복의 근본이 되시는 주님을 바라보고 살아야지 주님을 바라보지 않고 내 자신을 바라보고 나를 흠모하고 나를 자랑하면 그는 벌써 파멸합니다. 교만은 패망의 선봉이요, 거만한 마음은 멸망의 앞잡이가 되는 것입니다.

그리고 우리의 자랑은 늘 주님으로 자랑을 해야 하는 것입니다.

사람이 자랑할 것이 무엇입니까? 오늘이라도 호흡이 끊어지면 한 줌의 흙으로 돌아가고 마는데 무엇을 가지고 인간을 자랑 할 수 있습니까? 우리의 자랑은 오직 우리에게 생명을 주시고 생활을 하게 해 주시는 우리 주님을 자랑해야 됩니다. 자기를 낮추고 언제나 주님께만 복종하고 주님의 말씀을 늘 읽고 공부하고 묵상하여 하나님의 뜻을 받들어 살려고 애를 쓰며 열심히 기도하는 그런 삶을 살 때 우리 영혼이 잘되는 삶을 살아갈 수 있는 것입니다.

이러므로 우리가 먼저 아담과 하와가 지비린 그 영적인 삶을 새로 복구하고 하나님과의 뜨거운 교통과 교제가 이루어져 영혼이 잘 되면 우리 하나님께서 우리를 사랑하는 하나님의 백성들을 잘 돌보아 줄 하나님이신 것입니다. 신명기 8장 11절 18절에 "내가 오늘날 네게 명하는 여호와의 명령과 법도와 규례를 지키지 아니하고 네 하나님 여호와를 잊어버리게 되지 않도록 삼갈지어다. 네가 먹어서 배불리고 아름다운 집을 짓고 거하게 되며, 또 네 우양이 번성하며. 네 은금이 증식되며 네 소유가 다 풍부하게 될 때에 두렵건대 네 마음이 교만하여 네 하나님 여호와를 잊어버릴까 하노라 여호와는 너를 애굽 땅 종 되었던 집에서 이끌어 내시고 너를 인도하여 그 광대하고 위험한 광야 곧 불 뱀과 전갈이 있고 물이 없는 건조한 땅을 지나게 하셨으며 또 너를 위하여 물을 굳은 반석에서 내셨으며 네 열조도 알지 못하던 만나를 광야에서 네게 먹이셨나니 이는 다 너를 낮추시며 너를 시험하사 마침내 너에게 복을 주려 하심이었느니라. 또 두렵건대 네 마음에 이르기를 내 능과 내

손의 힘으로 내가 이 재물을 얻었다 할까 하노라 네 하나님 여호와를 기억하라 그가 네게 재물 얻을 능을 주셨음이라 이같이 하심은 네 열조에게 맹세하신 언약을 오늘과 같이 이루려 하심이니라"

하나님의 근본적인 뜻은 우리가 잘 되고 형통하며 복을 받고 살기를 원하시는 것입니다. 그러나 여기 하나님이 늘 두려워하시는 것은 우리가 계명을 저버리고 부패하고 부정하고 교만해질까 두려워해서 우리를 시험하고 연단해서 깨뜨리고 난 다음 마침내 우리에게 하나님께서는 복을 주기를 원하신다고 간절히 말하고 있는 것입니다.

2. 범사에 잘 되기를 원하신다. 성경에는 우리가 범사에 잘 되기를 원하신다고 말씀하셨습니다. 하나님과 바른 관계를 갖고 있으면 자연적으로 범사가 형통하게 되는 것입니다. 성령 안에서 예수님을 부르면서 기도하여 예수님을 만나 예수님으로 충만하게 되면 범사가 형통하게 되는 것입니다. 이는 전적으로 성령으로 하나님의 나라가 되었기 때문입니다. 가정이나 사업이나 국가 사회가 어지럽고 안 되는 이유는 하나님 앞에서 올바르게 생활하지 못하기 때문인 것입니다. 에덴 동산은 범사가 잘 되는 낙원이었습니다. 하나님이 중심이 되고 하나님이 주인이 되어 있으니까 에덴동산에는 아무런 부정적인 것이 없었습니다. 그런데 하나님께서 돌보시는 그 삶을 저버리고 나왔기 때문에 저주가 다가오고 빈곤이 다가오고 슬픔도 다가온 것입니다. 오늘날 같이 고통스러운 세상은 모

두 다 하나님을 저버렸기 때문에 다가온 것입니다. 이것이 정치적인 환난이다. 경제적인 환난이다. 사회적인 문제다. 국제적인 문제다. 라고 말하지만 문제는 한 가지 영적인 문제밖에 없습니다. 하늘과 땅을 지으시고 현 우주와 만물을 주장하시는 하나님과 올바른 관계를 맺으면 하나님 명령 한마디에 갈릴리 풍파가 잠잠해진 것처럼, 죽은 나사로가 무덤에서 살아나 온 것처럼, 순식간에 문제가 해결되어 버리고 말 것입니다.

이러므로 우리의 문제는 영적인 문제이지 정치적, 사회적, 경제적인 문제가 아닙니다. 우리의 한국의 문제도 영적인 문제입니다. 우리 대통령 이하 우리 지도자들, 모든 정치가, 모든 경제가, 모든 사람들이 회개하고 하나님 중심으로 산다면 하루아침에 문제가 해결되어 버리고 마는 것입니다. 그것은 간단한 문제입니다. 여러 전문가가 필요 없습니다. 회개하라 천국이 가까워 왔느니라. 우리가 회개하면 하늘나라가 가까이 오는데 무슨 문제가 있겠습니까? 오늘날 우리가 범사에 잘 되기 위해서는 하나님을 중심으로 섬기고 나오면 됩니다. 왜냐하면 예수님께서 이 땅에 오실 때 벌써 우리 빈곤을 대속하신 것입니다.

고린도후서 8장 9절에 "우리 주 예수 그리스도의 은혜를 너희가 알거니와 부요하신 자로서 너희를 위하여 빈곤하게 되심은 그의 빈곤함을 인하여 너희로 부요케 하려 하심이니라"고 말씀하셨습니다. 왜, 천지와 만물을 지으시고 우주를 손에 쥔 부요하신 예수님이 동정녀 마리아의 몸을 통해서 저 베들레헴의 사용하지 않는 짐승의 우리에서 태어나시고 나사렛 목수의 아들로서 일하시고, 주님께서 3여 년 동안의 목회 생활이 바람을 맞으며 식사를 하시고 눈비를 맞으며 주무시고 그런 고통을 당했습니까? 그 예수 그리스도께서 그런 빈곤을 짊어지신 것은 우리가 하나님을 버리고 나와서 빈곤하게 된 것을 대신 갚아 주기 위한 것입니다. 그러므로 예수 그리스도의 일생은 우리를 빈곤에서 구속하기 위한 것이기 때문에 이 예수 그리스도를 우리가 구주로 모시고 섬기고 살면 예수님이 지불한 그 댓가 때문에 우리가 빈곤에서 해방될 수밖에 없는 것입니다.

주님께서 십자가에 못 박히신 것도 갈라디아서 3장 13절에 저주를 갚기 위한 것입니다. "그리스도께서 우리를 위하여 저주를 받은 바 되사 율법의 저주에서 우리를 속량하셨으니"라고 말하고 있는 것입니다. 저주에서 우리를 값을 주고 사셨습니다. 저주가 있으면 모든 것이 안 되는데 저주가 떠나가면 모든 일이 형통해지는 것입니다. 손으로 수고한 것이 다 형통하게 되는 것입니다. 이러므로 예수님께서 천신만고를 다 겪으면서 빈곤의 삶을 살고 십자가에서는 결국 몸을 찢고 피를 흘려 저주를 받으신 것은 우리를 빈곤과 저주에서 해방시켜서 범사에 잘 되게 살게 하려고 하신 것입니다. 이러므로 이 사실을 알고 우린 예수를 믿고 난 다음에 주님 앞에서 탐욕을 버리기 위해서 십일조를 꼭 드리고 하나님 앞에서 내가 진심으로 물질 가운데서 주님을 섬긴다는 것을 보증해야 하는 것입니다.

말라기 3장 8절로 12절에 "사람이 어찌 하나님의 것을 도적질하겠느냐 그러나 너희는 나의 것을 도적질하고도 말하기를 우리가 어떻게 주의 것을 도적질하였나이까 하도다. 이는 곧 십일조와 헌물이라 너희 온 나라가 나의 것을 도적질하였으므로 너희가 저주를 받았느니라. 만군의 여호와가 이르노라 너희의 온전한 십일조를 창고에 들여 나의 집에 양식이 있게 하고 그것으로 나를 시험하여 내가 하늘 문을 열고 너희에게 복을 쌓을 곳이 없도록 붓지 아니하나 보라 만군의 여호와가 이르노라 내가 너희를 위하여 황충을 금하여 너희 토지소산을 멸하지 않게 하며 너희 밭에 포노나무의 과실로 기한 전에 떨어지지 않게 하리니 너희 땅이 아름다워지므로 열방이 너희를 복되다 하리라 만군의 여호와의 말이니라"

  그러므로 이와 같은 하나님의 언약이 있은즉, 우리는 마음을 새롭게 해야 되는 것입니다. 우리 마음을 긍정적인 형통과 성공의식을 가져야 됩니다. 나는 그리스도를 의지하고 십일조를 드리고 하나님을 섬기고 삶으로 나의 모든 하는 일에 하나님이 같이 하사 성공과 형통이 나를 따른다는 마음을 가져야 되는 것입니다. 마음에 가시와 엉컹퀴가 꽉 들어차서 나는 못한다. 나는 안 된다. 나는 할 수 없다. 나는 망한다. 나는 빈곤하다. 이와 같은 부정적인 생각을 가지고 있는 사람에게는 하나님이 역사할 수 없습니다. 우리가 온갖 구하는 것이나 생각하는 것에 넘치도록 능히 하시는 하나님이시기 때문에 우리 마음의 생각을 형통과 긍정적인 성공의식으로 채워 넣어야 됩니다. 그리고 우리 마음속에 내일은 오늘 보다 다음 달은 금번 달보다 나아진다는 그런 긍정적인 꿈과 환상을 가지고 있어야 됩니다. 꿈이 없는 백성은 망한다고 말했습니다. 마음속에 이와 같은 꿈과 환상을 가지고 희망에 차서 살아야 되는 것입니다. 개인이나 국민이 희망을 잃어버리고 좌절하고 낙심하고 뒤로 물러가면 하나님이 도와주고 싶어도 도울 수가 없는 것입니다. 이러므로 우리 하나님께서는 우리에게 범사에 잘 되게 이미 그리스도를 통해서 다 만들어 놓으시고 그 범사에 잘 되는 삶을 살도록 촉구하고 계신 것입니다.

3. 강건하기를 내가 간구한다. 우리 주님께서는 강건하기를 내가 간구한다고 말했습니다. 아담과 하와가 지음을 받았을 때는 병이 없었고 죽음도 없었습니다. 병과 죽음이라는 것은 아담과 하와가 죄를 지음으로 죄가 들어와서 결국에는 병과 죽음을 가져온 것입니다. 죄가 바로 누룩인 것입니다. 그런데 예수님께서 이 땅에 구주로 오셨을 때 주님께서는 바로 죄와 병은 한 가지에서 나온 열매라는 것을 알기 때문에 우리 주님께서는 가시는 곳마다 병을 고치시고 죄를 용서해 주셨습니다. 주님이 말씀하시기를 "나를 본자는 아버지를 보았다"고 말했는데 그 아버지의 뜻을 예수님의 세계 속에서 분명히 보여주신 것입니다. 예수님은 어느 곳에 가나 죄를 용서하는 사역을 베풀어주신 것입니다. 회개시키시고 죄를 용서해 주고 그 다음 주님은 병을 고치셨습니다. 귀신을 쫓아내시고 병을 고치시고 문둥이를 깨끗이 하시고 죽은 자를 살리셨습니다. 그 위에는 부수적인 은혜의 역사를 하셨습니다만 주님이 행하신 주

된 역사는 죄를 사하시고 병을 고치시는 주의 역사였습니다. 주님께서 열두 제자, 70인의 제자를 보내실 때도 회개하라 천국이 가까워 왔다고 하고 병든 자를 고치라고 꼭 주님이 당부하셨습니다. 그러므로 병은 바로 죄의 가지에서 온 것이기 때문에 죄 사함을 주실 때는 주께서 병도 고치시고 병도 멸하기를 주님이 원하시는 것입니다. 예수 그리스도의 십자가의 대속을 보게 되면 주님께서 십자가의 고통당하실 때 반드시 죄와 함께 우리의 질병도 대신 짊어지시고 가신 것을 분명하게 보여 주고 있습니다. 이사야 53장 4절에 "그는 실로 우리의 질고를 지고 우리의 슬픔을 당하였거늘 우리는 생각하기를 그는 징벌을 받아서 하나님에게 맞으며 고난을 당한다 하였노라" 말했습니다. 실로라는 말은 진짜로 우리의 질고를 지고 우리의 슬픔을 당했다고 말했습니다. 이사야서 53장 5절에 보면 "그가 찔림은 우리의 허물을 인함이요. 그가 상함은 우리의 죄악을 인함이라. 그가 징계를 받음으로 우리가 평화를 누리고 그가 채찍에 맞음으로 우리가 나음을 입었도다" 말하고 있는 것입니다.

이사야서 53장 10절에는 "여호와께서 그로 상함을 받게 하시기를 원하사 질고를 당케 하셨은즉 그 영혼을 속건 제물로 드리기에 이르면 그가 그 씨로 여호와의 뜻을 성취하리로다" 말했습니다.

하나님 아버지께서는 예수님께서 얻어맞고 상해서 우리의 질병을 대신 짊어지기를 간절히 소원했다고 말씀하셨습니다. 이렇기 때문에 질병에 대한 하나님의 태도는 단호합니다. 하나님은 근본적으로 우리가 병 앓기를 원치 아니하십니다. 병으로 고생하다가 죽기를 원치 아니하신 것입니다. 이것이 아버지 하나님의 근본적인 뜻입니다. 아버지는 죄를 미워하시고 병을 미워하십니다. 얼마나 미워했기에 예수님을 통해서 그 병을 다 짊어지게 하고 그 죄를 다 짊어지게 하고 주님이 십자가에서 몸을 찢고 피를 흘려 그 대가를 지불하기까지 하셨을까요? 우리는 예수 그리스도 안에서는 확연하게 용서의 샘이 넘쳐나고 치료의 샘이 넘쳐나는 것을 알아야 되는 것입니다. 이렇기 때문에 치료에 대해서는 하나님께서 우리 예수 믿는 교회와 성도들에게 주신 확실한 명령이 있었습니다.

마가복음 16장 17절로 18절에 "믿는 자들에게는 이런 표적이 따르리니 곧 저희가 내 이름으로 귀신을 쫓아내며 새 방언을 말하며 뱀을 집어올리며 무슨 독을 마실지라도 해를 받지 아니하며 병든 사람에게 손을 얹은즉 나으리라 하시더라"고 말씀하셨습니다.

야고보서 5장 14절로 16절에 야고보가 온 세계의 교회에 명령하시기를 "너희 중에 병든 자가 있느냐 저는 교회의 장로들을 청할 것이요. 그들은 주의 이름으로 기름을 바르며 위하여 기도할지라. 믿음의 기도는 병든 자를 구원하리니 주께서 저를 일으키시리라 혹시 죄를 범하였을지라도 사하심을 얻으리라 이러므로 너희 죄를 서로 고하며 병 낫기를 위하여 서로 기도하라 의인의 간구는 역사하는 힘이 많으니라." 말씀한 것입니다.

그러므로 우리 주님께서는 교회의 장로들을 세운 이유는 병 고치라고 세워 놓은 것입니다. 여기에 보십시오. 장로들을 세워 놓은 것은 대접받으라고 세워 놓은 것이 아니라 장로들이 다니면서 심신의 병든 자를 위해서 기도해 주어서 병을 고치라고 했습니다. 그냥 병 고칠 때에 기름 바르고 안수만 해야지 두들기면 안 됩니다. 성경에 손을 얹으라고 했지 때리라고 하는 말이 어디에 있습니까? 왜 사람을 병 고친다고 두들겨서 죽입니까? 제가 얼마 전에 경남에서 올라오신 목사님의 말을 들어보니 권사들이 귀신을 쫓아낸다고 배를 누르고 두들겨서 성도가 죽었다는 것입니다. 성경에는 기름을 바르며 위하여 기도하라고 했습니다. 누르고 두들기라고 하지 않았습니다.

우리가 하나님께서 우리에게 건강을 주셨으면 우리가 건강을 보존할 줄 알아야 됩니다. 마음대로 먹을 것 다 먹고 돼지고기에다가 기름투성이의 음식을 먹고 운동도 안하고 배에 기름이 이만큼 끼여서 건강 주십시오. 라고 하는 것은, 그것은 자살하려고 다니는 것이지 무슨 건강을 달라고 합니까? 하나님이 건강을 주셨으면 음식을 먹더라고 기름진 것은 너무 많이 먹지 말고 고단백질, 저 칼로리의 음식을 섭취하고 적당한 운동을 하고 주일날에는 꼭 휴식을 해서 주님을 섬기고 마음에 평화와 기쁨을 유지하고 그렇게 살면 건강하게 살 수 있는 것입니다. 하나님이 아무리 주신 것이라도 우리가 보존을 잘 하지 못하면 하나님이 주신 것도 도로 **빼**앗아 가지 않겠습니까?

결과적으로 말하면 우리의 삶 속에 가장 중요한 것은 하나님과의 관계에 있습니다. 하나님과의 관계에 문제가 없으면 우리의 삶의 문제는 하나님께서 다 해결하여 주시는 것입니다. 하나님께서는 자기를 사랑하는 자를 위해서 모든 것을 예비하십니다. 우리의 눈으로 보지 못하고 귀로 듣지 못하고 마음으로 생각지 못한 일을 하나님이 예비하여 주시는 것입니다. 자녀가 부모를 위해 예비하는 것이 아니라 부모가 자식을 위해서 예비하신다고 말했습니다. 그러므로 하나님은 우리를 위해서 예비해 주시는 것입니다. 우리의 영혼이 잘 되는 것이 우리 삶에 가장 중요한 것입니다. 성경에는 성령께서 사도 요한을 통하여서 영혼이 잘 되면 범사도 잘 되고 그 다음에는 자연적으로 강건하게 된다고 말씀하신 것입니다. 우리 하나님께서는 간구한다는 말을 쓰십니다. 사랑하는 자여 내 영혼이 잘됨같이 네가 범사에 잘 되며 강건하기를 내가 간구하노라. 우리 하나님께서 얼마나 간절히 사모했는지 그렇게 말씀하시고 있습니다.

그것은 하나님께서 우리 기도를 안 들어주어서 우리가 그렇게 못되는 것이 아니고 귀가 둔하여 우리 기도를 안 들어주시는 것이 아닙니다. 우리가 하나님의 뜻을 받들어 올바른 신앙을 가지고 나오면 하나님은 누구 못지 않게 먼저 나와서 우리를 돌보아 주기를 원하시고 계신다는 것을 말하고 있는 것입니다. 하나님이 간절히 원하는 소원입니다. 영혼이 잘 되고 범사가 잘 되고 강건한 것을 하나님 아버지가 간절히 소원하고 계십니다. 이 소원을 오늘 받아들여서 우리의 삶에 순서를 반드시 정해야 됩니다. 먼저 영혼의 먼저 할 것 먼저 해야 합니다. 그러면 하나님이 범사에 잘 되고 강건한 일을 주님께서 돌보아 주실 것입니다.

6장 예수 안에서 빈곤을 탈출하는 방법

(빌2:13)"너희 안에서 행하시는 이는 하나님이시니 자기의 기쁘신 뜻을 위하여 너희에게 소원을 두고 행하게 하시나니"

하나님은 우리를 축복하시기를 원하십니다. 하나님의 축복을 받으려면 믿음과 꿈을 가지고 하나님의 인도를 따라가시기를 바랍니다. 그러면 이루어집니다. 꿈은 반드시 이루어집니다. 꿈을 이루려면 어떻게 해야 합니까? 우리가 꿈을 갖고 믿은 것을 입으로 시인하고, 행해야만 되는 것입니다. 마가복음 11장 22-23절에 "예수께서 그들에게 대답하여 이르시되 하나님을 믿으라 내가 진실로 너희에게 이르노니 누구든지 이 산더러 들리어 바다에 던져지라 하며 그 말하는 것이 이루어질 줄 믿고 마음에 의심하지 아니하면 그대로 되리라"

시인하는 말을 해야 되는 것입니다. 입을 다물고는 우리가 믿을 수 없어요. 꿈꾸고, 기도하고, 믿은 사실을 입으로 시인해야 되는 것입니다. 현재 이루어지지 아니해도 하나님은 죽은 자를 살리시며 없는 것을 있는 것같이 부르시는 하나님인 것입니다. 지금 없어도 있는 것처럼 내가 꿈꾸고, 믿고, 입으로 시인해야 되는 것입니다. 왜냐하면 입으로 시인하는 말씀은 하나님의 창조적인 수단이었습니다. 하나님은 우주와 만물을 지었을 때 친히 손으로 지은 것이 아니라 말씀으로 지으신 것입니다. 말씀하심이 이루어진 것입니다. 그러므로 우리는 성령의 충만한 모습을 내 마음 속에 꿈꾸어 보고 이것을 믿어야 되는 것입니다. 마음에 꿈꾸어보고 믿습니다.

이렇게 된 줄 믿습니다, 라고 감사하며 행할 때, 하나님의 성령은 그대로 이루어지게 만들어 주시는 것입니다. 또한 우리는 십자가 밑에 나와서 우리의 물질의 문제가 고침을 받고 치료하여 부요하게 된 나의 모습을 보고 꿈을 꾸고 믿어야 되는 것입니다. 우리 모두 하나님의 부요의 축복을 다 누리시기를 소원합니다. 모든 것에는 하나님이 정해 놓으신 성경의 원리가 있습니다. 이 원리를 적용해야 빈곤도 떠나가고, 질병도 치유되는 것입니다. 영적인 눈을 열어 영적인 원리를 적용하여 빈곤을 청산하고 복을 누리는 모두가 되시기를 바랍니다. 빈곤을 탈출하기 위하여 우리가 적용해야 하는 영적인 원리는 이렇습니다.

1. 하나님을 바르게 알라. 빈곤을 탈출하려면 하나님에 대해서 바르게 알아야 합니다. 하나님은 성도들을 저주하는 하나님이 아닙니다. 하나님은 성도들을 통하여 이 땅에 하나님의 나라를 만들어야 하기 때문에 성도들이 잘되기를 원하시는 것입니다. 하나님은 빌립보서 2장 13절에서 이렇게 말씀하십니다. "너희 안에서 행하시는 이는 하나님이시니 자기의 기쁘신 뜻을 위하여 너희에게 소원을 두고 행하게 하시나니" 하나님의 소원은 우리에게 있습니다. 하나님은 성도들이 잘되기를 소원하십니다. 그런데 왜 고통을

당하느냐. 그것은 다름이 아니라. 성도들의 옛사람이 남아있기 때문에 하나님이 주시는 복을 받지 못하는 것입니다. 하나님은 예수를 믿었다고 아무에게나 복을 주시는 분이 아닙니다. 하나님이 원하시는 영적인 수준이 된 성도에게 복을 주시는 것입니다. 하나님은 우리가 하나님이 원하시는 수준이 될 때까지 기다리십니다.

그러므로 빈곤을 탈출하려면 하나님이 원하시는 영적인 수준에 도달하는 것이 급선무입니다. 왜냐하면 하나님은 영이시기 때문에 육적인 사람과는 상관할 수가 없기 때문입니다. 성령으로 세례를 받고, 자신이 어머니 뱃속에서부터 현재까지 받은 상처를 말씀과 성령으로 치유해야 합니다. 그리고 자아를 부수어야 합니다. 그러면 혈통을 타고 역사하던 귀신들이 떠나가기 시작을 합니다. 이때부터 하나님이 원하시는 영적인 수준이 되어가는 것입니다. 빨리 영적인 수준을 높이려면 영성훈련을 많이 하면 됩니다. 우리 하나님의 역사로 빈곤을 탈출하고 물질의 복을 받기 위하여 성령의 인도를 받으시기를 바랍니다.

2. 하나님과의 통로를 열어라. 하나님과 영의 통로가 열려야 축복의 길에 들어갈 수 있습니다. 영의 통로라 함은 하나님과 나와의 관계를 말합니다. 영의 통로를 연다는 것은 저 하늘나라에 계신 하나님과 영의 통로가 열리는 것이 아니라, 내 마음 안에 와 계신 하나님과 영의 통로가 열리는 것을 말합니다. 그러면 왜 영의 통로가 막히는가? 그것은 마음의 상처와 자신의 자아 버릇, 그리고 혈통을

따라 대물림되는 영적인 문제로 막히는 것입니다. 말씀과 성령으로 자신의 심령을 치유하여 하나님과 영의 통로를 여시기를 바랍니다. 빈곤을 청산하고 복을 받으려면 인간적인 욕심을 부리지 말고 먼저 하나님과 영의 통로를 여시기를 바랍니다. 내안에서 역사하면서 하나님과 관계를 막고 있는 요소들을 성령의 임재 가운데 찾아내어 회개도 하시고 용서도 하시어서 심령을 깨끗하게 하시기를 바랍니다.

그리고 뱃속에서 올라오는 기도를 하시기를 바랍니다. 장구한 내용으로 머리 써서 기도하지 말고 단순하게 기도하시기를 바랍니다. 숨을 들이쉬고 내쉬면서 주여! 주여! 주여! 를 반복해서 하시기를 바랍니다. 방언으로 기도를 하시더라도 꼭 숨을 들이쉬고 내쉬면서 뱃속으로 기도하시기를 바랍니다. 제가 지금까지 성령치유 사역을 인도하면서 개인별 안수를 해보면 많은 분들이 기도는 열심히 하고 있지만 육적인 기도를 하므로 영의 통로가 막힌 기도를 하고 있습니다. 그래서 기도는 배워야 하는 것입니다. 뱃속에서 올라오는 영의 기도를 하시기를 바랍니다. 그래야 심령에서 잠을 주무시고 계시던 주님이 깨어 일어나셔서 능력으로 역사하시니 영의 통로가 열리기 시작하는 것입니다. 성령의 역사가 일어나 막힌 영의 통로가 뚫리는 것입니다. 막힌 영의 통로가 뚫릴 때 여러 가지 영적인 현상이 일어날 수가 있습니다. 머리가 어지러울 수도 있습니다. 나도 모르는 서러움이 올라올 수가 있습니다. 기침이 사정없이 나오기도 합니다. 방언기도가 터지기도 하고요, 온몸이 불이 붙은 것같이 뜨거워질 수도 있습니다. 그리고 두려움이 올수도 있습니다. 여러 가지 말로 표현 못하는 영적인 현상이 일어날 수 있습니다. 이러한 현상이 일어날 때 절제하지 말고 참고 인내해야 영의 통로가 열립니다. 기도하시다가 성령의 감동이 오면 그대로 행하시기를 바랍니다. 무조건 기도만 한다고 재정의 문제가 풀어지는 것이 아닙니다. 기도하시다가 성령께서 감동하시는 대로 믿고 순종하고 행해야 빈곤의 문제가 풀어지는 것입니다.

3. 성령의 감동에 순종하라. 하나님은 믿는 우리에게 복을 주시는 하나님이십니다. 하나님의 말씀은 변하지 않습니다. 하나님은 거짓말은 못하시는 분입니다. 그러므로 빈곤의 문제 뒤에는 마귀가 역사하고 있다고 보아야 합니다. 마귀는 우리의 힘만으로는 어찌할 수 없는 강한존재입니다. 그러므로 마귀를 몰아내려면 성령의 역사가 있어야 합니다. 성령의 역사를 일으키려면 먼저 불같은 성령으로 세례를 받아야 합니다. 성령의 세례를 받으려면 예수를 마음으로 영접해야 합니다. 많은 분들이 교회에 다니는 사람들은 모두 예수를 영접하고 다니고 있는 줄 착각하고 있는 분이 있습니다. 그러나 제 성령치유 사역을 하면서 체험한 바로는 많은 분들이 예수를 마음으로 영접하지 않고 교회에 다니는 분들이 있습니다. 이런 분들은 성령의 세례가 임하지 않습니다. 이런 분은 예수를 마음으로 영접을 해야 합니다. 그래서 먼저 성령으로 세례를 받고 성령의 충만함을 받으면 그 때부터 성령의 인도를 받을 수가 있는 것

입니다. 성령이 감동할 때 순종하는 것이 중요합니다. 그래야 성령님과 인격적인 관계가 되어 성령이 알려주시는 레마에 따라 행동에 옮길 때 빈곤의 고통을 청산할 수가 있는 것입니다.

무엇보다도 성령님과 인격적인 관계가 중요합니다. 모든 문제를 해결하려면 성령의 도우심이 없이는 불가능하기 때문입니다. 성령님과 인격적인 관계가 되려고 노력해야 합니다. 성령님과 인격적인 관계가 되려면 성령의 감동에 순종해야 합니다. 그래서 하나님께서 성령의 음성을 들려주실 때 한 번 두 번, 계속해서 불순종을 하게 되면 성령의 음성이 점점 흐려지고 성령님과 관계가 멀어지는 것입니다. 계속 불순종하면 성령의 음성이 완전히 들리지 않게 됩니다. 이는 성령의 소욕을 좇아 순종하려는 마음보다 육신의 정욕을 좇는 마음이 더 많기 때문입니다. 성령께서 감동을 주실 때 순종하시기를 바랍니다. 하나님에게 헌금을 드릴 때도 억지로 하지 말고 성령의 감동이 오면 하시기를 바랍니다. 헌금은 은혜 받고, 치유 받고, 또 사모하는 마음으로 성령의 감동이 오면, 증거로 드리는 것이 헌금입니다. 이렇게 드려야 마귀가 틈타지 않습니다. 그래야 성령의 역사로 만 배로 돌려받는 역사가 나타납니다.

4. 하나님이 말씀하신 약속 위에 헌금하라. 하나님은 예수를 믿는 우리가 잘되기를 소원하고 계십니다. 축복하시는 하나님으로 믿으시기를 바랍니다. 하나님의 축복의 원리를 적용하여 빈곤을 탈출하시고 물질의 축복을 받기를 바랍니다. 이것이 하나님의 소

원이십니다. 세상을 살아가다 보면 여러 다양한 은행들 간에 고객 유치를 위해 경쟁을 벌이는 소리를 듣습니다. 그들은 자기들의 은행에 예금을 하도록 납득이 갈만한 무언가를 제시하려고 합니다. 어떤 은행은 정기예금에 높은 이자율을 제시합니다. 또 어떤 은행은 수표를 송금할 때 수수료를 받지 않기도 합니다. 때로는 자기네 은행에 고객이 가진 뭉칫돈을 끌어들이려고 화려한 선물을 증정하기도 합니다. 그러나 하나님은 성도에게 사상 유래를 찾아볼 수 없는 은행 프로그램을 제공하십니다. 성도의 투자에 대해 하나님께서 넘치게 돌려주시는 것을 성경을 읽어보십시오. (고후 9:6-11) "이것이 곧 적게 심는 자는 적게 거두고 많이 심는 자는 많이 거둔다 하는 말이로다 각각 그 마음에 정한 대로 할 것이요 인색함으로나 억지로 하지 말지니 하나님은 즐겨 내는 자를 사랑하시느니라 하나님이 능히 모든 은혜를 너희에게 넘치게 하시나니 이는 너희로 모든 일에 항상 모든 것이 넉넉하여 모든 착한 일을 넘치게 하게 하려 하심이라 기록된 바 그가 흩어 빈곤한 자들에게 주었으니 그의 의가 영원토록 있느니라 함과 같으니라 심는 자에게 씨와 먹을 양식을 주시는 이가 너희 심을 것을 주사 풍성하게 하시고 너희 의의 열매를 더하게 하시리니 너희가 모든 일에 넉넉하여 너그럽게 연보를 함은 그들이 우리로 말미암아 하나님께 감사하게 하는 것이라"

이제, 하나님의 은행에 예금을 하면서, 하나님께서 모든 필요와 그 이상의 것을 공급하신다고 보장하는 하나님의 약속을 통해 되돌려 받기를 기대할 수 있습니다. 주님의 이름으로 드릴 때, 내 돈이 나가는 것이 아니라, 주님이 받아서 이자를 불려서 주실 것이기 때문에 하나님에게 드린 물질이 나에게 다시 돌아오는 것입니다. 우리가 매번 헌금을 드릴 때마다, 하나님은 그 갑절로 불려서 돌려 주실 것입니다. 땅의 은행들이 세상의 부요에 대한 비밀을 아는 것처럼, 실제적으로 믿음의 사람들은 하나님의 하늘 창고, 은행과 그분이 친히 말씀하신 약속 위에 예금을 하는 것입니다. 하나님은 하늘과 이 땅 위에 있는 재산을 넉넉한 것 이상으로 갖게 되는 것을 보게 할 것입니다.

5. 두려움을 이기는 믿음을 택하라. 사단이 하나님이 기름 부으신, 부의 일부를 받지 못하도록 막을 수 있는 단 하나의 방법은, 성도들로 하여금 부요의 돌파구를 찾아나가는 능력에 대한 사단에 거짓말을 받아들이게 만드는 것입니다. 사단은 성도들이 실패를 몹시 두려워해서 새로이 발견한 드리는 것의 자유 함을 포기하도록 만들려고 부단히 시도할 것입니다. 사단은 드리는 것은 어리석은 행동임을 확신시키기 위하여 필사적으로 몸부림을 칠 것입니다. 두려움의 근본에 대해서 혼동하면 안 됩니다. 두려움은 하나님에게서 오는 것이 아닙니다. (딤후 1:7)"하나님이 우리에게 주신 것은 두려워하는 마음이 아니요 오직 능력과 사랑과 절제하는 마음이니" 하나님은 성도가 두려움이 아니라, 능력 가운데 움직이기를 원하십니다. 하나님께서는 성도에게 재물 얻을 능력을 주셨다

는 사실을 명심하십시오. 하나님은 신명기 8장 18절에서 "네 하나님 여호와를 기억하라 그가 네게 재물 얻을 능력을 주셨음이라" 말씀하십니다.

물질에 대한 사단의 거짓말을 대적하는 하나님의 방법은 믿음으로 담대하게 대적하며 헌금을 하는 것입니다. 믿음과 두려움은 함께 역사할 수 없습니다. 믿음과 의심도 함께 역사할 수 없습니다. 그것들은 상호 배치되어 불안과 실패를 초래합니다. 야고보서에는 "(이런 사람은) 두 마음을 품어 모든 일에 정함이 없는 자"(약 1:8)라고 언급되어 있습니다. 두려움을 거부하십시오. 의심을 거부하십시오. 성령의 임재 가운데 예수 이름으로 명하노니 두려움은 물러가라 명령하시기를 바랍니다. 예수 이름으로 명하노니 자꾸 의심하게 하는 영은 물러가라 명령하시기를 바랍니다. 성도들의 삶에 빈곤을 가져다주려는 사단의 시도를 무너뜨리는 방법으로서, 각각의 믿음의 단계를 사용하십시오. 이는 두려움과 의심을 예수 이름으로 대적하여 몰아내는 것입니다. 믿음은 언제나 두려움을 정복합니다. 성도가 재정에 관하여 충성하게 됨에 따라, 스스로 곱절의 보상을 하나님에게 이끌어내기 시작한다는 사실을 명심해야 합니다. 이제 하나님의 약속 안에서 믿음을 통하여 부요를 바라볼 수 있습니다. 그리고 당신이 충성된 청지기로서의 삶을 살아갈 때, 재정에 대한 신뢰를 얻을 수 있었던 성전 수리 기술자들처럼 될 것입니다(왕하 22:7).

우리의 행위가 진실하여 하나님에게 인정을 받으시기를 바랍니다. 필자도 군에 있을 때 불의 하는 사람들에게 휩쓸려서 양심에 거리끼는 행위를 하지 아니하고, 하나님을 믿는 성도답게 공명정대하고 정직하게 하나님만 바라보고 살았더니, 하나님의 눈에 들어서 지금 하나님의 일을 하면서 쓰임 받고 있는 것입니다. 만약에 그때 다른 사람들과 똑같이 행동했더라면 그 사람들과 같이 끝이 좋지 못하였을 것입니다. 저는 믿는 성도답게 정정당당하게 노력하며 살아가자, 하나님을 욕되게 하지말자, 하며 그저 열심히 일했습니다. 그런데 그것이 세상에서는 통하지를 않았습니다. 그러나 하나님의 눈에는 들었습니다. 그래서 지금 하나님이 능력도 주셔서 하나님이 시키는 일을 수행하고 있는 것입니다. 여러분 믿는 성도답게 정직하게 사시기를 바랍니다. 그래야 끝이 좋은 것입니다. 성도는 끝이 좋아야 합니다. 하나님 앞에 가는 날이 좋아야 합니다. 하나님의 마음에 합한 성도가 되려고 노력하시기를 바랍니다.

  6. 십일조와 헌금을 꼭 드려라. 아브라함이 이삭을 하나님께 드릴 때 (히 11:19)"그가 하나님이 능히 이삭을 죽은 자 가운데서 다시 살리실 줄로 생각한지라 비유컨대 그를 죽은 자 가운데서 도로 받은 것이니라." 고 말씀했습니다. 아브라함은 독자라도 하나님께서 달라하시니 기꺼이 드렸습니다. 드리면서 하나님의 것이니 다시 살리실 줄로 알았다고 했습니다. 우리가 드리는 십일조는 저의 모든 소유가 하나님의 것입니다. 이렇게 인정하고 아낌없이 드리는 것입니다. 십일조와 헌금을 꼭 드리라는 것입니다. 그래야 하

나님과 친밀하게 주인으로 모시고 살아갈 수가 있습니다. 드리니 아브라함과 같이 백배로 돌려받는 것입니다. 당신은 예수를 믿을 때 옛 사람은 죽었습니다. 다시 예수로 다시 태어난 것입니다. 하나님은 갈라디아서 2장 20절에서 "내가 그리스도와 함께 십자가에 못 박혔나니 그런즉 이제는 내가 사는 것이 아니요 오직 내 안에 그리스도께서 사시는 것이라 이제 내가 육체 가운데 사는 것은 나를 사랑하사 나를 위하여 자기 자신을 버리신 하나님의 아들을 믿는 믿음 안에서 사는 것이라" 말씀하고 계십니다. 예수를 믿는 순간 강요셉 목사는 죽었습니다. 다시 예수로 사는 것입니다. 그러므로 우리의 모든 소유는 하나님의 것입니다. 직장에 가서 일을 하더라도 자신이 일을 하는 것이 아니라, 예수님이 일을 하시는 것입니다. 그러기 때문 소득의 십일조를 아낌없이 드릴 수가 있는 것입니다. 십일조를 못하는 성도는 아직 옛 사람이 살아있기 때문에 모든 것이 자기의 것이니 십일조를 못하는 것입니다. 그러니 마귀가 구멍을 뚫고 물질이 새나가게 하는 것입니다. 우리는 결정해야 합니다. 예수 믿고 옛 사람이 죽었는가, 아직 옛 사람이 살아있는가, 결정을 해야 합니다.

옛 사람이 죽고 예수로 다시 태어났다면 하늘 문을 열기 위해 십일조를 하시기를 바랍니다. 하나님께 헌금을 드림으로써 하나님께서는 하늘 문을 통해 드릴 때의 양을 헤아려서 백배, 육십배, 삼십배로 복을 부어주실 것입니다.

십일조와 헌금은 바라는 재정 문제의 주된 영적 돌파구를 만들기 이전에 필요합니다. 십일조와 헌금은 모두 각자 믿음에 따른 하나님의 약속을 열게 합니다. 하나님은 드려진 십일조를 축복하시고 원금에 이자까지 불려서 돌려주실 것입니다.

7. 하나님께 아낌없이 드리라. 하나님의 영광을 위해 당신의 씨앗(돈)을 심으라는 것입니다. 성경적 경제의 원리들이 이제는 마음과 행동에 굳게 뿌리내리게 하기 바랍니다. 심는 것에 대한 주님의 방법은 대부분의 세상 사람들의 생각과는 반대입니다. 세상에서는 이렇게 가르칩니다. ① 할 수 있는 한 모든 것을 벌어들여라(할 수만 있다면 동전 한 닢까지도 벌어들여라). ② 벌어들인 전부를 밀봉하라(벌어들인 동전 한 닢까지도 아껴라). ③ 금고문이 열리지 않게 그 위에 타고 앉아라(결코 한 닢이라도 소비하지 말라). 다른 말로 하면, 세상은 할 수 있는 대로 벌어들이고 그 것을 꼭 움켜잡는 길로 인도합니다. 그러나 하나님의 방법은 다릅니다. (잠11:24-25) "흩어 구제하여도 더욱 부하게 되는 일이 있나니 과도히 아껴도 빈곤하게 될 뿐이니라 구제를 좋아하는 자는 풍족하여질 것이요 남을 윤택하게 하는 자는 자기도 윤택하여지리라"

여기서 하나님은 구제를 좋아하는 자는 풍족하여질 것이요, 남을 윤택하게 하는 자는 윤택하여지리라고 말씀하십니다. 하나님이 주신 물질을 하나님 나라 확장에 사용하시기를 바랍니다. 그리고 이웃에게 될 수 있는 한 많이 베푸시기를 바랍니다. 선교하시기를 바랍니다. 말씀과 성령으로 거듭난 영적인 성도는 너그럽고 베풀

줄 아는 성도입니다. 육신에 속한 성도는 움켜쥐는 성도입니다. 당신은 어디에 속해 있습니까? 우리가 가지고 있는 동산 부동산은 예수를 믿는 순간 모두 하나님의 소유가 되었다는 것을 믿습니까? 그리고 자녀들도 모두 하나님의 소유입니다. 우리의 현재와 미래도 모두 하나님의 소유입니다. 그래서 당신은 지금까지 하나님께 영광 돌리기 위하여 기꺼이 즐거운 마음과 기쁜 태도로 씨앗을 심었을 것입니다. 이제 우리는 풍성한 수확을 기대할 수 있습니다. 우리가 아까워하지 않는 마음으로 씨앗을 심었으므로 하나님은 부요해질 것(풍족함과 윤택함과 복됨)을 보증하십니다. 보증이란 말이 아니고 눈으로 보이게 성도의 재정에 축복하실 것입니다. 그것이 하나님이 성도에게 하신 약속입니다. 하나님은 믿는 자가 하나님의 복을 받는 것을 믿지 않는 자에게 보여주시기를 원하십니다. 창세기 26장 28-29절에 보면 이방사람 아비멜렉은 이삭이 하나님의 복을 받은 것을 인정하는 말을 이렇게 합니다. "그들이 이르되 여호와께서 너와 함께 계심을 우리가 분명히 보았으므로 우리의 사이 곧 우리와 너 사이에 맹세하여 너와 계약을 맺으리라 말하였노라 너는 우리를 해하지 말라 이는 우리가 너를 범하지 아니하고 선한 일만 네게 행하여 네가 평안히 가게 하였음이니라 이제 너는 여호와께 복을 받은 자니라"

하나님은 이렇게 이방사람이 눈으로 보고 인정하는 실제적인 복을 허락하시는 것입니다. 그러므로 사단이 두려움과 해결되지 않은 궁핍이라는 거짓말을 제공하기 시작할 때, 이 악한 생각을 떨쳐

버리기 위하여 적극적인 행동을 해야 합니다. 마귀를 대적하시고, 하나님의 약속의 말씀 위에 굳게 서십시오. 예수를 믿는 성도는 매일의 삶 속에서 마귀의 거짓 교훈의 연속적인 공격 가운데 살고 있습니다. 마귀의 미혹으로 그것이 거짓으로 확실히 인식하지 못할 수도 있는 반면에, 우리의 잠재의식에 임하는 효과는 강력합니다. (갈6:7)"스스로 속이지 말라 하나님은 업신여김을 받지 아니하시나니 사람이 무엇으로 심든지 그대로 거두리라"

그러므로 예수를 믿는 성도가 마귀의 어떠한 미혹에도 속지 않고, 지속적으로 하나님에게 재정의 곡식을 심는 다면, 머지않아 영원히 마르지 않는 수확을 풍성하게 거두게 될 것입니다. 하나님의 마지막 때 추수를 위한 재정지원을 하고도 충분히 남아돌 정도로 필요한 모든 것이 채워지게 될 것입니다. (고후 9:8)"하나님이 능히 모든 은혜를 너희에게 넘치게 하시나니 이는 너희로 모든 일에 항상 모든 것이 넉넉하여 모든 착한 일을 넘치게 하게 하려 하심이라"

8. 하나님께 드린 만큼 돌아온다. 반드시 심은 만큼 수확을 거두어드린다는 것입니다. 이것이 하나님의 법칙입니다. 삶의 환경이 아무런 향상을 보이지 않을지도 모릅니다. 재정에 급격한 향상이 보이지 않을 지도 모릅니다. 재정이 여전히 적자일 수도 있습니다. 여러 청구서 지불도 어려울지도 모릅니다. 모든 필요와 소원을 채울 만큼 재정의 풍성함이 아직 이루어지지 않았을지도 모릅니다.

그렇지만 계속 재정에 관한 하나님의 말씀을 붙들고 계십시오. 사단은 틀림없이 약속된 수확에 대해 거짓말을 늘어놓을 것입니다. 마귀는 분명하게 이렇게 말할지도 모릅니다. "자네가 지난주에 큰 액수의 헌금을 했는데 아직도 아무것도 얻지 못했으니 이 모든 심고 거둔다는 소리는 단지 속임수에 불과하잖아"

사단이 말하는 것은 잠깐 지나쳐 가는 것에 그쳐야 합니다. 절대로 마음에 담으면 안 됩니다. 사단의 거짓말을 분별하는 법을 배워서 성령의 임재가운데 예수 이름으로 대적하여 몰아내십시오. 하나님의 말씀의 지식에 반대하여 스스로 높이는 것은 어떤 것이라도 관심을 두지 마십시오. 이 같은 근심은 아직 수확을 기다리고 있는 상태의 재정의 추수를 저지하는데, 사단이 사용할 수 있는 단 하나의 방법입니다. 만일 계속적으로 하나님의 말씀에 순종하며 물질을 드렸다면 분명 수확을 풍성하게 거두어 드리게 될 것입니다. 하나님의 말씀이 진리인 것과 마찬가지로 분명한 것은 추수할 것도 이미 자라기 시작하였다는 것입니다.

하나님의 말씀은 추수할 것을 보증한다는 사실을 명심하십시오. 하나님께서 성도에게 약속하신 추수를 예비해 주실 것으로 믿고, 하나님을 신뢰할 때, 수확을 거두어드릴 수 있습니다. 그리므로 믿음 안에서 믿음의 씨앗을 심으십시오. 그리고 풍성한 추수를 안겨주실 믿음의 주관자이신 하나님을 의지하십시오. 만약에 심은 만큼 수확을 거두어드리지 못하고 있다면 말씀과 성령으로 진단하시기를 바랍니다. 심은 만큼 수확을 거두어드리지 못하고 있다면 방해하는 마귀의 저주가 있는 것입니다. 마귀의 저주의 원인을 진단하여 해결하시고 저주하는 마귀를 몰아내시기를 바랍니다. 재정의 복을 가로채고 저주하는 귀신아 예수 이름으로 명하노니 떠나가라. 명령하시기를 바랍니다. 그리고 반대 영으로 축복하시기를 바랍니다. 우리 사업장에서 재정의 복이 임할 지어다. 매출이 늘어날 지어다.

9. 다시 심으라. 항상 수확한 것 중 종자는 남겨서 다시 심어야 합니다. 재정적인 수확이 분명하게 나타나기 시작할 때에 그것을 확인하여 보십시오. 절대로 수확을 거두어드리는 물질이 직장이나 물질의 투자가 근원이라고 여기지 마십시오. 당신의 눈을 떠서 하나님이 복을 주심으로 사업이 잘되고 있다고 믿고 입술로 시인하시기를 바랍니다. 하나님 도와주시고 복주시니 감사합니다. 모든 것이 하나님의 은혜입니다. 그리고 하나님에게 감사하시기를 바랍니다. 당신이 하는 사업이 갑자기 잘 되기 시작할지 모릅니다. 아니면 직장 상사가 승진 명단에 올려줄지도 모릅니다. 아니면 투자한 증권의 액면가가 올라갈지도 모릅니다. 계속되는 성공의 일부는 "하나님이 축복의 근원" 이라는 믿음과 인식 여하에 달려있습니다. 모든 것이 하나님이 하신 것입니다. 하나님에게 영광을 돌리시기를 바랍니다. 하나님은 성도의 필요한 모든 것을 채우시는 분이십니다. 재정 상황이 호전될 때마다, 하나님에게 영광을 돌리시기를 바랍니다. 그리고 하나님께 감사하는 법을 배우십시오. 재산

의 증가가 헌금에 대해 돌려받는 복의 일부로서 인정하십시오. 받기 시작하는 풍성한 수확에 대해 하나님께 영광을 돌리십시오. 모든 복의 근원이 무엇인가를 깨달을 때, 다음 단계로 옮겨가야 할 필요성을 스스로 느끼게 될 것입니다. 이제 수확을 통해서 늘어난 재정의 일부를 다음 번 수확을 향해 하나님 나라에 다시 심어야만 합니다. 십일조를 감사함으로 드리라는 말입니다.

축복의 근원이 누구인가를 믿음으로 인식하게 될 때, 받은 부요로 부터 더 많은 씨앗을 하나님에게 심는 일이 결코 아깝지 않고, 잊지 않을 것입니다. 계속적으로 얻는 모든 종류의 수입으로부터도 십일조와 헌금을 드리십시오. 각종 모든 수확으로부터 끊임없이 심으십시오. 정기적으로 수확하기를 원한다면, 역시 정기적으로 심어야 한다는 사실을 명심하시기 바랍니다.

진리는 멀리 있지 않습니다. 알고는 있지만 행하지 않기 때문에 얻지를 못할 뿐입니다. 적금을 매달 타기 위해서는 매달 일정 금액을 일정 기간 동안 불입해야 탈수가 있습니다. 이제 다른 사람들이 적금을 매달 기분 좋게 타는 것을 부러워하는 눈초리로 바라만 봐서는 안 됩니다. 계속 불입해야 계속 타는 기쁨을 누릴 것입니다.

10. 물질의 축복을 위해 영적 전쟁하라. 우리 가정과 사업장에 역사하는 빈곤의 영과 영적인 전쟁을 하라는 것입니다. 빈곤은 하나님으로부터 온 것이 아닙니다. 욥을 누가 저주했습니까? 마귀입니다. 고로 당신의 가정과 사업장에서 당하는 재정적인 고통의 뒤

에는 마귀가 있다는 것입니다. 마귀는 정체가 아니고 실체입니다. 실체는 말로 될 것이 아닙니다. 살아 역사하는 저주의 영인 것입니다. 그러므로 가정과 사업장에 역사하는 빈곤은 실체라는 저주의 영인 것입니다. 그러므로 그 실체보다 강한 자가 와야 떠나가는 것입니다. 빈곤의 뒤에는 마귀가 있다고 했습니다. 마귀는 인간의 힘으로는 어찌할 수 없는 강한 존재입니다. 마귀보다 강한 성령의 역사가 있어야 떠나가는 것입니다. 성령의 역사도 말만이 아닌 실제 역사가 일어나야 떠나가는 것입니다. 그러므로 불같은 성령으로 세례를 받고 성령의 충만을 유지하고 성령의 임재가운데 있어야 비로소 빈곤 마귀가 물러가는 것입니다.

성령의 임재 가운데 빈곤의 영들에게 명령하시기를 바랍니다. "이 더러운 빈곤의 영들아 내가 예수님의 이름으로 명령한다, 우리 가정과 사업장에서 떠나갈지어다." "이 더러운 빈곤의 영들아 내가 예수님의 이름으로 명령한다, 우리 가정과 사업장에서 떠나갈지어다." "이 더러운 빈곤의 영들아 내가 예수님의 이름으로 명령한다, 우리 가정과 사업장에서 떠나갈지어다." 이렇게 지속적으로 성령의 임재 하에 명령하시기를 바랍니다. 그리고 빈곤 마귀가 떠난 곳에 복으로 채우시기를 바랍니다. "우리 가정 사업장에 재정에 복으로 채워질지어다." "우리 가정 사업장에 재정에 복으로 채워질지어다." "우리 가정 사업장에 재정에 복으로 채워질지어다." "우리 남편의 손에 돈을 버는 능력이 임할지어다." 하고 자꾸 선포하며 복을 끌어당기시기를 바랍니다. 언제까지 하느냐 환경에 보증의 역사가 나타날 때까지 끈기와 인내를 가지고 하시기를 바랍니다.

11. 영적관리를 잘하라. 가라지(마귀, 귀신)가 틈타지 않도록 영적 관리를 잘해야 합니다. 깨어 기도하고 하나님과 관계를 유지해야 합니다. 항상 성령의 임재 가운데 지내야 합니다. 무엇보다도 예배를 영과 진리로 드려야 합니다. 하나님은 영이시기 때문입니다. 성령의 인도를 받는 영의 기도를 해야 합니다. 항상 예수님을 생각하고 예수 안에서 생활하여야 합니다. 마귀는 하나님과 인간의 틈이 생기면 가차 없이 파고 들어와서 집을 짓습니다. 마귀는 축복을 주려고 오지 않습니다. 죽이고 멸망시키려고 오는 것입니다. 우리 모두 마음의 문을 말씀과 성령으로 든든하게 지킵시다.

12. 믿음이 나태하지 않도록 하라. 성령으로 자신을 점검하며 믿음이 나태하지 않도록 하라는 것입니다. 사람은 물질이 풀리고 환경이 좋아지면 신앙이 나태해지기 쉽습니다. 그래서 말씀에 보면 선줄로 생각하는 자는 넘어질까 조심하라고 경고하고 있는 것입니다(고전10:3). 항상 깨어 경성해야 합니다. 언제 마귀가 다시 와서 고통을 가할지 모릅니다. 영안을 열어 자신을 성찰하시고 믿음이 나태하지 않도록 성령으로 기도하며 깨어 있으시기를 바랍니다.

7장 개인이 창업하여 성공하는 방법

(욥8:7)"네 시작은 미약하였으나 네 나중은 심히 창대하리라"

하나님은 예수를 믿는 성도가 하는 사업을 잘되기를 원하십니다. 지금 코로나19 여파로 경재가 어려워서 개인 사업을 하시는 분들이 문을 많이 닫는 다고 합니다. 거기다가 전기료, 가스요금이 많이 올라서 지영업자들이 고통을 겪고 있습니다. 다수의 개척교회가 재정의 어려움을 극복하지 못하고 문을 닫고 있는 실정입니다. 우리가 이런 소식을 들으면 자연스럽게 두려움에 사로잡히게 됩니다. 또 몸을 움츠리게 됩니다. 그러나 하나님은 창조의 하나님이십니다. 하나님의 창업 원리를 적용하여 창업하면 지금도 자영업이 될 수가 있다는 것이 저의 믿음입니다.

믿음이 없이는 하나님을 기쁘시게 할 수가 없습니다. 믿음이 없으면 안 된다고 미리 겁을 먹고 포기하기 쉽습니다. 이런 성도는 하나님의 복을 받을 수가 없습니다. 지금도 하나님이 허락을 하시면 된다는 믿음을 가지고 시작을 해야 합니다. 불경기는 어제와 오늘의 이야기만이 아닙니다. 구약성경에도 불경기가 있었습니다. 대표적인 이야기가 이삭의 이야기입니다.

(창 26:1-15)"아브라함 때에 첫 흉년이 들었더니 그 땅에 또 흉년이 들매 이삭이 그랄로 가서 블레셋 왕 아비멜렉에게 이르렀더니, 여호와께서 이삭에게 나타나 가라사대 애굽으로 내려가지 말

고 내가 네게 지시하는 땅에 거하라. 이 땅에 유하면 내가 너와 함께 있어 네게 복을 주고 내가 이 모든 땅을 너와 네 자손에게 주리라 내가 네 아비 아브라함 에게 맹세한 것을 이루어 네 자손을 하늘의 별과 같이 번성케 하며 이 모든 땅을 네 자손에게 주리니 네 자손을 인하여 천하 만민이 복을 받으리라. 이는 아브라함이 내 말을 순종하고 내 명령과 내 계명과 내 율례와 내 법도를 지켰음이니라 하시니라. 이삭이 그랄에 거하였더니, 그곳 사람들이 그 아내를 물으매 그가 말하기를 그는 나의 누이라 하였으니, 리브가는 보기에 아리따우므로 그곳 백성이 리브가로 인하여 자기를 죽일까 하여 그는 나의 아내라 하기를 두려워함이었더라. 이삭이 거기 오래 거하였더니 이삭이 그 아내 리브가를 껴안은 것을 블레셋 왕 아비멜렉이 창으로 내다본지라. 이에 아비멜렉이 이삭을 불러 이르되 그가 정녕 네 아내여늘 어찌 네 누이라 하였느냐 이삭이 그에게 대답하되 내 생각에 그를 인하여 내가 죽게 될까 두려워하였음이로라. 아비멜렉이 가로되 네가 어찌 우리에게 이렇게 행하였느냐 백성중 하나가 네 아내와 동침하기 쉬웠을뻔 하였은즉 네가 죄를 우리에게 입혔으리라. 아비멜렉이 이에 모든 백성에게 명하여 가로되 이 사람이나 그 아내에게 범하는 자는 죽이리라 하였더라. 이삭이 그 땅에서 농사하여 그 해에 백배나 얻었고 여호와께서 복을 주시므로 그 사람이 창대하고 왕성하여 마침내 거부가 되어 양과 소가 떼를 이루고 노복이 심히 많으므로 블레셋 사람이 그를 시기하여 그 아비 아브라함 때에 그 아비의 종들이 판 모든 우물을 막고 흙으로 메웠더라." 어떻습니까? 이삭이 하나님의 말씀에 순종하니 백배나 얻어 거부가 되고 하나님의 보호도 받았다는 말씀입니다. 그러므로 불경기를 두려워하지 말고 하나님의 음성을 들으시기를 바랍니다. 하나님이 자신이 하려고 하는 일을 어떻게 하라고 하는 지를 말입니다. 하나님이 하라고 하면 두려워하지 말고 이삭처럼 순종하시기를 바랍니다. 절대적으로 합리로 판단하지 말고 믿음으로 나가시기를 바랍니다. 그러면 하나님이 믿음을 보시고 역사하십니다. 하나님이 열면 닫을 사람이 없고 닫으면 열 사람이 없습니다. 지금 창업을 준비하고 있습니까? 믿음을 가지고 기도 하시기를 바랍니다.

여기 창업하여 빈곤을 탈출한 한 여 집사의 간증을 들어보기를 바랍니다. 평소에 남편이 벌어다가 주는 물질을 가지고 생활을 했습니다. 풍족하지는 않았지만 매달 지내는 것에는 문제가 없었습니다. 자녀가 아들이 한명, 딸이 두 명 세 자녀가 있었습니다. 남편의 사업이 그런대로 되어서 평단하게 지냈습니다. 그런데 이 가정에 소리 없이 문제가 찾아왔습니다. 남편이 절친한 친구가 은행 대출을 받는데 보증을 선 것입니다. 그래도 이자를 잘 내면서 사업을 하여 별로 문제를 느끼지 못하고 지냈습니다. 그런데 IMF가 찾아온 것입니다. 친구가 은행 대출금의 이자를 내지 못한 것입니다. 급기야 은행에서 보증을 선 남편의 사업장을 차압을 하기에 이르렀습니다. 경매에 들어가 모두 날리게 된 것입니다. 남편이 스트레스를 이기지 못하고 그만 심장마비로 죽게 되었습니다. 그래도 다

행인 것은 전세살고 있는 집은 명의가 부인 앞으로 되어 전셋집은 남은 것입니다.

여 집사는 남편만 바라보면서 살림을 하다가 남편이 세상을 떠나버리니 자식들하고 살길이 막막해진 것입니다. 그래서 남편 따라서 죽겠다고 기도원에 올라갔습니다. 기도원에 가서 하나님에게 죽여 달라고 기도를 했다고 합니다. 일주일을 금식하며 기도를 하니 하나님의 응답이 온 것입니다. 하나님의 응답이 무엇이라고 하느냐. 죽지 말고 살라는 것입니다. "죽지 말고 살아라. 죽지 말고 살아라. 너마저 죽으면 어린 자식들은 어떻게 되겠느냐" "죽지 말고 살아라. 죽지 말고 살아라. 너마저 죽으면 어린 자식들은 어떻게 되겠느냐" 하시면서 자식들을 보아서라도 살라는 것입니다.

그래서 죽지 못하고 기도원에서 내려왔습니다. 내려와서 자식들을 보니 기가 막힙니다. 먹고 살길이 막막한 것입니다. 그래서 다시 기도원에 갔습니다. 하나님에게 기도를 했습니다. "하나님 무슨 일을 해서 돈을 벌어 자식들과 살아갑니까? 하나님 무슨 일을 해서 돈을 벌어 자식들과 살아갑니까? 하나님 무슨 일을 해서 돈을 벌어 자식들과 살아갑니까?" 집중적으로 물어보는 기도를 3일을 했습니다. 새벽이 되었는데 황홀한 중에 아이들의 옷을 보여주시는 것입니다. 다시 "하나님 무슨 일을 해서 돈을 벌어 자식들과 살아갑니까?" 기도하니까, 또 아이들의 옷을 보여주시는 것입니다. 그래서 아이들의 옷 장사를 하라고 하시는 모양이로구나! 마음을 먹고 기도원에서 내려왔습니다. 내려와서 장소를 물색하러 다녔습니다.

한 이틀을 돌아다녔습니다. 미장원 옆에 작은 가게가 비어있었습니다. 순간 감동이 오기를 여기서 아이들의 옷 장사를 하라는 것입니다. 그래서 임대료를 물어보니 감당할 수가 있는 금액입니다. 집 주인에게 이야기를 해서 일부를 월세로 돌리고 돈을 **빼**다가 계약을 했습니다. 수리를 하고 가게를 열었더니 미장원에 오시는 분들이 하나 둘씩 들어오셔서 옷장사가 잘되었습니다. 나중에는 미장원이 옮긴다고 해서 세를 주고 가게를 확장했습니다. 장사가 아주 잘되었다고 합니다. 왜 그렇습니까? 하나님이 알려주는 사업을 하니, 하나님이 역사하여 장사가 잘된 것입니다. 장사가 정말 잘 되어가지고 나중에는 그 건물을 통째로 샀다는 것입니다. 자녀들 대학까지 다 보내고 잘 지냈다고 합니다.

하나님에게는 길이 있습니다. 불경기라고 지레 겁을 먹고 포기하지 마시고 하나님께 기도하여 응답을 받기를 바랍니다. 반드시 하나님이 예비한 일이 있습니다.

예수를 잘 믿던 성도가 고난을 당하다가 하나님의 은혜로 창업하여 빈곤을 탈출한 간증입니다. 우리 교회에 오기 전에 상황은 일정한 직장이 없어 전에 다니던 교회 목사님이 기도원 사찰을 하라고 했는데 하지 않는다고 거부 했습니다. 교회에서 부인 집사에게 하나님의 말씀을 어겨서 하늘 문이 막혀 재정문제가 풀리지 않는다고 공공연하게 말을 하여 마음을 상하게 했다고 합니다. 그래서 내가 절대로 기도원 사찰하지 않았다고 하나님이 하늘 문을 막는 분이 아니라고 안심을 시키고 열심히 치유 받을 것을 권했습니다.

삼 년 전에도 일자리를 두 서 너 군데 옮기면서 일을 했다고 했습니다. 일자리를 잡아도 그곳에서 4-6달을 넘기지를 못했다고 합니다. 그러다가 일자리가 없어서 삼 년 전 10월부터 본 교회에 와서 치유를 받으면서 하나님의 뜻을 구했습니다.

기도하던 중에 식당을 해보겠다는 감동이 와서 놓고 기도하는 중에 웰빙 시대이니 먹을거리로 건강에 특별한 것을 하면 잘 될 수 있을 것 같은 성령의 감동이 와서 계속 기도하는 중에 새해 1월 말경 시장에서 가게가 하나 나왔습니다. 왜냐하면 부인집사가 요리사 자격증이 있기 때문에 할 수가 있고, 또 자신은 지금까지 채소 가게 배달을 해왔기 때문에 배달은 자신이 있었습니다. 그 가게는 조그마한 가게인데 앞사람이 장사를 하다가 세 식구가 모두 허리가 아파서 장사를 하지 못하고 내놓았다고 합니다. 권리금 없이 보증금 천만 원만 주면 넘기고 간다고 했습니다. 그래서 감동이 와서 계약을 했습니다. 그러나 막상 가게를 준비하는데 재정에 문제가 되었습니다. 약 이천만원이 부족하였습니다. 그래서 본가의 형제들과 처가의 형제들에게 빌려달라고 했으나 모두 거절을 당했습니다. 왜냐하면 지금까지 무엇 하나 제대로 하는 것이 없었으므로 당연한 결과이었습니다. 또 불경기에 식당을 한다고 하니 망할까봐 그랬을 것입니다. 그래서 제가 조언을 했습니다. 사람은 다 그런 것이니 절대로 원망이나 앙심을 품지 말고 하나님에게 기도하라고 했습니다. 땅에서 매이면 하늘에서도 매이는 법이니 마음에 절대 응어리가 없게 해야 성령의 역사로 문제가 잘 풀린다고 당부를 했습니다. 기도하는 중에 하나님이 지혜를 주셔서 살고 있던 집을 월세로 돌리고 부족한 것은 사업대출을 받아 해결하여 가게를 열었습니다.

하나님에게 기도하여 가게를 준비하니 기도할 때 마다 응답이 잘 되었습니다. 집이 나가야 돈을 돌려서 사용하는데 심방 가서 기도 하니 그 날로 집이 나가고, 대출 등 여러 가지 일이 술술 잘 풀렸습니다. 가게를 열자마자 장사가 아주 잘되었습니다. 한 달 두 달 지나니 물질도 풀리고 마음먹은 대로 잘되었다고 합니다. 그래서 06년 말에는 여 집사님의 소원이 아파트에서 사는 것이었다고 하는데 하나님이 소원을 들어 주시어 아파트를 사서 지난 2007년 1월에 입주를 하였습니다. 이는 창업을 한 후 2년만의 축복입니다. 그래서 필자가 항상 입버릇처럼 하는 말이 사람팔자 시간 문제다. 성령님의 음성을 듣고, 성령의 인도만 받으면 아무리 불경기가 찾아와도 하나님의 말씀에는 불경기란 없다. 고로 예수를 믿는 자에게는 불경기란 없다, 불경기는 마귀가 일으키는 것이다, 라고 힘주어 설교하고 있습니다. 이렇게 하나님은 성도를 축복하시는 분입니다. 이 말씀을 믿으시고 빈곤을 물리치고 아브라함의 복을 다 받으시기를 바랍니다. 나도 할 수 있다는 희망을 가지시기를 바랍니다.

경제적으로 안정되게 살던 한 남자가 있었습니다. 그런데 갑자기 망하게 되었습니다. 집을 저당 잡히고 친구의 보증을 섰는데, 친구의 사업이 잘못되는 바람에, 자기 집까지 날리는 신세가 되었습니다. 처음에는 가깝게 지내던 친구로 인해 망하게 되어 낙심이 되었습니다. 그러나 계속 낙심하고 있을 수 만은 없었습니다. 그는 "어떻게 하면 잃어버린 것을 되찾을 수 있을까, 어떻게 하면 새롭게 재기할 수 있을까?" 하고 생각했습니다. 그러다 자기를 도울 수 있는 분은 하나님밖에 없다는 결론을 내렸습니다. 이 남자는 하나님, 하나님만을 의지하기로 결심을 했습니다. 평소에는 새벽 기도도 한 번도 안 나가던 사람이 매일 새벽 기도를 나갔습니다.

철야 기도도 안 나가던 사람이 철야 기도도 나갔습니다. 밤새도록 하나님 앞에 기도했습니다. "하나님, 나를 도와주시옵소서. 저는 하나님밖에 의지할 곳이 없습니다. 앞으로 하나님 나라 부흥을 위하여 살겠사오니 기적을 베풀어주시옵소서." 그렇다고 이미 나간 돈이 어떻게 다시 들어오겠습니까? 그러나 그 남자는 열심히 기도를 했습니다. 그 남자의 주변 사람들도 "만약 이 상태에서 저 사람이 다시 일어설 수 있다면, 진짜 하나님은 살아계시는 거야." 주변 사람들이 이렇게 말할 정도로 열심히 기도를 했습니다.

그렇게 기도한지 한 1년쯤 되는 어느 날이었습니다. 자본 없이 할 수 있는 일이 없을까 생각하고 있는데, 하나님께서 그에게 좋은 지혜 아이디어를 주셨습니다. 평소에는 생각조차 해 보지 않은, 장난감을 만드는 일이었습니다. 자기 집의 방 한 칸을 장난감 가게로 개조했습니다. 두 평도 안 되는 조그만 가게에서 "배추 머리인형" 이라는 아주 못생긴 인형을 만들기 시작했습니다.

대개 인형이라고 하면 예쁘게 생긴 인형을 생각하지만, 그는 아주 못생긴 인형을 만들었습니다. 그런데 그 못생긴 인형을 사러 동

네 아이들이 몰려들었습니다. 못생긴 인형을 보고 그래도 자기는 잘 생겼다는 위안을 받으려는 심리 때문인지 아이들은 배추머리인형을 많이 사갔습니다. 그래서 그 남자는 인형의 총 판권을 따냈습니다. 가게가 점점 자리가 잡히고 일어서기 시작했습니다.

이 남자 성도는 모든 것이 부족한 상태에서, 연약한 상태에서 하나님 앞에 간절히 기도만 했습니다. 그랬더니 하나님께서 아이디어를 주시고 용기를 주시고 믿음을 주시고 다시 사업을 일으켜 주셨습니다. 다시 재물을 주시고 하나님 나라 부흥을 이루며, 영광 돌리며, 살도록 축복해 주셨습니다.

창업에 하나님의 원리는 대략 이렇습니다. 빈곤을 탈출하고 물질에 형통의 복을 받으려면 이렇게 해보시기를 바랍니다.

1) 성도를 축복하시는 하나님이라는 것을 믿어야 합니다. 하나님은 축복의 하나님이십니다. 절대 하나님은 성도를 저주하는 하나님이 아니십니다.

2) 준비 기도하는 시간을 가져야 합니다. 자신의 영육의 문제를 치유하고, 하나님과 막힌 것 푸는 시간을 말합니다. 하나님과의 영의 통로를 여는 시간을 말합니다. 시간 여유를 가지고 지속해야 합니다. 급하다고 되는 것이 아닙니다.

3) 하나님께 영광을 돌리는 사업을 구해야합니다. 하나님에게 예배를 잘 드리고 기도생활을 잘 할 수 있는 사업이 하나님이 원하시는 사업입니다. 하나님은 한 달에 십일조를 천만 원씩 한다고 하더라도 예배를 제대로 드리지 못하는 사업은 원하시지 않습니다.

하나님은 우리의 심령을 원하시지 물질을 원하시지 않습니다.

4) 자신이 가진 재능(달란트)과 능력 범위 내에서 하나님의 뜻을 구해야 합니다. 재능, 재정 등 하나님은 모든 것을 여러분이 가진 범위 안에서 가진 것을 가지고 사업하기를 원하신다는 것을 믿으시기를 바랍니다. 남에게 꾸어서 하기를 원하는 하나님이 아니십니다. 하나님은 적게 시작하여 크게 되게 하시는 하나님이십니다. "네 시작은 미약하였으나 네 나중은 심히 창대하리라."(욥 8:7). 결코, 하나님은 얼토당토 않은 일을 하게하지 않습니다.

5) 억지가 아니라 하나님이 하시는 보증의 역사를 찾아야 합니다. 이것을 붙임의 역사라고 하기도 합니다. 하나님이 밀어주는 사업이나 사역에는 사람들이 찾아온다는 것입니다. 제가 하는 치유사역은 전폭적으로 하나님이 하신다고 생각합니다. 꾸준하게 치유받고 능력 받을 사람들을 보낸다는 것입니다. 그리고 물질이 쪼들리지 않게 하신다는 것입니다. 이것이 하나님이 원하시는 사업입니다. 절대로 사람을 믿거나 의지하지 말고 하나님에게 만 의지해야 합니다. 사람에게 먼저 찾아가지 말고 기도하다가 감동이 오면 사람에게 찾아가는 믿음을 가지시기를 바랍니다.

6) 보증의 역사가 나타나고 마음에 확신이 오면 일을 저질러야 합니다. 하나님이 하십니다. 속도를 내는 것도 중요합니다. 일을 신속하게 추진하며 최고의 속도로 달려가야 합니다.

7) 지속적으로 하나님과 관계를 잘 맺어야 합니다. 내가 내 재능으로 하는 것이 아니고 하나님이 하십니다. 잘 되었어도 내가 한

것이 아닙니다. 하나님에게 영광을 돌리시기를 바랍니다. 하나님은 하나님이 하신 것을 눈으로 보고 체험하게 하신다는 것을 믿어야 합니다. 성령 충만한 믿음생활을 하는 것이 중요합니다. 성령의 역사가 재정의 복을 끌어들이고 빈곤의 문제를 몰아내십니다.

8)지속적으로 기도하며 당신의 잠재력을 개발해야 합니다. 자신이 하는 분야에서 최고가 되겠다는 생각을 가지는 것입니다. 남이 하는 대로 따라가면 이등으로 얼마가지 못합니다. 지속적으로 최고의 상품을 개발하십시오. 상품을 개발하여 특허를 내십시오. 특별한 상품은 자신이 하는 일에 몰입을 하면 개발할 수가 있습니다. 현실 안주는 자신을 망하게 합니다. 부단하게 노력하여 자신이 하는 분야에 모두 인정하는 신상품을 개발하는 것입니다. 하나님께 기도하여 지혜를 구하면 개발할 수가 있습니다. 노력을 해야 합니다.

저는 얼마 전에 이런 분하고 상담을 한 적이 있습니다. 창업을 하여 아주 잘되었다고 합니다. 종업원을 15명을 두고 사업을 했다는 것입니다. 부족함이 없이 잘 돌아갔다는 것입니다. 그래서 항상 잘 될 줄 알고 골프를 치러 다녔습니다. 강에 낚시를 하러 다녔답니다. 아예 사업에는 신경을 쓰지 않고 즐겼다는 것입니다. 그런데 서서히 하향 길을 걷다가 망했다는 것입니다. 이 말을 다른 사람의 말로 들으면 안 됩니다. 바로 당신도 이렇게 될 수 있다고 생각하고 잘될 때 일수록 집중해야 합니다. 하나님에게 기도하여 특별한 것을 개발하려고 해야 합니다. 자기가 하는 일에 집중하지 않으면 소리 없이 망하는 것입니다.

8장 물질 축복받는 영적비결

(갈3:14)"이는 그리스도 예수 안에서 아브라함의 복이 이방인에게 미치게 하고 또 우리로 하여금 믿음으로 말미암아 성령의 약속을 받게 하려 함이라"

하나님은 믿는 우리를 축복하시는 하나님입니다. 그런데 왜 믿는 우리가 물질의 문제로 고통을 당합니까? 이번 장에서는 예수를 믿는 성도가 왜 물질의 문제로 고통당하는지를 알고 물질의 문제를 치유 받고 아브라함의 축복 받은 성도답게 마음에 위로와 부요의 소망을 갖는 시간을 가지시기를 바랍니다. 하나님은 예수를 믿고 성령님의 인도를 받는 성도를 축복하시는 하나님이십니다. 예수 믿고 성령 세례 받아 성령의 인도를 받는 여러분, 모두 하나님이 원하시는 영성있는 성도가 되시어 하늘의 복을 받으면서 사시기를 바랍니다. 우리가 예수를 믿고 세상에서 나와 성령의 인도를 받으면 하나님이 인도하시면서 복을 허락하시는 것입니다. 어떻게 복을 주십니까?

1.믿음의 조상들은 다 부요한 생활을 하였다.

1)아브라함은 하나님에게 축복을 받아 은과 금이 풍부했습니다.

(창13:1-2)"아브람이 애굽에서 나올새 그와 그 아내와 모든 소유며 롯도 함께하여 남방으로 올라가니 아브람에게 육축과 은금이

풍부하였더라." 아브라함이 고향 하란에서 나올 때 빈 손들고 나왔습니다. 그런데 설상가상으로 기갈이 심하여 먹을 것이 없으니, 애굽에 들어간 것입니다. 애굽에 들어가 부인 사라를 **빼앗길** 수도 있었으나 하나님이 도우셔서 무사히 애굽에서 나올 수가 있었습니다. 나올 때 하나님이 허락한 육축과 은금이 풍부했다고 했습니다.

2)이삭을 하나님이 축복하셨습니다. 이삭이 가뭄으로 고통당하며 애굽으로 이주하려 했으나 하나님이 지시한 땅에 농사하여 그해 백배나 얻었다고 했습니다(창26:12-13). 하나님은 하나님의 음성을 듣고 순종하는 성도에게 지금도 이와 같은 복을 허락하십니다. 그래서 하나님은 "너희가 내 양이 아니므로 믿지 아니하는 도다. 내 양은 내 음성을 들으며 나는 그들을 알며 그들은 나를 따르느니라"(요10:26-27). 말씀하시는 것입니다. 그리고 하나님의 말씀을 믿고 따르는 성도에게는 말뿐만이 아니고 눈으로 보이고 인정받게 축복을 하시는 것입니다. (창26:29)"너는 우리를 해하지 말라 이는 우리가 너를 범하지 아니하고 선한 일만 네게 행하며 너로 평안히 가게 하였음이니라, 이제 너는 여호와께 복을 받은 자니라."

이삭은 이방 사람이 눈으로 보고 인정하는 부자가 되었습니다. 하나님은 이렇게 하나님의 말씀을 믿고 순종하며 따르는 사람에게 전인적인 복을 하락하시는 것입니다.

3)다윗 시대에 하나님의 축복으로 부하게 지내며 은과 금이 풍부했습니다. 역대상 29장 7-17에 보면 다윗의 신앙고백이 나옵니다. 하나님의 성전 공사를 위하여 금 오천 달란트와 금 만 다릭 은

만 달란트와 놋 만 팔천 달란트와 철 십만 달란트를 드리고 보석을 가진 모든 사람은 게르손 사람 여히엘의 손에 맡겨 여호와의 성전 곳간에 드렸더라(7-8절). 백성들은 자원하여 드렸으므로 기뻐하였으니 곧 그들이 성심으로 여호와께 자원하여 드렸으므로 다윗 왕도 심히 기뻐하니라(9절). 다윗이 온 회중 앞에서 여호와를 송축하여 이르되 우리 조상 이스라엘의 하나님 여호와여 주는 영원부터 영원까지 송축을 받으시옵소서(10절). 나와 내 백성이 무엇이기에 이처럼 즐거운 마음으로 드릴 힘이 있었나이까 모든 것이 주께로 말미암았사오니 우리가 주의 손에서 받은 것으로 주께 드렸을 뿐이니이다(14절). 나의 하나님이여 주께서 마음을 감찰하시고 정직을 기뻐하시는 줄을 내가 아나이다. 내가 정직한 마음으로 이 모든 것을 즐거이 드렸사오며 이제 내가 또 여기 있는 주의 백성이 주께 자원하여 드리는 것을 보오니 심히 기쁘도소이다(17절). 저가 나이 많아 늙도록 부하고 존귀하다가 죽으매 그 아들 솔로몬이 대신하여 왕이 되니라(대상29:28). 성도는 주일날이 가장 중요합니다. 하늘의 능력과 복을 받는 날이기 때문입니다. 그리고 천국 가는 날이 가장 좋아야 합니다. 다윗은 나이가 많아 늙도록 부하고 존귀하다가 죽었다고 합니다. 사람은 가는 날이 좋아야 합니다. 당신도 천국 가는 날이 다윗과 같이 다 좋으시기를 바랍니다. 다윗은 하나님이 택하여 하나님이 훈련하고 기름을 부어 세운 하나님의 종입니다. 하나님이 기뻐하시는 자입니다. 다윗은 하나님의 음성을 듣고 순종하여 온 이스라엘 나라를 통일 시킨 왕입니다. 당신도 다윗이 환상을 열어 하나님의 권능으로 쳐들어가서 빼앗아 온 것같이 마귀와 영적인 전쟁을 하시기를 바랍니다. 그리하여 지금까지 마귀에게 빼앗겼던 여러 가지를 되찾아 오시기를 바랍니다. 그러면 물질적인 문제는 서서히 풀어지기 시작할 것입니다. 저 역시도 교회를 개척하여 벌침이나 놓고 입으로 목회를 할 때는 물질 문제로 지지리도 고통을 많이 겪었는데 성령의 음성을 듣고 내적치유 받고 성령의 불을 체험하고 성령으로 치유 목회를 하니 물질이 서서히 풀렸습니다. 그래서 저의 임상적인 견해로는 교회나 성도들의 사업이나 말씀과 성령으로 충만하여 마귀와 영적인 전쟁을 해야 물질이 풀린다는 것입니다. 다윗 왕이 하나님에게 순종하니 다윗시대에 나라가 풍성하게 지낸 것입니다. 이렇게 하나님의 마음에 합한 자는 하나님의 복이 따르는 것입니다. 당신도 절대로 복을 잡으려고 따라가지 말고 하나님의 마음에 합한 자가 되어 하나님의 복이 따르는 성도가 되시기를 바랍니다. 하나님은 축복의 하나님이십니다.

4) 우리가 축복을 받게 하려고 부요한 주님이 빈곤함의 고난을 당하셨습니다(고후8:9). 예수님은 하늘나라의 부귀와 공명을 친히 소유하고 계셨던 분이지만 세상의 고통당하는 하나님이 택한 자들을 구원하시려고 빈곤의 고통을 감당하신 것입니다. 예수를 믿는 성도들이여! 지금 당하는 빈곤은 예수님이 십자가에서 다 청산 하셨습니다. 고로 당신이 지금 당하는 빈곤은 마귀가 불법 주차를 해 놓은 것입니다. 예수 이름으로 불법 주차한 빈곤을 몰아내시고 다윗과 같이 하나님의 복이 따르는 성도가 되시기를 바랍니다.

2. 그럼 왜 믿는 자가 물질의 고난을 당하나 진단을 해보자.

1) 하나님을 멀리하고 우상을 숭배하므로 귀신이 들어와 재정의 고통이 찾아옵니다.

① 오므리의 아들 아합 왕이 이세벨을 아내로 취하여 우상을 숭배하니 이스라엘에 기근이 찾아왔습니다(왕상16:29-31). 이세벨을 아내로 삼은 아합 왕의 우상숭배로 인하여 온 나라 백성이 3년 기근으로 고생을 하게 됩니다. 그래서 우리는 지도자를 위하여 기도를 많이 해야 합니다. 한 나라의 지도자가 타락하여 우상을 숭배하므로 이스라엘 나라에 기근이 찾아 온 것입니다.

② 여로보암 왕의 우상숭배 죄는 자신의 자녀들 및 전 국가에 저주를 몰고 왔습니다(왕상14:8-10). 이처럼 조상의 삶이 자손들에게 반드시 어떤 종류의 영향 즉 죄의 결과를 끼친다는 것입니다. 인류의 조상 아담과 하와의 범죄를 통해 전 인류는 죄인이 되었습니다. 그렇다고 우리는 조상 탓만 할 것이 아니라 예수를 믿어 새 사람이 되었으니 예수 이름으로 조상의 죄악을 회개하고 끊어내고 축사하여 예수를 믿는 성도답게 하늘의 복을 받아야 합니다. 절대 조상 탓만 하지 말고 예수 이름으로 대적하여 승리하며 살아가시기를 바랍니다. 예수님이 나에게 허락한 권세를 이용하여 빈곤의 원인을 찾아 적극적으로 해결하시기를 바랍니다.

③ 다른 사람들에게 고통을 주어도 기근을 당합니다. 기브온 족속과의 계약을 어긴 사울 때문에 다윗 때에 전 민족이 삼년 동안 기근을 당하였습니다(삼하21:1-14). 다윗의 시대에 해를 거듭하

여 3년 기근이 있으므로 다윗이 여호와 앞에 간구합니다. 그러니까 여호와께서 이르시되 "이는 사울과 피를 흘린 그의 집으로 말미암음이니, 그가 기브온 사람을 죽였음이니라."라고 말씀하십니다. 그래서 다윗이 기브온 사람을 불러 그들에게 물어봅니다. "내가 너희를 위하여 어떻게 하랴 내가 어떻게 속죄하여야 너희가 여호와의 기업을 위하여 복을 빌겠느냐?"라고 합니다. 그러니까 기브온 사람들이 다윗 왕께 아룁니다. "우리를 학살하였고 또 우리를 멸하여 이스라엘 영토 내에 머물지 못하게 하려고 모해한 사람의 자손 일곱 사람을 우리에게 내어 달라고 합니다. 그러면 여호와께서 택하신 사울의 고을 기브아에서 우리가 그들을 목매어 달겠나이다."라고 합니다. 그러니까 다윗 왕이 그렇게 하겠다고 합니다.

그래서 사울의 후손 일곱을 기브온 사람의 손에 넘기니 기브온 사람이 그들을 산 위에서 여호와 앞에 목을 매어 달았습니다. 그들 일곱 사람이 동시에 죽으니까 하늘에서 비가 내리기 시작했다고 기록되어 있습니다. 그러므로 성도가 다른 사람의 마음에 상처를 주어도 기근을 당할 수가 있습니다. 그러므로 모든 사람들과 함께 거룩함과 화평함을 좇아 살아야 합니다.

2) 예수를 믿은 후 믿기 전에 와 있던 영적인 문제를 해결하지 못한 연고 입니다.

① 믿기 전에 했던 세상 풍속을 쫓고 우상 숭배를 했던 모든 것을 자르지 못한 연고로 자신도 모르게 당하는 고통일 수도 있습니다. (엡2:2)"그 때에 너희가 그 가운데서 행하여 이 세상 풍속을

좇고 공중의 권세 잡은 자를 따랐으니 곧 지금 불순종의 아들들 가운데서 역사 하는 영이라." 제가 지금까지 성령치유 사역을 하다가 보니까, 예수를 믿기 전에 우상을 숭배했던 모든 것을 인정하고 회개하고 청산하지 않으면 아무리 예수를 오래 믿었어도 청산될 때까지 악한 영의 영향을 받으며 알지 못하는 고통을 당하면서 살아가더라는 것입니다. 이는 제가 한 두 성도를 보고 말하는 것이 아닙니다. 안수집사가 되고, 장로가 되고, 권사가 되고, 목사가 되어도 믿기 전에 행했던 우상숭배를 해결하지 않으니까, 자기도 모르게 고통을 당하면서 살아가더라는 것입니다. 조상의 무당의 영으로 고생하다가 치유 받은 목사님의 이야기입니다. 이 목사님은 성령의 역사를 인정하는 ○○○ 교단에서 목사 안수를 10년 전에 받으시고 교회를 개척하여 10년 째 목회하시는 목사님이십니다. 우리 교회에 치유 받으러 오신 이유가 이렇습니다. 첫째는 교회가 부흥되지 않아서 재정적인 고통이 심하고, 둘째는 자신이 혼자 있을 때는 괜찮은데 이상하게 사람들 앞에 서서 칠판에 글씨를 쓰려고 하면 오른 손이 떨려서 글씨를 쓸 수가 없다는 것입니다. 사람들이 없을 때는 조금 나은데 성도들 앞에만 서면 오른 손이 떨려서 글을 쓸 수가 없었다는 것입니다. 그래서 무슨 원인인가를 알고 치유를 받으려고 지난 10여 년 동안 이곳저곳 성령의 역사가 있고 치유하고 축사하는 곳이라면 안 가본 곳이 없을 정도로 다녔다고 합니다.

그러다가 소문을 듣고 우리 교회에 오신 것입니다. 그래서 상담을 요청하여 저에게 사정을 이야기 하셨습니다. 그래서 제가 성령

님에게 물었습니다. 대관절 이 목사님이 무슨 이유로 사람들 앞에
서 서서 칠판에 글씨를 쓸 수가 없었습니까? 하고 질문하였더니 성
령께서 감동을 주시기를 조상 중에 무당이 있었는가 물어보아라,
그래서 목사님 가정에 혹시 무당과 관련된 분이 있거나 목사님이
어렸을 때에 무당에게 간적이 없습니까? 하고 질문을 했습니다. 그
랬더니 목사님이 한참 기도를 하시더니 이렇게 대답을 했습니다.

아주 어렸을 때에 외할머니가 무당이라 자신이 아프면 어머니가
데리고 가서 기도를 받고 어깨에도 손을 자주 얹어 기도를 받았다
는 것입니다. 그래요, "내가 나사렛 예수 이름으로 명하노니 대물
림되는 무당의 영은 정체를 밝힐지어다." 했더니, 오른 손을 마구
흔드는 것입니다. 마치 TV에 나오는 무당이 굿거리 하는 장면같이
손을 마구 흔들어 댔습니다. 그래서 이제 내가 "예수 이름으로 명
하노니 혈통을 타고 들어온 무당귀신의 대물림의 줄은 끊어질지
어다." "이제 내가 예수 이름으로 명하노니 혈통을 타고 들어온 무
당 귀신은 묶음을 풀고 나올지어다." 했더니 이 목사님이 한참 괴
성을 지르시더니만 입에서 맑은 물을 막 토하면서 귀신이 떠나가
는 것이었습니다. 그리고 다시 "교회성장을 방해하고 재정적인 고
통을 주고 있는 혈통으로 대물림되는 악귀는 재정의 결박을 풀고
떠나갈지어다." "교회성장을 방해하고 재정적인 고통을 주고 있는
혈통으로 대물림되는 악귀는 재정의 결박을 풀고 떠나갈지어다."
"교회성장을 방해하고 재정적인 고통을 주고 있는 혈통으로 대물
림되는 악귀는 재정의 결박을 풀고 떠나갈지어다."하며 성령의 권

능으로 명령을 했더니, 막 소리를 지르고 악을 쓰고 통곡을 하면서 악귀들이 떠나갔습니다. 그리고 "이제 교회가 성장하고 재정에 복이 임하는 영이 임할 찌어다." "이제 교회가 성장하고 재정에 복이 임하는 영이 임할 찌어다." 하며 안수기도를 했습니다.

이렇게 하기를 이틀 동안 했습니다. 우리 교회 치유집회는 시간 시간 개인별로 안수기도를 하면서 치유를 합니다. 그리고 목사님에게 물어보았습니다. 지금도 사람들 앞에 서면 손이 떨립니까? 목사님이 웃으시면서 지금은 그렇지 않습니다. 정말 이 문제 때문에 제가 고생을 많이 했습니다. 목사님 감사합니다. 하고 치유 받고 가셨습니다. 이 분이 최근에 저희 교회에 매주 목요일 날 하는 예언 사역자 훈련에 오셨습니다. 그래서 제가 물어 보았습니다. 교회는 부흥되고 있습니까? 예 여기서 치유 받고 간 다음부터 서서히 교회가 부흥되고 물질도 풀리고 있습니다. 목사님 감사합니다. 그래서 제가 내가 한 일이 아니고 하나님이 하신 일입니다. 하나님에게 감사하시기를 바랍니다. 하고 대화를 나누었습니다. 방심은 금물입니다. 제가 사역할 때 장로, 안수집사, 권사 할 것 없이 대물림되는 무당의 영으로 고통을 당하다가 치유 받고 간 성도가 많은 수입니다. 나는 권사이기 때문에 나는 장로이기 때문에 해당이 없다. 귀신이 장로나 권사나 목사를 보면 무서워서 도망간다. 천만에 말씀입니다. 자아는 의를 이루지 못합니다. 말씀과 성령의 역사로 자신을 성찰하는 시간을 가지시기를 부탁합니다. 자신에게도 혈통을 타고 대물림되는 빈곤의 문제가 있을 수 있다고 인정하시고 성령으로 찾아내어 치유하시기를 바랍니다. 그러나 성령 충만한 예배와 말씀의 묵상과 찬송과 기도와 교회 봉사는 악한 영의 힘을 약화시키는 방편이 됩니다. 그러므로 영과 진리로 예배를 드리고 영으로 기도하고 말씀을 묵상하고 성령의 감동에 따라서 교회 봉사 등의 영의 활동을 지속적으로 하면 악한 영의 세력이 약화되어 때가되면 기침 한번으로 또는 재채기 나 호흡을 통하여 나도 모르게 떠나가기도 합니다. 이와 같은 영적인 원리들을 인정하시고 말씀과 성령으로 찾아서 해결하시기를 바랍니다. ② 옛사람 아담이 성령으로 장악 당하지 못하여 성령 충만을 받지 못하므로 당합니다. 말씀과 성령으로 치유되어 땅의 사람 아담이, 하늘의 사람 성령의 사람으로 변해야 되는데 그렇지 못한 연고입니다. 즉 구습이 치유되지 못하니 남아있는 육성을 타고 악한 것이 역사한다는 것입니다. 악한 영이 역사하니 무엇 하나 되는 것이 없는 것입니다. 옛사람 아담을 말씀과 성령으로 치유하여 영의 사람으로 변화되시기를 소원합니다.

③ 영적인 문제를 해결하지 못하고 등한시한 결과입니다. 저는 항상 이렇게 강조를 합니다. 예수를 믿고 교회에 들어왔으면 성령으로 세례를 받고 말씀과 성령으로 자신의 영적인 문제와 상처를 적극적으로 해결해야 한다고 강조를 합니다. 즉 성령으로 세례를 받고 성령의 충만함을 받으며 성령의 역사로 영육의 문제를 치유하고 악한 영의 역사를 말씀과 성령으로 찾아서 축사하고 심령을 성령으로 장악해서 영안을 열어가야 한다는 것입니다. 그런데 예수

믿고 교회에 들어와 자신에게 영향을 미치는 영육의 문제를 적극적으로 해결하지 못해서 자기도 알지 못하면서 당하는 고통입니다.

④ 예수만 믿으면 영적인 문제가 완전히 해결된다는 이론을 믿은 결과 입니다. 예수를 믿으면 모든 영적인 문제가 해결되었다는 정확하지 못한 이론을 철석같이 믿고 빈곤의 문제를 찾아 원인을 적극적으로 해결하지 않아 당하는 고통일 수가 있습니다. 빈곤의 문제는 예수 이름으로 끊어집니다. 그러나 자동으로 끊어지는 것이 아니고 문제의 원인을 성령으로 찾아 본인이 인정하고 회개하고 끊어내야 해결이 되는 것입니다. 예수님은 너희가 내 이름으로 귀신을 쫓아내라고 하셨지, 나만 믿어라 그러면 귀신이 자동으로 떠난다고 말씀하시지 않았습니다. 말씀과 성령으로 문제의 원인을 찾아 해결하여 아브라함의 복을 받으시기를 바랍니다.

3) 조상들의 우상 숭배로 악한 영의 저주일 수도 있습니다.재정적인 고통, 압박과 빈곤 등 짧은 기간의 궁핍은 하나의 연단이라고 할 수 있지만 항상 빈곤한 것은 마귀의 저주일 수 있습니다(학 1:6).

지금 빈곤의 고통을 당하면서 사시는 여러분 혹시 이것이 하나님의 연단이라고 생각하며 지내지는 않습니까? 잠깐 오는 고난은 하나님의 연단이라고 할 수 있지만, 항상 빈곤한 것은 마귀의 저주입니다. 빨리 말씀과 성령으로 찾아서 해결하시고 저주하던 마귀 귀신을 쫓아내시고 축복으로 채우시기를 바랍니다. 그리하여 빈곤의 고통에서 해방되시기를 소원합니다.

4) 조상들이 이웃이나 하나님에게 심어 놓은 것이 없을 경우도

있습니다(고후9:6). 될 수 있는 대로 많이 심으시기를 바랍니다. 제가 지금까지 목회하면서 체험한 바로는 하나님에게 많이 심은 성도들의 자녀들이 다 잘되더라는 것입니다. 후대를 위해서라도 하나님에게 풍성하게 심으시기를 바랍니다. 하나님은 심은 대로 역사하시는 하나님이십니다.

5) 자신이 하나님과의 관계를 열지 못한 이유일 수도 있습니다(렘 2:12-13). 하나님과의 관계는 심령을 깨끗하게 하여 마음 중심으로 하나님을 사랑하며 하나님의 계명을 순종하며 지키는 것입니다. 하나님을 사랑하는 성도는 하나님의 계명에 순종하는 성도입니다. 그리고 순수한 마음을 가지고 하나님의 음성에 어떠한 일이 있더라도 순종해야 하나님을 가까이 하는 성도입니다. 성도가 하나님과 가까이 지내면 모든 것이 형통하게 풀린다는 것을 아시기를 바랍니다.

6) 우환질고(사고, 질병, 재해)가 끊이지 않아 물질이 새어 나가므로 당할 수도 있습니다. 우환질고는 마귀가 일으키는 것입니다. 이는 욥의 경우를 보면 우리가 잘 알 수 있습니다. 우환질고를 일으키는 원수 마귀를 성령의 임재 하에 찾아내어 예수 이름으로 몰아내고 아브라함의 복을 받으시기를 바랍니다.

7) 게을러서 오는 결과일 수도 있습니다(살후 3:10). 자신의 성격이나 상처, 조상으로부터 대물림되는 게으름의 영이 역사하여 게으르게 하므로 당하는 고통일 수가 있습니다. 하나님의 말씀에 순종하고 성령으로 충만한 성도는 부지런합니다. 게으르다는 것은

무엇인가 잘못된 영의 장난일 수가 있습니다. 찾아서 해결해야 빈곤의 고통이 떠나갑니다.

3. 축복받는 원리. 그럼 어떻게 해야 물질의 고통이 떠나고 축복을 받을 수 있습니까? 성경의 부요함을 받는 영적인 원리를 적용하여 복이 우리에게 임하게 하시기 바랍니다. 우리들은 하나님의 은총으로 예수님을 믿고 성령 안에서 생활하게 되었습니다. 성령 안에 생활하게 될 때 하나님은 틀림없이 축복의 삶으로 인도하여 주시는 것입니다. 우리는 축복을 받도록 부르심을 받은 것입니다. 그런데 우리는 축복의 삶보다는 낭패와 실망을 당할 때가 많았습니다. 오늘부터 진정한 부요함과 윤택한 삶으로 나아갈 비결을 함께 나눔으로 하나님의 크신 은총의 삶을 살기를 소망합니다.

1) 빈곤도 부요도 나의 선택입니다. 하나님은 어떤 사람은 빈곤하게 어떤 사람은 부요하게 살도록 그의 삶을 정하신 것이 아닙니다. 사람에게 주어진 상황이 절대불변의 것이 아니라는 것입니다. 사단은 오래 동안 사람의 운명이 정해진 것처럼 속여 왔습니다. 하나님은 우리가 빈곤하게 사는 것을 원치 않으십니다(요삼2,신 8:18). 하나님은 우리가 잘 되기를 원하시고, 그리고 재물을 얻을 능력을 우리에게 주신 것입니다. 하나님은 우리가 부요하게 되기를 원하시는 것입니다. 하나님이 주시는 부요의 권리를 받아들이면 우리의 삶은 변화가 일어나기 시작하는 것입니다.

2) 모든 것에는 법칙이 있습니다. 빈곤에도 법칙이 있고 부요에도

법칙이 있습니다. 이 세상에 갖가지 법칙이 있는 것과 마찬가지입니다. 사과가 항상 땅에 떨어지는 것은 하나님의 중력의 법칙인 것과 마찬가지입니다. 빈곤의 법칙은 하나님을 떠난 삶입니다. 그리고 게으른 자는 빈곤하여 집니다. 이 영적인 법칙을 제대로 이해하지 못하면 빈곤하여 집니다(잠24:30,31). 그러나 부요의 법칙은 하나님 중심의 삶입니다. 부지런함입니다. 스스로 일하고 일을 이해하고 일을 잘하면 부요하여 집니다. 풍성한 삶이 주어지는 것입니다(잠6:6-8).

3) 하나님은 반드시 보상하여 주십니다. 일군이 그 삯을 받는 것이 당연합니다(눅10:7). 수고하고 땀 흘린 댓가는 마땅한 것입니다. 우리가 열심히 일한다면 보상이 있게 마련입니다(잠28:19). 일을 하지 않으면 보상은 없습니다. 무노동 무임금입니다(살후3:10). 열심히 일하면 풍성한 삶을 누리게 됩니다. 그런데 열심히 일하는데도 여전히 빈곤하다면 이는 영적인 빈곤의 법칙이 당신을 향한 하나님의 계획을 가로 막고 있는 것이기에 원인을 찾아서 성령으로 해결하시고 하나님 앞에 진실과 전심으로 나아가 새로운 출발을 하여야 할 것입니다.

4) 하나님은 복을 나누시기를 원하십니다. 빈곤도 부요도 절대로 우연한 사건이 아닙니다. 그것에는 원인이 있게 마련입니다. 영적인 법칙이 엄격하게 빈곤과 부요를 다스리고 있습니다. 흩어 구제하면 더욱 부하게 된다고 합니다. 과도히 아껴도 빈곤하게 된다고 합니다. 구제를 좋아 하는 자는 풍족하여 진다고 합니다. 남을 윤택하게 하는 자는 윤택하여 진다고 합니다(잠11:24,25). 하나님

은 나누어주는 자가 윤택한 삶을 누린다고 약속하고 있는 것입니다. 주는 자가 부요함을 누린다고 합니다(눅6:38). 이것은 방출의 법칙인 것입니다.

5) 하나님의 복을 받을 것을 기대 하는 사람이 되십시오. 우리가 파종한 것이 좋은 열매로 안겨 올 것을 기대하면서 파종합니다. 이것은 영농의 법칙인 것입니다. 수확을 기대하면서 영농에 임하는 것은 모든 농부들의 기본자세인 것입니다. 받는 것을 기대하면서 일을 시작한다는 것입니다. 나면서부터 앉은뱅이였던 사람은 무엇인가를 받을 것으로 기대하고 베드로를 쳐다보고 손을 내밀다가 고침을 받았습니다. 예수님은 많은 것을 받으셨습니다. 향유를 발에 붓는 것을 허락하셨습니다(눅7:44,46). 수없이 먹고 마시고 누리는 것을 받으셨습니다. 당나귀를 사용할 권리도 받으셨습니다. 예수님께서는 아낌없이 나누어 주셨고 또한 거리낌 없이 받으셨습니다. 우리가 흔쾌히 잘 받는 자가 되지 못하면 하나님께서 주시는 풍성한 축복도 막아버릴 수 있습니다. 받지 않으면 교만한 자가 되는 것입니다. 교만은 패망의 선봉인 것입니다(잠16:18). 교만은 당신의 삶 속에 하나님의 부요가 흘러넘치는 것을 제한합니다. 겸손하시기 바랍니다.

6) 심은 대로 거둡니다. 좋은 것을 심으면 좋은 것을 거두고, 못된 것을 심으면 못된 것을 거두고, 선행으로 심으면 선으로 거두고, 물질로 심으면 물질로 거두는 것이 만고의 진리입니다.

농부가 한 알의 콩알을 심고 난 후에 한 알만 그대로 되돌려 받지는 않습니다. 그 한 알 속에는 수백 개의 새로운 알들이 들어 있습니다. 농부는 수확을 거두기 전에 거두기를 원하는 씨앗을 심어야 합니다. 씨앗을 많이 심을수록 많이 거둡니다(고후9:6,7,10). 심을 것을 그냥 먹어치우면 아무 것도 못 거둡니다. 우리는 날마다 씨앗을 심든지 먹든지 선택합니다. 믿음으로 심을 때 하나님은 부요의 법칙을 풀어 주시는 것입니다. 두려움으로 불신으로 씨앗을 먹어치우면 빈곤의 법칙이 풀어지는 것입니다. 풍세와 구름의 환경에 지배당하면 결코 심지 못합니다(전11:4). 풍세가 문제입니까? 구름만 바라봅니까? 즉 보이는 것만 추구합니까? 보이지 않는 하나님의 말씀을 믿고 개척자의 정신으로 열심히 갈고 뿌려 놓으면 결국은 거둡니다. 그러나 걱정 근심에 사로잡혀 심지 않는다면 거둘 것도 없는 것입니다(전11:6). 환경을 바라보지 말고 믿음으로 물질을 심으면 물질을 거두는 것입니다.

7) 수확의 법칙을 따르십시오. 심은 대로 거두는 말씀을 제대로 이해한다면 삶 가운데 하나님의 풍성하심을 온전히 누리게 될 것입니다. "나는 심은 대로 거둡니다."고 선언하고 도전하시기 바랍니다. 하나님은 우리가 스스로 속이지 말라고 경고하십니다(갈6:6-9). 심은 대로 거둔다는 것입니다. 육체로 심으면 육체로 부터 썩을 육체로 거두고, 성령으로 심으면 영생을 거둔다고 하십니다. 낙심하지 말라 하십니다. 때가 이르매 거두게 된다고 하십니다. 하나님의 영적인 부요의 법칙은 "씨앗을 심고, 때가 이르매 거두고, 심은 대로 그만큼 거둔다."는 것입니다.

하나님은 당신의 씨앗을 자라게 하시고 열매를 배가시켜서 반드시 거두게 하십니다. 그리고 합당한 때에 거두게 하십니다. 자신이 심은 종자만을 반드시 수확하게 하십니다. 심을 때와 거둘 때는 확실히 다릅니다. 동일한 시기일 수도 동일할 수도 없는 것입니다. 풍성하게 하십니다. 사랑으로 심으면 더욱 풍성한 사랑으로, 재물로 심으면 더욱 풍성한 재물로 수확하게 하십니다. 당신이 사랑을 심어 놓고 물질로 돌려 달라고 하지 마시기 바랍니다. 사랑에는 사랑입니다. 하나님의 추수의 법칙은 심은 대로 인 것입니다.

4. 영적인 활동을 하라. 이제 빈곤을 탈출하고 축복의 근원을 이루기 위한 적극적인 영적인 활동 성령으로 기도해야 합니다.

1) 조상의 죄악을 파악하여 회개하라. 재정적인 문제가 조상의 죄악으로부터 왔다면 이를 적극적으로 해결해야 합니다. 조상의 죄악을 말씀과 성령으로 찾아냈다면 회개해야 합니다. 그래야 재정에 저주하던 악귀들이 떠나가는 것입니다. 선조의 죄를 위한 회개 기도는 선조를 대신 하여 회개하는 것이 아니라, 그들이 지은 죄 때문에 회개하는 것입니다. 회개의 기도는 사단이 선조의 죄를 통하여 우리들에게 저주할 수 있는 법적 근거를 끊기 위한 목적입니다. 이 말을 다시 설명하면 지금 나에게 역사하고 있는 빈곤의 영은 우리 조상들이 우상을 숭배했거나 하나님의 말씀을 벗어난 죄악을 통하여 타고 들어와 역사하는 것입니다. 이 악한 영들을 조상의 죄악을 타고 들어온 타락한 천사이므로 우리 조상들이 죽었

다고 함께 죽는 것이 아니고, 예수님이 이 땅에 재림할 때까지 계속 살아서 역사하는 것입니다. 그러므로 조상들이 죽었다고 그 문제가 떠나거나 끝나는 것이 아닙니다. 반드시 조상의 죄악을 통해 들어왔음으로 죄악을 회개하고 청산해야 나에게서 떠나가는 것입니다. 조상들은 죽어 없어지고 나에게 와서 영향을 미치므로 조상 탓만 할 것이 아니고, 이제 내가 예수를 믿고 새사람이 되었으므로 새사람에게 주신 예수님의 권세를 활용하여 회개도 하고 끊어내고 악귀를 몰아내고 이제 하늘의 축복으로 채워야 한다는 말입니다. '하나님, 저는 이 시간 저의 선조 부모의 불의를 회개하고 용서를 빕니다. 조상들의 죄가 삼사대까지 이르도록 서주를 초래하게 한 저 스스로와 조상들의 모든 죄들을 회개합니다. 모든 불순종, 반항, 우상숭배, 점과 우상에게 복을 빈 죄, 무당에게 굿을 한 죄를 회개합니다. 주 예수 그리스도를 통한 하나님의 용서와 죄 씻음을 구합니다. 아버지께서 그리스도의 이름으로 조상의 죄를 사해주심을 믿고 감사드리며, 예수 그리스도의 이름으로 기도 드립니다. 아멘.' 이렇게 두루뭉술하게 하지 말고 한 가지씩 청산하시기를 바랍니다.

2) 마귀에 의한 빈곤의 대물림을 찾아 끊어 내야 합니다. 조상 대대로 재정의 고통을 당한다면 이 대물림되는 빈곤에 대물림의 줄을 예수 이름으로 끊어야 합니다. 나에게 임한 사단의 역사로 인한 빈곤의 대물림을 끊으시기 바랍니다.

① 빈곤하게 하는 마귀의 역사를 끊으면 악령들이 작용할 수 있는 법적 권리를 박탈해 버리게 됩니다.

② 법적인 근거들을 멸한 뒤에 주 예수의 이름으로 악귀들을 쫓아내야 합니다.

③ 빈곤의 대물림을 끊으면 상황에 따라서 끊음과 함께 바로 재정의 회복, 치유, 변화를 경험하는 경우가 있으며, 또 시간이 점차 지나면서 마귀 역사를 끊은 효력이 나타나게 됩니다.

④ 빈곤의 대물림의 줄을 끊는 것은 지금까지 자신, 가족에게 역사한 악한 마귀들이 활동할 수 있는 법적 근거와 세력을 차단하는 것입니다. 공산당이 1950년 6.25를 일으킨 후 계속 남쪽으로 공격해 오다가 U.N.군의 인천 상륙 작전으로 인해 보급로가 차단된 것과 같습니다. 인천 상륙 작전이 전쟁의 승리 자체는 아니나 승리를 가져오게 하는 결정적인 역할을 했습니다. 회개와 마귀의 저주를 끊는 일은 악한 영들의 보급로를 끊는 것입니다. 이 시점에서 마귀와의 영적 전쟁이 시작됩니다. 마귀가 더 악랄 하게 역사할 수도 있다는 말입니다. 특히 주변 사람들을 통하여 역사할 수도 있습니다. 이점 이해하시고 경각심과 의지를 가지고 마귀와 싸우셔서 승리하시기를 바랍니다. 마귀의 역사가 강하다고 두려워하며 영적전쟁을 그만두면 절대 안 됩니다. 재정에 고통을 가하던 악귀는 성령으로 장악되어 예수 이름으로 대적하면 예수 이름 앞에 악귀는 물러가야 합니다. 그러므로 재정에 역사하던 마귀와의 싸움은 백전백승이므로 조금도 동요되거나 두려워하지 말고 계속적으로 예수 이름으로 빈곤의 줄을 끊으며 대적하면 마귀는 물러가게 됩니다. 그러면 재정의 문제가 서서히 풀리는 것을 눈으로 보고 느낄 수가

있습니다.

⑤ 갈라디아서 3장 13절에 의하여 나는 예수의 희생으로 저주에서 속량되었다. 나는 예수의 이름으로 믿음을 실천하며 나와 나의 자손들을 빈곤하게 하는 마귀의 역사는 끊어질지어다. 재정에 역사하는 모든 마귀의 훼방은 끊어질지어다.

⑥ 예수의 피로 말미암아 조상들의 죄와 나의 모든 죄는 사함을 받았고 하나님의 말씀에 대한 불순종과 반항의 결과로 내린 마귀의 역사에서 나와 가족을 끊노라.

⑦ 나는 예수의 이름으로 나와 가족 위에 내린 모든 마귀의 훼방을 끊노라. 재정에 고통을 가하는 마귀의 역사는 모두 끊어질지어다. 빈곤, 궁핍, 부채의 모든 마귀 역사의 줄은 끊어질지어다.

⑧ 나의 경제문제, 대인관계에 영향을 주는 마귀의 저주는 끊어질지어다. 빈곤, 궁핍, 부채, 환난의 영의 줄은 끊어질지어다.

3) 빈곤을 대물림하는 악한 마귀, 귀신을 쫓아내야 합니다.

① 나의 경제상태, 대인관계, 빈곤, 궁핍, 부채, 환난의 영은 예수의 이름으로 명하노니 내게서 떠나갈지어다.

② 우리는 단호하게 마귀를 향하여 꾸짖어야 하며, 그 권세가 우리에게 있습니다. 마귀는 우리의 힘으로 어찌할 수 없는 영적 존재입니다. 그러나 사망 권세를 이기신 예수 그리스도의 이름 앞에서는 무력한 존재이며, 그 이름을 힘입어 믿음으로 사탄을 꾸짖고 명할 때 마귀는 물러가는 것입니다. 절대로 두려워하지 말고 성령의 임재 하에 담대하게 예수 이름으로 대적하시기를 바랍니다.

③ 마귀에게 단호하게 명령하세요. 예수의 이름으로 명하노니 빈곤의 영은 떠나갈지어다.

4) 혈통에 역사하는 악한 영을 몰아내고 축복으로 채우시기 바랍니다.

① 내가 예수 이름으로 명하노니 나의 손에 재물을 얻고 돈을 버는 능력이 임할 지어다. 우리 가문에 물질 축복의 영이 임할 지어다.

② 믿음을 실천하며 또 입으로 시인하여 구원에 이름을 알고 있다. 나는 아브라함의 축복이 나의 것임을 시인한다. 나는 저주 아래 있지 않고 축복을 받았다. 나는 꼬리가 아니고 머리다. 나는 밑에 있지 않고 위에 있다.

③ 나는 들어와도 복을 받고 나가도 복을 받는다. 나는 축복을 받았고 또 하나님께서 앞으로 더욱 축복하실 것이다.

5) 조상으로부터 온 빈곤의 대물림이 끊어짐을 믿고 감사하고 축복하세요. '나는 믿음을 실천하며 또 입으로 시인하여 구원에 이름을 알고 있다. 그러므로 나는 아브라함의 축복이 나의 것임을 시인한다. 나는 저주아래 있지 않고 축복을 받았다. 나는 꼬리가 아니고 머리다. 나는 밑에 있지 않고 위에 있다.' '나는 들어와도 복을 받고 나가도 복을 받는다. 나는 축복을 받았고, 또 하나님께서 앞으로 더욱 축복하실 것이다.' '주님, 마귀로 인하여 저의 인생에 역사했던 모든 재정의 고통에서 저를 자유하게 하심을 진심으로 감사드립니다. 예수님의 이름으로 기도합니다. 아멘.'

5. 지속적인 영적 싸움을 하라. 하나님의 축복을 받기 위해 성령으로 충만하여 축복 받을 그릇이 되기 위하여 예배드리며 성령으로 기도하라는 것입니다. 지속적인 영적싸움이란 계속 "가난귀신아 떠나가라." "가난귀신아 떠나가라."하는 것이 아니라 성령 안에서 성령으로 기도하여 성령으로 충만하게 하는 것입니다. 성령으로 기도하여 성령으로 충만하면 가난하게 하는 귀신은 떠나가지 말라고 해도 떠나가기 때문입니다. 무엇보다도 온몸으로 기도하며 성령으로 충만하게 지내는 것이 중요합니다. 온몸기도에 대해서는 **"성령으로 온몸 기도하는 법"**책을 참고하시기를 바랍니다.

① 하나님과 친밀하게 지내라. 말씀을 믿고 입으로 시인하고 행함이 있을 때 하나님이 축복하십니다. 하나님 안에 축복이 있습니다.

② 성령으로 장악하라. 하나님도 성령으로 천지를 장악하시고 천지 창조를 하셨습니다.

③ 주의 말씀 안에 거해야 합니다. 말씀은 우리를 보호하는 울타리입니다.

④ 하나님에게 아낌없이 드리세요. 물질의 축복은 십일조를 심어야 옵니다. 영적인 법칙입니다.

⑤ 꿈과 믿음을 가지고 착하고 선하게 살아야 합니다. 꿈이 있는 사람과 가정, 나라는 망하지 않습니다. 우리 주변 사람들과 좋은 관계를 유지합시다. 땅에서 풀면 하늘에서 풀립니다.

⑥ 계속 입술로 선포하며 명령해야 합니다. 빈곤의 영은 떠나가고 물질의 축복은 올지어다.

9장 사업 축복받는 영적비결

(시편126:5-6)"눈물을 흘리며 씨를 뿌리는 자는 기쁨으로 거두리로다. 울며 씨를 뿌리러 나가는 자는 반드시 기쁨으로 그 곡식 단을 가지고 돌아오리로다"

하나님은 하나님의 자녀인 우리를 축복하시기를 원하십니다. 왜냐하면 하나님은 하나님의 자녀들을 통하여 이 땅에 하나님의 나라를 세워야 하기 때문에 하나님의 자녀가 모두 복을 받고 잘되기를 소원하시는 것입니다(빌 2:13). 경제가 어렵고 힘든 시기에 직면하고 있는 우리가 이 격동의 시기를 어떻게 극복하겠습니까? 하나님의 말씀을 의지하고 하나님의 원칙에 입각한 신앙자세로 나아가야 극복 할 수 있을 것입니다. 하나님의 말씀 안에 경제위기를 극복할 수 있는 해답이 있습니다. 이는 창세기 26장에 나오는 이삭을 보면 알 수가 있는 것입니다. 그런데 우리는 힘들수록 변칙을 기대합니다. 성경 말씀이외에 혹 다른 길이 있지 않을까 생각하면서 미혹에 빠집니다. 어려울 때 혹시나 하는 생각으로 잘못된 길을 따라가는 어리석은 자가 나타납니다. 우리는 하나님을 절대 의지하여 성경에서 불황을 이기고 성공할 수 있는 길을 찾아야 제대로 된 믿음의 길을 갈 수 있습니다. 지금은 눈물을 흘리며 씨앗을 뿌리는 때입니다. 어떻게 거두는 것입니까? 그 문제를 모두 함께 풀어봅시다.

1. 예수를 믿는데 왜 사업이 잘 안되고 어려울까?

1) 조상들이 하나님께 잘못으로 악한 영의 역사일 수도 있습니다. 재정적인 고통, 압박과 빈곤 등 짧은 기간의 궁핍은 하나의 연단이라고 할 수 있지만 항상 빈곤 한 것은 마귀의 방해일 수 있습니다(학1:6). 제가 지금까지 성령치유 사역을 하면서 체험한 바로는 모든 빈곤의 뒤에는 원인이 있다는 것입니다. 빈곤의 원인 중에 하나는 조상들의 죄악을 통하여 마귀가 들어와 역사하고 있는 것일 수도 있다는 것입니다. 그러므로 예수를 믿으면서도 빈곤이 청산되지 않으면 배후에 역사하는 악한 영을 분별하고 쫓아내야합니다.

2) 조상들이 이웃이나 하나님에게 심어 놓은 것이 없을 경우도 있습니다(고후9:6). 후대를 위해서라도 하나님의 나라에 많이 심으시기를 바랍니다. 하나님의 나라에 심은 것은 없어지지 아니하고 하나님이 불려서 다 되돌려 주십니다. 모든 것이 하나님으로부터 왔으니 하나님의 나라에 심으시기를 바랍니다.

3) 혈통을 통해 역사하는 악한 영의 역사일 수도 있습니다.

① 혈통을 통해서 대대로 역사하는 거지의 영일 수도 있습니다. 가계도를 그려서 대대로 점검하여 보시기를 바랍니다. 만약 조상 중에 남에게 빌어먹은 거지의 조상이 있었다면 혈통으로 대물림되어 나에게 영향을 미칠 수가 있습니다. 어느 여 집사님이 저에게 이런 상담을 했습니다. 목사님 얼마 전에 한 꿈을 꾸었는데 돌아가신 우리 시아버지가 거지가 되어 우리 방문을 열고 들어오려고 하

는 것을 보고 꿈을 깨었습니다. 그래서 제가 이렇게 대답을 해주었습니다. 그것은 조상으로부터 전이되는 거지의 영입니다. 집사님의 가정 경제 형편이 지금 어떻습니까? 하니 목사님 말씀이 맞습니다. 우리 지금 거지가 되었습니다. 남에게 빌어다가 먹고 사는 형편입니다. 집사님 빨리 영적인 전쟁을 하십시오. 조상 대대로 전이되는 빈곤의 영과 일전을 하셔서 몰아내시기를 바랍니다. 그렇지 않으면 빈곤이 떠나가지 않습니다. 그래서 집사님이 한 일 년 동안 거지의 영과 영적전쟁을 한 결과 지금은 모든 물질의 문제가 풀리고 잘 지내십니다. 여러분 우리는 이것을 알아야 합니다. 꿈에 거지 모습으로 나타난 시아버지는 진짜 시아버지가 아닙니다. 대대로 빌어먹게 하던 거지의 영이 시아버지 모습으로 나타난 것입니다. 왜냐하면 미혹하기 위해서 그러는 것입니다. 자손들에게 환영을 받으면서 활동하려고 그러는 것입니다. 죽은 사람의 영은 천국이 아니면 지옥에 가있습니다. 나오지 못합니다. 여러분 무속 같은 이론에 속지 마시기를 바랍니다. 이것은 성경에 어긋나는 잘못된 이단의 이론입니다. 절대로 현혹되지 마시기를 바랍니다. 절대로 죽은 사람의 영은 세상에 나올 수가 없습니다. 성경 누가복음 16장 23절로 26절에 보면 이렇게 기록되어 있습니다.

(눅16:23-26)"그가 음부에서 고통 중에 눈을 들어 멀리 아브라함과 그의 품에 있는 나사로를 보고 불러 이르되 아버지 아브라함이여 나를 긍휼히 여기사 나사로를 보내어 그 손가락 끝에 물을 찍어 내 혀를 서늘하게 하소서 내가 이 불꽃 가운데서 괴로워하나이

다. 아브라함이 이르되 얘 너는 살았을 때에 좋은 것을 받았고 나사로는 고난을 받았으니 이것을 기억하라 이제 그는 여기서 위로를 받고 너는 괴로움을 받느니라. 그뿐 아니라 너희와 우리 사이에 큰 구렁텅이가 놓여 있어 여기서 너희에게 건너가고자 하되 갈 수 없고 거기서 우리에게 건너올 수도 없게 하였느니라."

절대로 왔다 갔다 할 수가 없습니다. 꿈에 나타난 시 아버지는 타락한 천사가 가장하고 나타난 것입니다. 만약 이런 경우에 처한 분이 계시다면 강하게 영적인 투쟁을 하시기를 바랍니다. 그래야 빈곤의 문제가 풀립니다. 제가 지금까지 치유사역을 하다가 보니, 모든 문제에는 이유가 있다는 것입니다. 이유 원인을 찾아 해결하면 문제는 해결되는 것입니다. 하나님은 성도를 축복하시는 하나님이십니다.

② 혈통을 통해 대대로 흘러 내려오는 빈곤의 영일 수도 있습니다. 믿는 자는 아브라함의 축복을 받은 자입니다(갈3:14). 빈곤은 빈곤을 낳는다는 말이 있는 것입니다. 조상들이 빈곤하게 살았다면 빈곤의 영이 역사할 수 있는 것입니다. 영들은 혈통을 타고 전이가 이루어집니다. 무시하지 말고 성령으로 찾아보시기를 바랍니다.

③ 혈통을 통해 대대로 흘러 내려오는 부채의 영일 수도 있습니다(신28:12). 이상하게 부채가 늘어만 간다면 혈통으로 대물림되는 부채의 영일 수도 있습니다. 예수만 믿었다고 고쳐지는 것은 아닙니다. 찾아서 성령으로 권세를 주장할 때 해결되는 것입니다.

④ 예수를 믿지 못하게 하기 위해 악한 영이 방해할 수도 있습니다(욥1:7-12). 악한 영들은 우리를 어떻게 해서라도 하나님과 깊은 관계를 맺고 살아가지 못하도록 방해합니다. 빈곤의 고통이 있는데 영적인 생활이 제대로 될 리가 만무한 것입니다. 여러분 제가 지금까지 부부간에 불화가 있는 성도들을 상담한 결과 모두 금전적인 어려움 때문에 불화가 생겼다고 했습니다. 그렇기 때문에 마귀가 기를 쓰고 재정에 고통을 가하는 것입니다. 그러므로 빈곤의 고통 뒤에는 마귀가 있다는 것입니다. 이를 인정하는 것이 빨리 빈곤에서 해방 받는 길입니다.

⑤ 자신이 하나님과의 관계를 열지 못한 이유일 수도 있습니다(렘 2:12-13). 하나님께서 주시는 복은 자신이 하나님과의 관계를 열어야 오게 됩니다. 자신이 하나님과의 관계가 열리지 않으면 절대로 하나님의 복이 임하지를 않습니다. 자신의 잘못을 찾지 아니하고 조상 탓만 하는 어리석은 사람이 되지 마시기를 바랍니다. 자신이 하나님과 영의 통로를 여시기를 바랍니다. 하나님과 영의 통로는 예수만 믿었다고 열리는 것이 아닙니다. 열심히 말씀을 묵상하고 성령 충만을 받고 영으로 기도해야 합니다. 그리고 말씀과 성령으로 심령에 막혀 있는 상처와 질병을 치유해야 합니다. 또, 성령의 감동과 인도에 따라 소속된 교회 일에 열심히 봉사도 해야 합니다. 행함이 없는 믿음은 죽은 믿음이라고 했습니다. 행함도 있어야 합니다.

⑥ 자신의 분수를 모르고 투자하여 감당을 못한 것일 수도 있습

니다(약1:14-15). 하나님은 절대로 자신의 능력한계를 벗어나서 일을 하기를 원치 않으십니다. 그래서 하나님은 너 있는 것이 무엇이냐, 너 있는 것을 내게 고하라, 하고 물으시는 것입니다. 여러분 절대로 자신의 능력한계를 벗어나서 사업을 하려고 생각하지 마시기를 바랍니다. 하나님은 우리에게 작게 해서 크게 되기를 원하시는 것입니다. 빈곤의 고통이 해결되고 재정적인 복을 받으려면 하나님께서 하라고 하시는 일을 시행해야 합니다. 하나님은 하나님께서 하라고 하는 일을 할 때 재정의 복을 허락하시는 것입니다. 이삭이 복을 받은 것은 하나님의 말씀에 순종했기 때문입니다(창26:1-13). 그래서 욥기 8장 7절에 "네 시작은 미약하였으나 네 나중은 심히 창대하리라."하시는 것입니다. 사람이 자신의 능력의 한계를 벗어나는 일을 하려면 스트레스가 오게 됩니다. 스트레스가 오면 영적인 능력이 소진됩니다. 그러면 자연히 자신의 능력으로 일을 하려고 합니다. 그러나 자신의 능력으로는 이 세상을 이기기에 역부족입니다. 세상에는 마귀가 있기 때문입니다. 마귀의 방해가 있으면 절대로 성공할 수가 없습니다. 그러므로 사업을 성공하려면 하나님께서 자신에게 열어주는 만큼씩 열어가면서 하나님의 인도를 받아야 성공할 수 있습니다. 자신의 능력 범위 안에서 사업을 하므로 평안한 가운데 하나님과의 관계를 유지하시기를 바랍니다. 그러면 성공합니다. 절대로 욕심을 부리지 마시기를 바랍니다.

⑦ 하나님이 싫어하시는 직업을 해서 그럴 수도 있습니다. 매점 매석, 고리대금업, 술장사, 사회 퇴폐풍조를 조장하는 사업 등등…

은 하나님이 기뻐하지 않는 사업입니다(잠11:26). 오직 자기의 유익만을 위하여 매점매석하는 것은 저주를 초래합니다. 아무리 직업이라고 해도 그렇습니다. 하나님의 축복이 임하는 직업 쪽으로 나가라. 도덕적인 삶에 철저 하라. 이렇게 사는 것도 하나님의 뜻입니다. 하나님이 기뻐하지 않으시는 사업을 하여 많은 돈을 번 경우, 그 돈은 축복이 아니라, 저주입니다. 저주의 씨앗이 되고 맙니다. 돈을 많이 번다고 좋은 것이 아닙니다. 하나님이 기뻐하시는 일을 하여 벌어야 합니다. 그리고 하나님나라 영광을 위하여 사용해야 합니다.

케네디가(家)의 말로라는 이야기가 있습니다. 미국의 35대 대통령 케네디의 아버지는 시카고에서 수십 년 간 양조장을 하여 돈을 엄청나게 벌었습니다. 그런데 미국의 존 F. 케네디 대통령은 46세에 암살됐고, 그의 아들 존 F. 케네디 2세는 38세에 경비행기 추락으로 사망했습니다. 둘째 아들 패트릭 부비 에이 케네디는 조산아로 태어나 아버지가 암살되기 3달 전에 죽었습니다. 케네디 대통령의 동생 로버트 케네디는 42세에 암살됐고 그의 아들 마이클 케네디는 39세에 스키를 타다가 나무에 머리를 박고 사망했습니다. 큰아들 데이비드 케네디는 약물 과다복용으로 사망했습니다.

케네디 대통령의 맏형 조세프 P. 케네디 2세는 2차 세계대전 중 비행기 피격으로 29세에 죽었습니다. 여동생 캐슬린도 비행기 사고로 28세에 죽었습니다. 누나 로즈마리 케네디는 정신발달 장애로 평생 병원신세를 졌습니다.

이렇게 자녀들이 하나씩 비참하게 인생을 끝내자 노인이 된 케네디가 탄식하며 고백하기를 "내가 수십 년 동안 술을 만들어 팔면서 많은 사람들의 인생을 파괴하고 파멸시켰더니 이제 그 보응을 받는구나." 라고 한탄했습니다. 술장사해서 돈을 많이 벌면 당시에는 좋을지 모르지만 술로 다른 사람들의 인생을 망쳐 놓았는데 뒤끝이 좋을 리가 없습니다.

다른 사람들한테 해를 입히면서 돈을 많이 번 사람들을 부러워하지 마시길 바랍니다. 요즘 청소년들한테 유해한 컴퓨터 게임으로 떼돈을 버는 사람들이 있는데 그들의 후대가 걱정되지 않을 수 없습니다. 우리가 돈을 벌어도 우리 자신의 미래와 우리 자식들의 미래를 깊이 생각하면서 바르게 벌어야 하겠습니다. (렘17:11) "불의로 치부하는 자는 자고새가 낳지 아니한 알을 품음 같아서 그의 중년에 그것이 떠나겠고 마침내 어리석은 자가 되리라."

우리는 직업도 하나님 앞에 축복 받을 만한 직업을 가져야 합니다. 그리고 하나님 앞에 간절히 기도해서 지혜와 능력을 받아야 합니다. 그러면 감당치 못할 축복이 임하게 되는 것입니다. 하나님 앞에 기도하시기 바랍니다. 하나님 앞에 충성하시기 바랍니다. 하나님 앞에 순종하시기 바랍니다. 하나님은 복을 주시되, 깨끗한 마음을 가진 사람을 통해서 축복과 은총을 베풀어주십니다. 사랑하는 여러분 깨끗한 마음을 가지고 하나님의 축복을 받으시기를 축원합니다.

2. 어떻게 해야 축복을 받습니까?

1) 불경기 속에서도 수확하려면 예수 안에서 하나님에게 절대 순종합시다. 인류의 역사가 시작된 이래 불경기, 경제적으로 어려운 시기는 거의 인류와 함께 하여 왔습니다. 불경기는 새삼스러운 일이 아닙니다. (창26:1-6)"아브라함 때에 첫 흉년이 들었더니 그 땅에 또 흉년이 들매 이삭이 그랄로 가서 블레셋 왕 아비멜렉에게 이르렀더니 여호와께서 이삭에게 나타나 이르시되 애굽으로 내려가지 말고 내가 네게 지시하는 땅에 거주하라…이삭이 그랄에 거주하였더니" (창26:12-14) "이삭이 그 땅에서 농사하여 그 해에 백 배나 얻었고 여호와께서 복을 주시므로 그 사람이 창대하고 왕성하여 마침내 거부가 되어 양과 소가 떼를 이루고 종이 심히 많으므로 블레셋 사람이 그를 시기하여."

이러한 때에 하나님이 이삭에게 부요해지기 위한 순종의 구체적인 지침을 주셨습니다. 경제적으로 어려우면 일관성을 잃어버리기 쉽습니다. 일관성은 하나님의 음성을 따르는 것입니다. 경제적으로 불경기인 이때에 하나님의 명령에 신실하게 믿고 따르라고 하십니다. 신앙의 근본 원리가 나약하여질 때 이삭은 순종하였습니다. 하나님은 이를 보고 복을 주셨던 것입니다(창26:12-13). 흉년이 드니 모두 애굽으로 내려갔습니다. 보이는 것을 바라보고 따라갔습니다. 이것을 보고 이주의 유혹이 이삭을 미혹하였으나, 그는 세상의 철학에 귀를 기울이지 않고 하나님의 명령을 따랐고, 하나님이 지시하는 곳에 가서 기근이 계속되는 동안에도 아끼지 않고 곡식을 심었더니 하나님은 믿음을 보시고 100배로 축복하여 주셨던 것입니다. 하나님의 말씀에 순종하면 어디를 가든지 복을 받습니다. 하나님과 인격적인 관계가 되시어 아브라함 같이 거부가 되시기를 바랍니다. 절대로 우리라고 이삭과 같이 되지 말라는 법이 없습니다. 믿으면 복이 됩니다.

2) 세상적인 방법이 아닌 하나님의 방법을 찾으십시오.

성경적인 축복을 누리기를 원한다면 세상적인 방법을 깨끗이 잊어야 합니다. 이삭의 때에 기근을 해결할 세상의 방법은 애굽으로 이주하는 것입니다. 그러나 이삭은 이것을 무시하고 하나님의 말씀따라 순종하며 그곳에 머무르면서 기근 속에도 씨앗을 뿌렸던 것입니다. 애굽으로 피해가던 사람들은 자신들의 좋지 않은 상황을 너무나 정확하게 인간적인 상식으로 보고 있었습니다. 불황의 매서운 바람을 직시하고 있었습니다. (전11:4)"풍세를 살펴보는 자는 파종하지 못할 것이요 구름만 바라보는 자는 거두지 못하리라." 어두운 파멸의 구름을 바라보았기에 재촉하여 애굽으로 직행하였습니다. 예수를 믿는 성도에는 두 종류가 있습니다. 성령에 속한 성도와 육신에 속한 성도입니다. 오늘 불황의 매서운 바람을 직시하고 애굽으로 향한 사람은 육신에 속한 사람들입니다. 육신에 속한 사람은 언제나 자신이 알고 있는 지식과 세상 논리인 합리를 가지고 따져서 맞으면 따라가고 맞지 않으면 행하지 않는 사람입니다. 그러나 성령에 속한 영적인 성도는 하나님의 말씀이면 두 말없이 믿고 따라가는 성도입니다. 성령에 속한 영의 사람이삭은 도피하지 않고 묵묵하게 하나님의 말씀에 순종하고 하나님이 지시한 땅에 씨앗을 심었습니다. 하나님은 이삭이 심은 씨앗이 발아하게하고 자라게 하시고 열매 맺어 백배로 거두게 하셨습니다. 이삭이 심은 씨앗이 그를 구원하였습니다. 기근의 한가운데서 하나님은 씨앗을 심으라고 하십니다. 이삭은 순종하였고 하나님께서는 백배의 수확을 거두게 하셨습니다.

그러므로 우리가 불경기의 늪 속에서 찬바람을 만났다할지라도 이 세상의 해결방법에 귀를 기울일 것이 아니라, 하나님의 음성에 귀를 기울이시기를 바랍니다. 잠잠하게 성령의 임재가운데 하나님의 음성을 듣는 것을 습성화 하시기를 바랍니다. 세상에 기근이 온 땅에 만연하여있다 할지라도 하나님은 우리에게 최대한으로 비축할 수 있도록 하실 것입니다. 하나님께서는 명령을 따라 기근의 땅에 씨앗을 심고 풍성한 수확을 기대하라고 하십니다. 그런고로 불경기는 일을 중단하거나 도피할 사건이 아니라 바로 하나님의 음성을 듣고 능력에 의지하여 도전할 시기인 것입니다.

3) 더 많은 돈을 갖기를 원한다면 이렇게 하시기를 바랍니다. 만일 경제적인 기근의 한가운데 있다면 그래서 더 많은 돈을 가지기를 원한다면 가진 돈의 씨앗을 더 많이 심어야만 합니다. 그래야 더 많은 돈의 수확을 거두어들일 수가 있는 것입니다. 다시 말해서 불경기에서 더 많은 돈을 벌기 원한다면 하나님께 더 많이 드리기 시작하여야 한다는 것입니다. 그렇게 하면 하나님은 더욱 풍성한 재정을 우리에게 방출해 주십니다. (고후9:6)"이것이 곧 적게 심는

자는 적게 거두고 많이 심는 자는 많이 거둔다 하는 말이로다."

세상을 살다보면 많은 사람들이 때때로 경제가 힘들고 엄청나게 어려운 시기를 지내곤 합니다. 그러나 아무리 여유가 없고 쪼들리는 생활이라고 해서 하나님께 드리는 일조차 중단해서는 안 됩니다. 모든 사람들이 씨앗을 자기 집에 아껴두고 있을 때 이삭은 알차고 귀한 씨앗을 심고 가꾸었다는 사실을 기억해야 합니다. 이삭이 심은 씨앗은 기근 시에도 잘 자랐습니다. 왜냐하면 이삭은 하나님의 말씀을 하나님의 명령을 좇아 심었기 때문에 하나님이 자라게 하십니다. 그런고로 매달 더 많은 돈을 얻기 원한다면 매달 복음을 위하여 돈의 씨앗을 더 심으십시오. 하나님의 자녀가 돈의 씨앗을 심을 때 가장 열악한 경제적인 기근 가운데서라도 물질을 수확할 곡식이 자라날 것이라는 하나님의 말씀을 소유하는 것입니다.

4) 마지막 것을 주님에게 내어 주시기 바랍니다. 경제적인 기근의 한가운데 서있을 때 명심하여야할 것은 "심어야할 씨앗을 가지고 너무 과식하지 말아라."하는 것입니다. 이미 거둔 것 가운데 일부는 먹어야할 것입니다. 그러나 다시 심어야할 씨앗을 먹어서는 거둘 것이 없는 것입니다. 사렙다 과부를 보십시오. (왕상17:12-16)"그가 이르되 당신의 하나님 여호와께서 살아 계심을 두고 맹세하노니 나는 떡이 없고 다만 통에 가루 한 움큼과 병에 기름 조금 뿐이라 내가 나무가지 둘을 주워다가 나와 내 아들을 위하여 음식을 만들어 먹고 그 후에는 죽으리라. 엘리야가 그에게 이르되 두

려워하지 말고 가서 네 말대로 하려니와 먼저 그것으로 나를 위하여 작은 떡 한 개를 만들어 내게로 가져오고 그 후에 너와 네 아들을 위하여 만들라. 이스라엘의 하나님 여호와의 말씀이 나 여호와가 비를 지면에 내리는 날까지 그 통의 가루가 떨어지지 아니하고 그 병의 기름이 없어지지 아니하리라 하셨느니라. 그가 가서 엘리야의 말대로 하였더니 그와 엘리야와 그의 식구가 여러 날 먹었으나 여호와께서 엘리야를 통하여 하신 말씀 같이 통의 가루가 떨어지지 아니하고 병의 기름이 없어지지 아니하니라.” 이 빈곤한 과부에게는 단 한 번의 마지막 끼니를 위한 양식만 남아있었습니다. 그는 이것을 선지자 엘리야가 뭔가 먹을 것을 구하였을 때, 실제로 자신에게 가장 소중한 마지막 남은 양식을 하나님의 말씀을 믿고 내어놓았습니다. 이것이 그녀에게 생의 전환점이었습니다. 세상 사람들은 누구든지 엘리야가 너무했다고 생각할 것입니다. 그러나 하나님은 전혀 다른 생각을 하시고 계셨습니다. 그녀는 기근이라는 최악의 어둠의 골짜기에서 하나님의 사람 엘리야의 말을 듣고 씨앗을 심었습니다. 풍성한 수확을 거두어들일 것이라는 하나님의 사람이 하는 말씀을 믿고 확신하였던 것입니다. 기꺼이 심은 결과는 하나님께서 기적적으로 그녀의 필요를 채워주셨던 것입니다. (왕상17:16)“여호와께서 엘리야를 통하여 하신 말씀 같이 통의 가루가 떨어지지 아니하고 병의 기름이 없어지지 아니하니라”

엘리야와 과부의 하나님은 우리의 하나님이십니다. 하나님은 예나 지금이나 변함이 없으십니다. 우리가 다른 사람의 필요를 충족

시켜 주려고 도와줄 때, 하나님께서는 우리의 필요한 것도 충족시켜 주실 것입니다. 하나님의 거룩한 사업에 부족한 부분은 제가 책임지겠습니다. 라고 이렇게 할 수 있는 사람을 하나님은 축복하여 주십니다.

5) 좋은 땅에 심기 바랍니다. 단순히 심는 것만으로 수확을 거두어들이는 것은 충분하지 못합니다. 그것을 어디에 심을 지를 주의 깊게 살펴보아야 합니다. 만일 시멘트 바닥에 심으면 당연히 수확 없습니다. 좋은 땅 옥토에 심어야 합니다. (막4:3-8)"들으라 씨를 뿌리는 자가 뿌리러 나가서 뿌릴새 더러는 길 가에 떨어지매 새들이 와서 먹어 버렸고 더러는 흙이 얕은 돌밭에 떨어지매 흙이 깊지 아니하므로 곧 싹이 나오나 해가 돋은 후에 타서 뿌리가 없으므로 말랐고 더러는 가시떨기에 떨어지매 가시가 자라 기운을 막으므로 결실하지 못하였고 더러는 좋은 땅에 떨어지매 자라 무성하여 결실하였으니 삼십 배나 육십 배나 백배가 되었느니라 하시고."

옥토는 무엇입니까? 하나님의 나라를 위하여 수확을 거두어들일 수 있도록 구별되고 헌신된 땅입니다. 말씀과 성령으로 치유되어 심령이 유들유들 부들부들 하여진 하나님의 말씀에 순종하는 마음의 땅입니다. 하나님의 말씀을 순수하게 믿는 마음입니다. 마음 안에 있는 영이 성령으로 장악되어 성령의 음성을 혼과 육이 순종하는 거듭난 심령입니다. 사업에 드려진 물질이 합당하게 운영되어 그리스도를 영화롭게 하고, 죽을 영혼을 살리고, 말씀을 중심으로 하는 믿음 생활과 선교 사역을 택할 때 옥토입니다. 주의 제단이 바로 그곳입니다. 교회가 바로 그곳입니다. 교회는 두 가지가 있습니다. 보이는 유형교회와 보이지 않는 무형교회입니다. 무형교회는 우리 심령에 있는 교회와 천국에 있는 교회입니다. 여러분의 심령에 있는 교회가 옥토가 되게 하시기를 바랍니다. 심령천국을 이루시기를 바랍니다. 그리고 심령이 치유되어 하나님과 영의 통로가 열린 좋은 땅에 돈을 심기 바랍니다. 그러면 하나님은 풍성하게 수확할 수 있도록 역사하실 것입니다.

6) 우리가 가진 씨앗은 가치가 있습니다. 현재 여건에 따라 씨앗의 가치는 결정됩니다. 가장 경제적으로 부족하고 힘들 때가 가장 소중한 시기입니다. 가장 가치 있는 시기입니다. 하나님에게 드리고자 원하는 재물의 씨앗이 거의 없을 때 "울며 씨를 뿌리러 나가는 자는 반드시 기쁨으로 그 곡식 단을 가지고 돌아오리로다"(시 126:6)는 말씀을 통하여 믿음이 자라기를 바랍니다. 하나님의 말씀은 가장 힘들 때 뿌리러 가는 그 씨앗은 틀림없이 기쁨의 수확을 거두어 드리게 된다고 약속하시는 것입니다.

누가는 구차한 중에 자기 생활비 전부를 드린 한 과부를 예수님께서 칭찬하고 있는 장면을 보여주었습니다. (눅21:4)"저들은 그 풍족한 중에서 헌금을 넣었거니와 이 과부는 그 빈곤한 중에서 자기가 가지고 있는 생활비 전부를 넣었느니라 하시니라."

그녀에게 남은 것은 하나도 없었습니다. 그렇기 때문에 그녀가 드린 바로 그것은 가장 가치가 있는 것입니다. 우리가 드린 씨앗인 돈이 고귀하다면, 그것은 하나님의 마음을 움직일 것입니다. 하나님을 감동시킬 것입니다. 하늘 보좌를 움직일 것입니다. 마침내 그것은 성공과 수확의 보장을 확실하게 가져올 것입니다. 하나님은 우리가 드린 후에 우리에게 얼마나 남아 있는지를 분명하게 아시고 계십니다. 그런고로 우리의 돈이 완전히 바닥이 났다고 하나님께 드리는 일을 중단해서는 안 됩니다. 오히려 바로 이것 이외엔 한 푼도 없습니다, 라고 할 때, 바로 그것으로 하나님에게 나아가는 배수진을 치는 절실함이 절절히 베인 모험이 우리에게 필요한 것입니다. 하나님은 우리에게 이 믿음을 보시고 역사하십니다.

7) 하나님께 행운이란 없습니다. 하나님의 축복에 우연이란 없습니다. 하나님의 축복에 행운이란 없습니다. 요행이 없습니다. 하나님에게 원리가 있고 그 원리는 완전무결합니다. 에누리가 없습니다. 사렙다 과부는 이 원칙을 알았고 믿었기에 그녀의 궁핍을 돌아보지 않고 하나님만을 바라보고 행동하였을 때 엄청난 축복을 배로 받았던 것입니다. 과부는 드렸고 그리고 하나님은 그녀에게 풍성한 양식으로 되돌려 주셨습니다.

그녀는 행운을 바라고 뛰어든 것이 아닙니다. 요행을 바란 것이 아닙니다. 하나님의 원칙을 믿었던 것입니다. 하나님의 원리를 자신의 삶에 있는 그대로 적용하였던 것입니다. 바로 우리도 그렇게 하여야 합니다. 우리가 진정한 축복을 원한다면 성경적인 경제 원리를 따라야 합니다. 하나님께서는 원리에 따라 행하시는 원칙주의자이십니다. 믿으면 구원이요, 행하면 축복입니다. 심으면 거둡니다. 우리가 가진 최상의 것을 그에게 드리면 그가 그것을 배로 거두게 하시는 것이 그분의 경제 원리입니다. 자신의 최상의 것을 그만큼 되어서 우리에게 주신다고 성경은 말씀하십니다. 되돌려 주신다고 하십니다.

3. 적극적으로 축복을 끌어 당겨라. 마지막으로 적극적으로 문제를 찾아 몰아내고 축복을 끌어 당겨야합니다.

1) 나에게 임한 사단이 일으키는 재정의 고통의 줄을 끊으시기 바랍니다.

① 갈라디아서 3장 13절에 의하여 "나는 예수의 희생으로 저주에서 속량되었다. 나는 예수의 이름으로 믿음을 실천하여 나와 나의 자손들에게 혈통으로 대물림되는 모든 재정의 저주는 끊어질지어다."

② 예수의 피로 말미암아 조상들의 죄와 나의 모든 죄는 사함을 받았고 하나님의 말씀에 대한 불순종과 반항의 결과로 내린 마귀의 저주로 인하여 나와 가족들에게 혈통으로 대물림되는 모든 재정의 저주는 끊어질지어다.

③ 나는 예수의 이름으로 나와 가족 위에 내린 모든 마귀의 저주를 모두 끊노라! 사업의 어려움, 빈곤, 궁핍, 부채의 모든 마귀의 저주는 끊어질지어다.

④ 나의 경제상태, 대인관계에 영향을 주는 마귀의 역사는 끊어질지어다. 사업방해, 빈곤, 궁핍, 부채, 거지, 환난의 영의 줄은 예수 이름으로 끊어질지어다.

⑤ 나의 경제상태, 사업의 문제, 대인관계에 영향을 주는 마귀의 역사는 예수 이름으로 끊어질지어다. 사업, 빈곤, 궁핍, 부채, 거지, 환난의 영은 예수의 이름으로 명하노니 내게서 영원히 떠나갈지어다.!

⑥ 사업을 방해하던 악한 마귀 악귀가 떠나간 자리에 축복의 영이 임할지어다. 우리 사업장에 축복이 임할지어다. 거래처가 날마다 늘어날지어다. 손님이 자꾸 늘어날지어다. 천사들아 거래처를 늘려라. 천사들아 손님들을 모셔올지어다. 나의 손에 재물을 얻는 능력이 임할지어다. 우리 남편의 손에 재물을 얻는 능력이 임할지어다. 절대로 비워두지 말아야 합니다. 심령을 비워두면 마귀가 다시 들어와 집을 짓게 됩니다.

2) 사단이 사업이 잘되지 않게 방해하던 대물림의 줄이 끊어짐을 믿고 감사하라. 담대하게 선포하라.

① 나는 믿음을 실천하며 또 입으로 시인하여 구원에 이름을 알고 있다. 나는 아브라함의 축복이 나의 것임을 시인한다. 나는 저주 아래 있지 않고 축복을 받았다. 나는 꼬리가 아니고 머리다. 나는 밑에 있지 않고 위에 있다.

② 나는 들어와도 복을 받고 나가도 복을 받는다. 나는 축복을 받았고 또 하나님께서 앞으로 더욱 축복하실 것이다. 주님, 저의 인생에 작용했던 모든 마귀의 저주에서 저를 자유하게 하심을 감사드립니다.

4. 꿈을 가지고 앞으로 가라. 이제 하나님이 나에게 반드시 복을 주신다는 꿈을 가지고 앞으로 갑시다.

1) 아브라함에게 이 꿈이 들어왔습니다. 그의 나이 75세였습니다. 그러나 나이가 문제되지 않았습니다. 그는 새로운 미지의 세계, 가나안을 향해서 출발했고 뜻을 이룰 수 있었습니다.

2) 요셉에게도 이 꿈을 넣어 주셨습니다. 그 꿈대로 그는 애굽의 총리가 되어 최후를 맞았습니다. 그리고 그는 "내 해골을 메고 맨 앞에 서서 가나안으로 가라"라고 후손들에게 비전을 제시했습니다. 똑같은 형제들이 11명이나 있었지만 하나님은 요셉에게 꿈을 넣어 주셨습니다.

3) 똑같은 형제들이 있지만, '야베스'에게 꿈을 넣어 주셨습니다. 역대상 4장 9-10절에 보면 "야베스는 그의 형제보다 귀중한 자라 그의 어머니가 이름하여 이르되 야베스라 하였으니 이는 내가 수고로이 낳았다 함이었더라 야베스가 이스라엘 하나님께 아뢰어 이르되 주께서 내게 복을 주시려거든 나의 지역을 넓히시고 주의 손으로 나를 도우사 나로 환난을 벗어나 내게 근심이 없게 하옵소서 하였더니 하나님이 그가 구하는 것을 허락하셨더라"라고 했습니다. 당신에게도 야베스의 꿈이 이루어지시길 바랍니다. 수많은 사업체 중에 여러분이 경영하는 사업체 위에 꿈과 비전과 환상을 주시기를 주의 이름으로 축원합니다.

④ 이새의 아들 중 다윗에게도 꿈을 넣어 주셨습니다. "너희 안에서 행하시는 이는 하나님이시니 자기의 기쁘신 뜻을 위하여 너

희에게 소원(꿈=비전)을 두고 행하게 하시나니"(빌 2:13). 수많은 사람들 가운데 하나님께서 여러분에게 꿈을 주시기를 주의 이름으로 축원합니다. 다윗처럼 위대한 시온의 꿈을 이루시길 바랍니다.

⑤ 수많은 사업주 가운데 우리교회에 속한 사업장에 하나님께서 꿈과 비전을 주시기를 축원합니다. 우리 충만한 교회가 세상에 축복을 전하는 근원이 되게 기도하시고 축복하시기를 축원합니다. 교만한 사람은 어려운 것을 쉽게 생각하다 실패합니다. 실패를 통해 지혜를 배우면 그것은 절반의 성공입니다. 요셉은 바로 이 실패의 자리에서 일약 총리가 된 위대한 사람이 되었음을 명심합시다.

충만한 교회에서는 매주 월-화-금-토요일 1주전 전화(02-3474-0675) 예약하여 온몸집중기도 내적치유 시간이 있습니다. 대상자는 여기서도 저기서도 치유와 능력을 받지 못한 분/ 성령으로 깊은 기도를 하고 싶은 분/ 병원에서 포기한 질병을 치유 받을 분/ 코로나19 후유증으로 고생하는 분/ 방언기도를 포함한 성령의 은사와 권능을 단기간에 받고 싶은 분/ 마음이 불안하고 두려워서 고통 하는 분, 불치병, 귀신역사를 빨리 치유 받을 분/ 목, 허리디스크, 허리어깨통증, 근육통, 온몸이 아프고 무거움에서 치유해방 받고 싶은 분/ 자녀나 본인의 우울증, 공황장애, 조울증, 불면증을 빨리 치유 받을 분/ 가슴이 답답하고 기도하기가 힘이 드는 분/ 생업과 목회로 영육의 탈진에 빠져서 고통당하시는 분/ 성령의 불세례를 체험하고 싶은 분/ 최단기간에 성령치유 능력 받고 싶은 분이 참석하시면 쉽게 만족한 효과를 거둘 것입니다.

10장 인생의 참 성공의 영적 비결

(눅 6:38)"주라 그리하면 너희에게 줄 것이니 곧 후히 되어 누르고 흔들어 넘치도록 하여 너희에게 안겨 주리라 너희가 헤아리는 그 헤아림으로 너희도 헤아림을 도로 받을 것이니라"

이 세상에 태어난 모든 사람들은 삶이 성공하기를 그 누구하나 예외 없이 간절히 원하고 있습니다. 그리고 하나님께서도 인생들이 참으로 성공하고 행복하게 살기를 원하고 계십니다. 그런데 일반적으로 대 다수의 사람들은 성공과는 정 반대되는 생활 철학을 가지고 살고 있습니다. 그것은 탐욕이나 욕심을 중심으로 한 생활 태도인 것입니다. 내가 남에게 주는 대신 받으려고만 하고 남을 기쁘게 해 주는 것보다도 자기가 기쁨을 받으려고 하는 것이 오늘날 세상적인 사람들의 일반적인 태도인 것입니다.

성도들도 하나님께 드리는 것보다는 하나님께 받으려고 기도드리며 하나님을 기쁘시게 하는 것보다도 내가 어떻게 하면 하나님께로부터 기쁨과 만족을 받을 수 있을까 이 자아 중심적인 이와 같은 신앙생활을 하는 사람이 많습니다. 저는 미국에서 일선 직장에서 은퇴한 노인이 백만장자가 된 이야기를 읽어보고 큰 마음에 감동을 얻었습니다. 이 사람의 이름은 레이만 프레슬리라는 일리노이 주의 마칸타업에서 우체부로써 20년 동안 공직하고 은퇴를 했습니다. 그는 은퇴할 때 보잘 것 없는 연금과 은행 예금 천백 불 밖에는 손에 쥔 것이 없었습니다.

그런데도 불구하고 그는 현재 82세이며 그가 경영하는 미국 전역에 상지하는 여행사의 한해 매출액은 약 700만 달러, 우리 한화로 53억이 됩니다. 어떻게 해서 우체부로써 젊은 날을 다 보내고 은퇴해서 이제 세상에서 별 볼일 없는 사람으로 생각하는 사람이 은퇴한 후에 기업을 시작해서 이렇게 큰 여행사로 성공할 수 있었냐 하는 것입니다. 이 사람은 조금한 읍에 우체부로 있을 때부터 그는 나무를 사랑하고 꽃을 사랑하고 새를 사랑하고 동물을 사랑했습니다. 그래서 사람들에게 나무나 꽃이나 동물 이런 것을 설명해 주는 것을 대단히 기뻐했습니다.

그런데 은퇴를 하고 있으니 그곳에 있는 사람들이 바다를 보기를 간절히 소망했습니다. 미국에는 육지가 너무 크기 때문에 일생을 살면서 바다를 구경하지 못한 사람들이 많습니다. 바다를 한번 봤으면 좋다. 바다를 한번 보았으면 좋겠다고 하기에 그가 자원해서 그럼 관광단을 동원해서 내가 저 바다를 볼 수 있도록 플로리다로 인도해 주겠다고 자원을 했습니다. 그는 한 푼의 보수도 요구하지 아니하고 자원해서 바다를 구경해 드리고 바다의 여러 가지 형태와 생태를 설명해 주겠다고 했습니다. 그래서 첫 관광단을 조직해 보니까 540명이 바다를 구경하러 가겠다는 관광단이 생겼습니다.

그래서 자기의 개인적인 비용은 자기가 대면서 마이에미에 가서 바다 구경을 시키고 난 다음 그 곳에 모인 사람들이 고맙다고 화폐 120불을 모아 주었습니다. 그런데 그가 바다 설명을 잘하고 구경을 잘 시켜주었기 때문에 사람들이 모여서 이제는 산 구경을 시켜달라, 또 다른 도시 구경을 시켜달라고 합니다. 이래서 이분은 헌신적으로 이 사람들을 위해서 섬기며 봉사했습니다. 자기가 섬김을 받으려고 한 것이 아니라 다른 사람들을 섬기고 자기가 기쁨을 얻으려고 한 것이 아니라 다른 사람을 기쁘게 하기 위해서 헌신을 하니가보니까 자연스럽게 여행사를 세우게 되고, 그 여행사가 얼마나 눈부시게 성장하고 발전했던지 작년 한해 매출액이 53억 원을 넘어섰고 그는 82세에 큰 여행사 사장으로서 지금도 원기왕성하고 기쁘게 사람들에게 봉사하고 있다는 것입니다.

이 사람의 성공비결은 관광객을 섬기므로 관광객을 전심전력으로 기쁘게 하므로 성공하게 된 것입니다. 바로 인생을 살아가면서 인간이 이 세상에서 성공하느냐, 실패하느냐 하는 것은 그 삶의 자세와 태도에 절대적으로 달려 있는 것입니다.

1. 인생을 성공적으로 사는 하나님의 원리. 우리가 알아야 할 것은 이 세상 인생을 성공적으로 사는 데는 하나님의 원리가 있다는 사실을 알아야 됩니다. 하나님께서는 하나님 자신이 전 우주를 지었음에도 불구하고 하나님은 끊임없이 주시는 것으로 그 존재의 근원을 삶고 있는 것입니다. 성경에는 "하나님이 세상을 이처럼 사랑하사 독생자를 주셨으니라"고 말하고 있습니다. 우리 모든 세상

사람들은 내게 주시옵소서. 내게 주시옵소서. 받기를 원하지만 하나님께서는 우리 이 세상에 아름다운 태양을 주셨습니다. 밝은 달을 주셨습니다. 공기를 주시고 물을 주셨습니다. 저 검 푸른 바다와 그 밑에 있는 수많은 어족들을 주셨습니다.

우리 주님께서는 우리에게 오곡백과를 주셨고 우리의 삶을 값없이 주신 것입니다. 그런데다가 죄를 짓고 불의하고 추악하며 버림을 받아야 마땅한 인생들에게 하나님은 그 아들 예수님을 아끼지 않고 주셔서 우리를 위해 희생 제물로 삼아주신 것이 하나님의 원리인 것입니다. 그러므로 하나님과 함께 하려고 하는 사람은 주시는 하나님의 대해서 우리도 주는 마음으로써 하나님을 만나야 올바르게 하나님을 만날 수 있는 것입니다. 하나님 속에는 이기주의라는 것은 있을 수가 없는 것입니다.

예수님을 보십시오. 하나님의 뜻을 좇아 자기의 일생을 인생을 위해서 주셨습니다. 하늘 보좌와 그 영광을 내어 던져 버리시고, 예수님은 동정녀 마리아의 몸에 자신을 던져 잉태하게 하시고, 이 땅에 태어나셔서 33년 동안 사람들에게 자기 생명을 퍼 부어주는 일을 하셨습니다. 우리 주님께서는 급기야 십자가에 자기 몸을 스스로 내어주신 것입니다. 어떤 누가 강요해서 십자가에 올라간 것이 아니라, 스스로 자원해서 여러분과 나를 살리기 위해서 인생의 생명을 내어주신 것입니다. 예수님은 십자가에 못 박혀 몸 찢고 피 흘려주시므로 우리의 과거와 현재와 미래의 죄악을 하나도 남김없이 다 청산해 주시므로 누구든지 저를 믿으면 용서함을 받고 의로움을 받고 멸망하지 않고 영생을 얻도록 하여 주셨습니다. 십자가를 통하여 하나님과 우리의 원수 된 것을 다 철폐하시고 하나님과 우리 사이를 화목하게 해 주셨으며 성령을 주셔서 우리가 정결히 살 수 있고 성령의 능력으로 살 수 있게 만들어 주신 것입니다.

예수님은 십자가를 통해서 우리의 연약함과 질병을 친히 짊어지고 가시므로 오늘 우리가 연약과 질병 중에서 주님께 부르짖을 때 주께서 우리 병을 고치시고 건강한 삶을 얻도록 주님께서 만들어 주셨으며 십자가에서 하늘과 땅 사이에 저주를 받아 벌거벗고 못 박혀서 수치와 곤욕을 느낌으로 아담 이후 저주받은 인류들의 모든 죄를 주님께서 다 대신 지셨고 십자가에서 죽음의 쓰디쓴 고통을 체험하시므로 사망의 음침한 골짜기에 사는 우리들에게 영원한 천국의 빛을 허락해 주신 것입니다.

이러므로 예수님은 당신 자신이 대접을 받으려고 한 것이 아니라, 우리를 대접하기 위해서 오셨습니다. 당신 자신의 생명을 취하기 위해서 오신 것이 아니라 우리를 위해서 자신을 주시기 위해서 오신 것입니다. 보혜사 성령을 보십시오. 그는 하늘 보좌를 버리시고 지금은 성경에 있는 말씀대로 교회가운데 와 계시며 나 한 사람 한 사람 속에 와 계셔서 우리 연약함을 도와주시고 우리를 붙들어 주시기 위해서 오신 것입니다. 성령은 당신 자신을 위해서 와 계신 것이 아니라, 바로 교회를 위해서 우리 자신을 가르치기 위해서 깨우치기 위해서 회개하게 하기 위해서 성결케 하기 위해서 변화시키기 위해서 승리하게 살 수 있도록 하기 위해서 역사하고 계시는 것입니다.

그러므로 하나님의 원리라고 하는 것은 주는데 있지 받는데 있지 않습니다. 그렇기 때문에 오늘 우리가 진실로 성공적인 인생을 살려면 하나님의 원리를 배워서 그 가르침을 좇아 살아야 되는 것입니다. 성경에는 "남에게 대접을 받고자 하는 자는 먼저 남을 대접하라. 이것이 율법이요. 선지자"라고 말합니다. 우리는 세상에 살면서 남에게 언제나 대접을 받으려고 생각을 했었습니다. 그러나 성경에는 먼저 남을 대접하라고 말씀하고 계십니다. 이것이 바로 율법이요. 이것이 바로 선지자라고 말하는 것입니다.

이러므로 하나님께서 인생을 바라보는 태도와 인간이 스스로 인간세계를 바라보는 태도는 너무나 틀린 것입니다. 이렇기 때문에 인생들은 탐욕을 가지고 무엇이든지 자기가 먼저 대접을 받으려고 하고, 자기가 먼저 섬김받으려고 하므로 이 우주의 법칙을 거역하고 있는 것입니다. 그러기 때문에 하나님께서 이러한 사람들에게 은총과 축복을 주실 수 없으십니다.

우리 한국 사람처럼 대접하기를 좋아하고 주기를 좋아하는 민족이 없습니다. 그렇기 때문에 우리 한국 사람은 하나님의 법칙에 의해서 축복을 받게 되어 있는 것입니다. 두고 보십시오. 주기를 좋아하는 민족이 이 세상에 망할 수 없는 것은 하나님의 원리를 따라 살고 있기 때문인 것입니다. 우리나라가 잘 살면 우리 민족이 일어나서 온 세계에 걸쳐 못사는 민족과 나라에게 도와주는 우리나라가 될 줄 확실히 믿고 있습니다. 성경에는 "주라 그리하면 돌려 줄 것이니. 곧 눌러 흔들어 넘치게 해서 안겨 주리라" 했었으니 이 얼마나 놀라운 것입니까?

그러므로 성경에는 "그 나라와 그 의를 먼저 구하라. 그러면 이 모든 것을 너희에게 더하시리라." 했으므로 오늘 하늘나라의 원리는 이 대한민국의 백성들의 마음에 원리와 대단히 일치하고 있는 것입니다. 이것은 바로 우리 한국 민족들이 많이 예수 믿게 되고 그리고 하나님의 나라 역사가 이 나라에게 크게 임하는 것은 우리 국민적인 마음의 심상이 하나님의 원리와 일치하는 점이 많기 때문에 그렇다고 저는 생각을 하고 있습니다.

2. 마귀의 파괴적인 원리. 오늘 우리가 이곳에 심각하게 생각해 보고자 하는 것은 마귀의 파괴적인 원리인 것입니다. 마귀는 섬김을 받으려고 하고 **빼앗으려고** 하고 자기가 기쁨을 독차지하려고 하는 것입니다. 원래 마귀에 이름은 루시퍼였습니다. 그는 하나님의 보좌를 덮는 그룹이었습니다. 천사 중에 가장 힘이 있고 아름다운 천사였습니다. 그러나 어느 날 마귀는 자기의 그 영화로움을 바라보고 자기의 아름다움과 능력만을 바라보고 그 마음속에 잘못된 생각을 품게 된 것입니다. 천국의 존재 원리를 바꾸어서 마귀의 원리를 만든 것입니다.

섬기려고 하지 않고 섬김을 받으려는 마음이 들어오자 자기도 하나님처럼 되어서 자기의 보좌를 하나님 보좌에 나란히 하고 자기가 하나님처럼 섬김을 받겠다고 생각하는 것입니다. 섬기려고 만들어진 자가 섬김을 받겠다고 말하고 기쁨을 드리기 위해서 만들어진 자가 기쁨을 자기가 독차지하려고 하자 그는 사탄이 되고 만 것입니다. 그래서 하나님께서 그를 더럽게 여기셔서 하늘에서 찍어내어 던져버린 것입니다. 하나님께서는 하나님의 형상과 모양을 따라 아담과 하와를 만드시고 그에게 먹기도 좋고 보기도 좋은 실과가 많이 나는 상함도 해함도 없는 에덴동산을 만들어 주셨습니다.

그리고 아담과 하와를 그곳에 두셨습니다. 그리고 아담과 하와가 진실로 하나님의 원리를 좇아 살기를 주님께서 원하셨습니다. 그런데 원수 마귀가 와서 마귀의 생활 원리를 아담과 하와에게 심어준 것입니다. 아담과 하와를 꾀어서 하나님을 섬기는 대신에 오히려 섬김을 받기를 원하고 하나님을 기쁘시게 하는 대신에 자기들이 기쁨을 받을 수 있도록 하나님처럼 되도록 꾀었습니다. 그래서 아담과 하와가 하나님이 지어주신 에덴 동산에 하나님의 축복을 받고 살면서 마귀의 존재 원리를 받아드려서 자기들도 하나님처럼 되고 자기들이 오히려 섬김을 받고 기쁨을 받을 수 있는 존재가 되겠다고 결심하고 하나님을 반역하고 만 것입니다.

결과로 아담과 하와는 하나님의 세계에서 쫓겨나 저주받은 세상에서 오늘날 온 인류를 저주의 가시와 엉겅퀴 속으로 집어 넣어버리고 만 것입니다. 아담과 하와의 아들 중에 가인과 아벨이 있는데 가인과 아벨의 생활 철학을 보십시오. 하나님께서는 하나님께 나올 때는 하나님의 뜻을 좇아 온 인류를 위해서 장차 와서 몸을 찢고 피를 흘려 죽어주실 나사렛 예수를 상징하는 어린양을 잡아 그 기름과 피로써 하나님께 제물을 드리라고 명령하셨을 때 아벨은 하나님을 기쁘시게 하기 위해서 하나님을 섬기기 위해서 하나님 뜻대로 교회를 쌓고 어린 양을 잡아 피를 흘리고 그 기름으로 하나님께 제물을 드렸더니 하나님께서 하늘에서 불을 내려서 그 제물을 받으시고 하나님이 기뻐하셨습니다.

그러나 가인은 똑같이 하나님께 교회를 쌓았습니다. 무실론 자가 아니었습니다. 그는 하나님 앞에 제물을 드릴 때 하나님 중심으로 드리지 않았습니다. 그는 하나님을 섬기는 것보다도 자기의 생각을 섬기려고 한 것입니다. 내 생각에는 하나님 생각보다 양의 피나 기름으로 드리지 말고 곡식을 드리는 것이 낫겠다. 그래서 그는 하나님 생각보다도 자기 생각을 주장하고 하나님을 기쁘시게 하는 것보다도 자기가 손으로 지은 곡식을 드려서 자기 자랑을 하므로 자기를 기쁘게 하겠다고 생각을 한 것입니다. 여기에서 같은 형제이지만 아벨은 하나님의 존재 원리를 따라 성공적인 삶의 원리를 터득했고 가인은 마귀의 존재 원리를 따라 이기주의적인 탐욕적인 원리대로 산 것입니다.

그래서 그는 똑같이 교회를 지었으되 하나님 뜻대로 양을 제물로 드리지 아니하고 자기 뜻대로 곡식을 드렸으며 하나님을 기쁘시게 하려고 하지 않고 자기 마음을 기쁘게 하기 위해서 제물을 드렸으나 하나님이 응답하지 않으셨습니다. 하나님께서 그를 미워하시매 나중에 가인이 시험에 들어서 동생 아벨을 쳐 죽었으나 아벨의 이름은 천천세세에 성경에 믿음의 위대한 인물로 기록되어 있고 하늘나라에서 하나님이 그를 높이 받들어 주신 것입니다.

오늘날 수많은 교회가 있습니다만 그 교회가 모두 다 하나님이 기뻐하는 교회가 되지 않고 있다는 사실을 우리는 알아야 합니다. 가인의 교회도 있고 아벨의 교회도 있습니다. 다 같이 교회당 건물을 지어놓고 십자가를 달아 놓고 성경을 읽고 찬송을 하고 기도를 합니다. 그러나 많은 교회가 하나님의 뜻을 좇아 주 예수그리스도를 중심으로 모시고, 예수의 보배로운 피와 성경과 말씀을 따라서 하나님께 기쁜 예배를 드립니다. 그러나 교회를 지어놓고 인간 생각으로 예수 십자가나 성경을 중심으로 하지 아니하고 인간의 정치적인 이념이나 사회 개혁이나 사회 개혁 복음을 가지고서 이끌어가는 분별이 필요한 교회도 있습니다.

이런 교회는 예수 십자가 보혈을 전하지 않습니다. 동정녀 마리아 탄생을 부인합니다. 성경의 기적을 인정하지 않습니다. 교회라는 한 단체의 모임을 통해서 사회 개혁을 주장하고, 이 세상의 복지를 전진하는 것이 교회의 목적으로 삼고 있습니다. 외면적으로 보면 좋은 것 같아도 그 교회는 하나님께 기쁘게 드리는 교회가 아니요. 하나님을 기쁘게 섬기는 것이 아니라, 사람을 기쁘게 하고 사람을 섬기는 우상의 교회이므로 하나님께서 그 교회를 버리시는 것입니다.

이러므로 우리가 이 세상에 살면서 여러 교회 왔다 갔다 하지만 교회를 잘못 택하면 그로 말미암아 하나님 섬기는 대신에 인본주의적인 우상을 섬기다가 결국에는 하나님의 심판을 받아 지옥에 떨어질 수밖에 없는 위험에 떨어지게 되는 것입니다. 이러므로 이 세상에 마귀의 원리인 탐욕과 이기주의에서 떨어져서는 안 됩니다. 내게만 달라고 하는 내 중심에서 살면 안 됩니다. 나를 기쁘게 하고 나를 섬기는 삶은 결국 올무에 빠지고 우주에서 파멸되어 버리고 마는 것입니다.

3. 참 생활의 지혜를 알고서 세상을 살자. 우리가 하나님 앞에 진실로 알아보고자 하는 것은 참 생활의 지혜를 알고서 우리가 이 세상을 살아가자는 것입니다. 우리는 하나님과 이웃을 사랑 하므로 우리가 사랑을 받을 수 있는 것입니다. 이 세상 사람들이 모두 다 사랑을 갈급하게 구하고 있습니다. 사람들은 사랑 없이 살 수 없습니다. 왜냐 하면 사람은 하나님의 형상과 모양대로 지음 받았습니다. 성경에 하나님은 사랑이라고 말했습니다. 그러므로 사람들마다 모두 다 사랑 받기를 원하고 있습니다. 마귀는 이 세상에 와서 사랑과 정 반대인 미움을 심어 놓았습니다. 인간이 타락해서 미움의 종이 되어서 서로 미워하고 물고 찢고 살지만, 그러나 사람의 중심에는 모두 다 사랑을 갈급히 찾고 있는 것입니다. 아버지도 어머니도 사랑을 찾고 있습니다.

자녀도 이웃도 사랑을 찾고 있습니다. 오늘날 수많은 가정이 파괴되는 것은 부부간에 물질이 없어서 그런 것이 아니라, 사랑과 이해와 동정의 부족으로 파괴됩니다. 자녀들이 가정을 뛰쳐나가서 사회의 무리를 일으키는 못된 자녀가 되는 것도 부모의 사랑과 이해와 동정의 부족으로 그렇게 되는 것입니다. 오늘날 사회가 이렇게 어수선하고 물고 찢고 분쟁으로 꽉 들어 찬 것은 우리 서로 서로 이해하고 동정하는 그 사랑이 부족해서 그와 같이 되는 것입니다. 그러므로 참 생활의 지혜란 하나님과 이웃을 사랑하면서 사는 것입니다. 사랑을 하면 내가 사랑을 받게 되고 사랑을 하지 않게 되면 나도 사랑을 받지 못하게 되는 것입니다.

주라 그리하면 돌려주겠다고 말한 것입니다. 주는 것이 없이 받기만 하겠다면 이것은 사탄의 생활 원리요. 하나님의 삶의 원리가 아닌 것입니다. 하나님과 이웃을 기쁘게 해 주십시오. 당신이 기쁨을 얻을 것입니다. 남편은 아내를 기쁘게 해 주십시오. 그러면 아내가 당신을 기쁘게 해 줄 것입니다. 아내는 남편을 기쁘게 해 주려고 노력을 해 보십시오. 그러면 남편이 당신을 기쁘게 해 주실 것입니다. 자녀는 부모를 기쁘게 해 드려 보십시오. 부모가 자녀에게 기쁨을 주려고 할 것입니다. 하나님을 기쁘시게 하려고 전력을 기울려 보십시오. 하나님께서 우리에게 기쁨을 부어주실 것입니다.

이웃을 도와주십시오. 그러면 우리가 도움을 받습니다. 오늘날 장사하는 사람들이 어떻게 하던지 일확 천금하기 위해서 적당히 이웃을 속이고 혹은 외국을 속이고 엉터리 물건을 팔아서 먹고 도망치려고 했지만 이러한 사람은 일시적으로 한두 번 성공할지 몰라도 나중에는 파탄에 이르고 맙니다. 사업이라는 것은 내가 원가로 가장 품질 좋은 물건을 만들어서 사람들을 행복하게 만들어 주는 것입니다. 사람들의 삶을 윤택하게 하고 부유하게 만들어 줘야 하는 것입니다. 그렇게 해서 이웃을 잘 섬기면 이웃 사람들이 그 댓가로 물건을 사주고 그러므로 말미암아 축복을 받아서 사업도 번창하고 무역도 잘되게 되는 것입니다.

이것이 바로 하나님의 원리인 것입니다. 그러나 그렇지 않고 내가 나쁜 물건을 비싸게 속여서 만들어 일시적으로 팔아먹고 적당히 하여 자기만 잘 살겠다는 이기주의적인 생각을 가진다면 그는 일시적으로 한두 번은 성공할지는 몰라도 그 다음에는 자기의 파탄의 올무를 만들고 자기 무덤을 스스로 파게 되는 것입니다. 이웃을 도와주십시오. 이웃을 성공시켜 주십시오. 그러면 이웃이 당신을 도와주고 또 이웃이 당신을 성공시켜 주실 것입니다. 우리가 내 스스로의 성공을 추구하지 말고 이웃을 성공시켜 주면 이웃사람이 와서 나를 성공하게 만들어 주는 것이 오늘날 너무나 잘 알려진 원리인데도 불구하고 사람들은 이 원리를 외면하고 있는 것입니다.

하나님과 이웃을 섬기십시오. 그러면 반드시 이 세상에 살면서 섬김을 받습니다. 오늘날 교회에 나오는 수많은 사람들이 철야하고 금식하고 기도하면서도 섬기려는 근본적인 마음의 바탕보다도 하나님이여 나를 섬겨주십시오. 나의 문제를 해결해 주시고 나의 가족을 구원해 주시고 나의 병을 고쳐주시고 나에게 축복을 주시고 내게 행복을 주십시오. 그래서 하나님을 어떤 부자 방망이로 생각하고 하나님을 이용해서 내 스스로가 섬김을 받고 내가 출세하고 내가 행복하고 내 즐거움을 얻으려고 하는 사람들이 얼마나 많은지 모릅니다. 이러한 신앙은 잘못하면 기복신앙으로 떨어지고 이것이 미신적인 신앙으로 떨어지게 되는 것입니다.

우리가 참으로 하나님께 복을 받는 길은 하나님과 이웃을 섬길 때 하나님께서는 더 잘 섬기게 해서 복을 내려주시는 것입니다. 이러므로 하나님께 내게 축복을 주시옵소서. 기도하지 말고 하나님이여 내가 하나님을 섬기기 위해서 내가 교회를 섬기기 위해서 내가 이웃을 섬기기 위해서 하나님이여 내게 지혜도 주시고 총명도 주시고 건강도 주시고 물질적인 축복도 주시고 출세도 하게 하여 주시옵소서. 우리가 섬기기 위해서 하나님께 축복을 구할 때 이것은 우리가 참으로 축복 받을 수 있는 마음가짐을 가지고 구하는 것입니다. 그러나 섬김이 없이 내 자신의 욕심을 따라서 하나님께 축복을 구하면 이것이야말로 기복신앙이요, 이것이야말로 미신적인 신앙이 되어버리고 마는 것입니다.

이러므로 우리가 하나님께 나아 갈 때 참생활의 지혜를 얻어서 나아가야만 할 것입니다. 아담의 후손으로 태어난 사람들은 태어나서부터 탐심과 욕심 탐욕의 노예로써 태어납니다. 그 정도의 차이는 있을지라도 이와 같은 상태를 그 어느 누구하나 피할 수가 없습니다. 그렇기 때문에 사람들의 생활태도는 자기중심주의요. 이기주의로 점철되어 있는 삶을 살고 있습니다. 이 때문에 이 세상에 분쟁과 싸움과 시기와 분노와 질투와 전쟁과 살상이 그치지 않는 것입니다. 자기중심주의 이기주의가 판치는 곳에는 죄와 사망과 분쟁과 고통이 그치지 않을 뿐 아니라, 삶이 불행하고 실패가 됩니다.

참 행복과 성공의 삶은 하나님을 닮은 삶이라는 것을 알아야 할 것입니다. 모든 삶의 동기와 실행을 하나님과 사람을 섬기는데 두어야만 하는 것입니다. 이것이 없이 우리의 삶은 결코 참 평안과 행복과 기쁨을 누릴 수가 없을 것입니다. 이와 같이 일반적으로는 하나님 중심으로 섬기고 살면 어리석은 삶을 사는 것 같이 보이나 세월이 흐르고 보면 그 길이 참 성공과 승리와 축복의 길인 것입니다. 성경에는 하나님이 세상을 이처럼 사랑하사 독생자를 주셨다고 말하고 있습니다. 하나님의 아들 예수를 믿고 구원받은 우리들은 하나님께 시간 드리고 물질 드리고 몸 드리고 정성 드려 하나님을 섬기고 하나님의 형상과 모양대로 지음 받은 인류를 주께로 인도하기 위해서 열심을 다하여 섬길 때 이러한 사람에게 하나님께서 하늘 문을 여시고 흔들어 넘치게 하셔서 영혼이 잘됨같이 범사에 잘되며 강건하고 생명을 얻되 넘치게 얻는 축복을 허락해 주실 것입니다.

11장 물질 형통의 복을 받는 원리

   (수 1:1-9)"여호와의 종 모세가 죽은 후에 여호와께서 모세의 수종자 눈의 아들 여호수아에게 말씀하여 이르시되 내종 모세가 죽었으니 이제 너는 이 모든 백성과 더불어 일어나 이 요단을 건너 내가 그들 곧 이스라엘 자손에게 주는 그땅으로 가라. 내가 모세에게 말한 바와 같이 너희 발바닥으로 밟는 곳은 모두 내가 너희에게 주었노니 곧 광야와 이 레바논에서부터 큰 강 곧 유브라데 강까지 헷 족속의 온 땅과 또 해 지는 쪽 대해까지 너희의 영토가 되리라. 네 평생에 너를 능히 대적할 자가 없으리니 내가 모세와 함께 있었던 것같이 너와 함께 있을 것임이니라 내가 너를 떠나지 아니하며 버리지 아니하리니 강하고 담대하라 너는 내가 그들의 조상에게 맹세하여 그들에게 주리라 한 땅을 이 백성에게 차지하게 하리라. 오직 강하고 극히 담대하여 나의 종 모세가 네게 명령한 그 율법을 다 지켜 행하고 우로나 좌로나 치우치지 말라 그리하면 어디로 가든지 형통하리니 이 율법책을 네 입에서 떠나지 말게 하며 주야로 그것을 묵상하여 그 안에 기록된 대로 다 지켜 행하라 그리하면 네 길이 평탄하게 될 것이며 네가 형통하리라. 내가 네게 명령한 것이 아니냐 강하고 담대하라 두려워하지 말며 놀라지 말라 네가 어디로 가든지 네 하나님 여호와가 너와 함께 하느니라 하시니라"

하나님은 형통의 하나님이십니다. 하나님은 미국을 형통의 복으로 축복하고 계십니다. 미국은 지상에서 가장 강한 나라입니다. 지구에서 가장 잘 사는 부자나라라는 것입니다. 물론 오늘날 미국은 국민들의 과소비로 인하여, 또한 정부지출의 과다로 인하여, 천문학적인 무역적자와 재정적자로 말미암아 고민을 하고 있지만 그럼에도 불구하고, 미국은 그 거대한 국토와 한없는 자원을 가지고 있는 나라로써 국민전체가 별로 염려 근심하지 않고 아주 번영을 누리면서 잘 살아가고 있습니다. 이와 같은 형통한 나라를 볼 때 저는 마음 깊숙하게 질투 비슷한 부러움을 느끼지 않을 수가 없습니다.

제3세계 사람들은 한국의 급속한 경제성장을 입에 침이 마르도록 칭찬을 하고 있습니다. 그런 말을 들으면 꽤 잘사는가보다 이런 생각이 떠오르게 됩니다. 그리고 마음이 뿌듯하고 우리 조국에 대한 자랑도 마음속에 가득하게 됩니다. 낭패와 실망에 허덕이는 것보다 형통하게 사는 것이 보기에도 얼마나 좋고 듣기에도 얼마나 좋은지 모릅니다. 우리 일가 친척형제라도 잘산다는 소리 들으면 듣기 좋지만은 못 살고 낭패에 처해 있다는 말을 들으면 마음이 고통스럽습니다.

빈곤이란 삶의 희망을 빼앗고 인간의 삶의 존엄성조차 짓밟아 버리고 맙니다. 빈곤하되 낙심하지 아니하고 욕되지 아니하고 꿋꿋하게 살아가는 그 정신적인 자세는 칭찬할만한 일이지만은 빈곤 그 자체는 저주이지 결코 축복이 아닌 것입니다. 하나님께서는 우리들이 모두 다 예수를 믿고 형통하기를 원하십니다. 요한3장2절에 "사랑하는 자여 네 영혼이 잘됨같이 범사에 잘되며 강건하기를 내가 간구하노라고" 말씀하셨습니다. 도적이 오는 것이 도적질하고 죽이고 멸망시키는 것뿐이요 인자가 온 것은 양으로 생명을 얻게 하되 풍성히 얻게 하러 왔다고 말씀하신 것입니다. 하나님께서는 애굽에서 430년 동안 종살이하던 이스라엘 백성을 모세를 통하여 인도해 내시고 그 다음 모세가 나이 많아 세상을 뜨매 여호수아에게 그 지도권을 넘겼었습니다. 그리고 여호수아가 이스라엘 백성을 성공적으로 가나안 땅으로 이끌어갈 수 있는 형통의 원리를 말씀해 주셨습니다. 오늘 여호수아에게 하나님이 주신 그 형통의 원리를 가지고 우리도 깨달아서 형통 속에 살 수 있는 길을 모색해 보고자 하는 것입니다.

1. 하나님께서는 여호수아에게 꿈을 주셨다. 이스라엘 백성들에게 젖과 꿀이 흐르는 가나안땅으로 가자 이렇게 말씀하실 때 그것이 우리 마음속에 얼마나 형용할 수 없는 영롱한 꿈을 주지 않습니까? 430년 동안 종살이하여 짓밟히고 허덕인 사람들에게 꿀이 흐르고 젖이 흐르는 자유의 땅, 가나안이 주어진다고 할 때 그 마음속에 얼마나 찬란한 꿈이 살아나지 않겠습니까? 바로 여호수아에게도 하나님께서는 젖과 꿀이 흐르는 가나안땅의 분명한 지경을 말씀해 주심으로 이것은 너희 것이다 너는 이 백성으로 이것을 정리하게 하라 이러므로 부풀어 오르는 마음속에 꿈을 심어 주신 것

입니다. 히브리격언에 꿈이 없는 백성은 망한다고 그렇게 말하고 있는 것입니다. 꿈이 없으면 사람들마다 희망을 잃어버리고 맙니다. 내일에 대한 꿈이 없는데 무슨 희망을 가지고 살겠습니까? 희망이 없으면 사람들은 방자하게 행합니다. 될 대로 되라고 타락해 버리고 마는 것입니다.

미국에 이민을 간 우리나라 사람들의 자녀들의 문제가 심각하다고 합니다. 한국에 있는 사람들이 미국에 이민을 가서 이민생활에 자리를 잡기 위해서 아침 일찍 일어나서 저녁 늦게까지 정신없이 일을 합니다. 그리고 자녀들을 학교에 입학을 시켜 놓았습니다. 그러면 학교에서 자동적으로 선생들이 잘 키워줄 것으로 생각하는데 그렇지가 않습니다. 한국의 자녀들이 학교에 입학을 하고 보니 언어장벽에 부딪칩니다. 아무리 들어도 무슨 말인지 한마디도 알아들을 수가 없습니다. 하루 종일 학교에 가서 멍하니 공중만 쳐다봅니다. 귀에 들려오는 것은 하나도 의미를 깨달을 수 없습니다. 책을 읽어봐도 깜깜합니다. 이렇기 때문에 그만 학교 가는 것이 싫어집니다.

절망하고 맙니다. 자녀들의 마음속에 꿈을 잃어버리고 말았습니다. 부모들은 자녀들이 학교에 잘 가는 줄 아는데 그때 부터 학교에는 가지 않습니다. 학교에 간다고 집 밖에 나와서 나쁜 깽들하고 모여서 나쁜 짓을 합니다. 이래서 미국 대도시마다 한국 청소년들의 깽단이 조직이 되어 그들이 무기를 가지고 한국 상점들을 침공해 들어가서 사람을 죽이고 물건을 **빼앗**고 한국가정들만 불태움니다. 이것은 미국에 있는 한국사회의 거대한 문제가 되고 만 것입니다. 왜 청소년들이 이렇게 될까요? 그들은 미국사회와 그 문화의 언어장애로 말미암아 적응할 수 없으므로 꿈을 잃어버리고 만 것입니다. 꿈을 잃은 청소년들은 자동적으로 방종하게 되고 타락하게 되고 마는 것입니다.

이러므로 사람들이 마음속에 꿈을 가진다는 것은 만남을 무릅쓰고 나갈 수 있는 희망을 얻을 수 있지만은 꿈을 잃어버리면 인간은 파탄에 이르는 것입니다. 그렇기 때문에 당신의 꿈을 보여 주십시오. 그러면 나는 당신의 내일을 예언할 수 있습니다. 꿈이란 내일을 창조하는 근원적인 힘이 되는 것입니다. 마음속에 꿈이 있는 사람은 하나님께서도 그와 함께 역사하시는 것입니다. 하나님의 성령이 오시면 젊은이에게는 환상을, 늙은이에게는 꿈을 심어주겠다 하신 것입니다. 그래서 내일에 대한 위대한 삶을 설계할 수 있도록 해주시는 것입니다.

오늘날 우리 한국정부도 국민들에게 분명한 꿈을 제시해야 이렇게 혼란한 민주화의 과정을 무사히 넘겨갈 수가 있는 것입니다. 정부가 국민들에게 통일에 대한 분명한 꿈을 주어야 모든 사람들이 중구난방으로 자기 혼자 힘으로 통일하겠다는 혼란을 피하게 할 수가 있는 것입니다. 또한 민주화에 대한 분명한 꿈을 주어서 하루 빨리 지방자치제도 하고 지방자치단체장들도 선거하는 이러한 것을 보여주므로 혼란을 피할 수가 있는 것입니다. 노동자, 농민, 도시빈민들에게 삶을 이어갈 수 있는 정부적인 정책과 꿈을 보여 주어야 되는 것입니다. 그렇지 아니하면 공산주의자들은 노동자, 농민, 도시빈민자들의 불만에 불을 질러 이들이 정부에 대하여 폭력화 할 수 있는 폭동세력으로 만들고 마는 것입니다.

1917년 소련에서 볼셰비키 혁명운동이 일어났을 때 레닌은 불만에 꽉 들어찬 노동자, 농민들에게 불을 질러서 싸알 제국에 대하여 반항을 하게 되고 그 결과로 소련정부가 무너지고 공산주의가 들어오게 만든 것입니다. 이러므로 언제나 꿈을 잃어 버렸었을 때 여기에 불만의 세력을 불어넣으면 큰 폭력화가 되고 마는 것입니다. 이러므로 오늘 이 시간에 정부는 반드시 우리 국민에게 밝은 꿈을 제시해주고 이 민족을 안정시켜 이끌어 가야만 되는 것입니다.

기업가는 노동자들에게 꿈을 심어주므로 극한 노사분쟁을 피할 수가 있는 것입니다. 기업을 기업가와 노동자가 함께 가꾸어 열매를 나누는 꿈나무로 만들어야만 되는 것입니다. 기업가만 독점하는 것도 아니고 노동자만 독점해서도 안 되는 것입니다. 노동자의 억지나 기업가의 착취는 산업을 마비시키고 모두의 경제를 파탄에 이르게 하고 마는 것입니다. 이러므로 꿈이 없는 백성은 망한다는 말은 참말입니다. 서양속담에 벌레의 눈을 가진 민족은 망하고 새의 눈을 가진 민족은 흥한다고 말한 것입니다. 우리 모든 사람의 가슴속에 영롱한 내일에 대한 꿈이 심어질 때 형통의 원리는 역사하기 시작하는 것입니다.

우리의 주 예수그리스도께서도 십자가를 통하여 낭패와 절망에 처한 사람들에게 영롱한 꿈을 심어 줍니다. 십자가야 말로 이 세상에 버림받고 아무 희망도 없는 인생에게 꿈을 심어주는 꿈나무가 되는 것입니다. 예수님은 십자가에 올라가서 몸을 찢고 피를 흘리셨습니다. 그러나 몸 찢고 피를 흘린 것이 아무 의미가 없는 종교적인 의식에 불과한 것이 아닙니다.

우리들에게 분명한 꿈을 심어주는 꿈나무가 된 것입니다. 예수 그리스도의 십자가 앞에 나올 때 죄를 짓고 불의하고 추악한 사람들이 그 십자가의 꿈나무의 열매를 먹고 죄사함을 받고 의롭게 될 수가 있는 것입니다. 그러므로 십자가는 죄인을 의로 만드는 꿈나무인 것입니다. 또한 예수그리스도의 십자가 앞에 나올 때 하나님께 버림받고 하나님과 원수 된 사람이 그리스도를 통해서 하나님과 화목을 이루고 하나님의 성령이 우리 속에 들어오셔서 우리가 하나님을 향해서 아바 아버지라고 부를 수 있게 되는 것입니다. 이 얼마나 소망 찬 일이 아니겠습니까? 예수그리스도의 십자가의 꿈나무를 통해서 이 세상에서 병들고 버림받고 죽을 수밖에 없는 인생이 치료의 소망을 가질 수가 있는 것입니다.

저가 십자가에서 우리 연약을 친히 담당하시고 병을 짊어지고 가셨으므로 예수그리스도의 십자가를 통하여 우리들을 세상에서 고칠 수 없는 질병을 가지고 있더라도 이것을 극복하고 이길 수 있는 꿈을 소유할 수가 있게 되는 것입니다. 십자가를 통하여 우리는 낭패와 실망과 저주에서 벗어날 수 있는 꿈을 얻을 수가 있습니다. 예수님께서는 아담이후로 저주를 받아 가시와 엉겅퀴에서 피투성이가 되는 사람들을 위해서 대신 십자가의 고난을 짊어지신 것입니다. 저는 우리의 모든 저주를 한 몸에 짊어지신 것입니다. 그래서 그는 십자가에서 저주를 청산하시고 대속하시므로 말미암아 저주에서 허덕이며 낭패와 실망과 패배에 멍든 사람들이 십자가 밑에서 새로운 소망을 얻습니다. 예수 안에서 나도 할 수 있다. 하면 된다. 해보자는 그런 꿈을 얻을 수가 있는 것입니다.

왜냐하면 주님께서 저주를 제하여 버려 주시기 때문인 것입니다. 우리는 십자가에서 영원한 죽음을 멸하고 지옥을 멸하고 하나님이 예비한 아름다운 천국에 들어갈 수 있는 꿈을 얻을 수가 있습니다. 십자가는 우리가 부활해서 영생천국을 누릴 수 있는 꿈을 우리 마음속에 심어주는 것입니다. 이렇기 때문에 예수그리스도 앞에 나오면 이 세상에 아무리 낭패와 실망을 당하고 버림받은 사람이라도 찬란한 꿈을 그 마음속에 얻을 수가 있는 것입니다. 십자가 밑에 나와서 꿈을 얻을 수 없는 사람은 영원히 버림받은 사람인 것입니다.

십자가 밑에 나와서 우리 영혼이 잘됨 같이 범사에 잘되며 강건하고 생명을 얻되 넘치게 얻는 영롱하고 활활 타오르는 마음속에 꿈을 얻으면 그 꿈을 가지고 밖으로 나가서 눈에 아무 증거 안 보이고 귀에는 아무소리 안 들리고 손에는 아무 잡히는 것 없어도 믿습니다로 밀고 나갈 수 있는 용기가 주어지게 되는 것입니다. 이러므로 오늘날 십자가는 우리 인류의 위대한 구원의 꿈나무인 것입니다. 십자가를 통하지 않고 온전한 꿈을 얻을 수 있는 사람은 이 세상에 아무도 없을 것입니다.

2. 근원적인 힘인 하나님을 믿어야 된다. 우리가 꿈을 가졌으면 이제 그 꿈을 성취할 수 있는 근원적인 힘인 하나님을 믿어야만 되는 것입니다. 아무리 넓은 땅을 개간해도 물을 댈 저수지가 없이는 그 땅은 황무지에 불과할 것입니다. 이와 같이 우리 인간이 아무리 찬란한 꿈을 가졌어도 그 꿈을 이룰 수 있는 하나님의 능력이 우리 뒤에서 밀어 주셔야만 되는 것입니다. 오늘 인본주의자의 태도는 인생을 살아갈 때 인간의 청춘을 의지하고 교육, 금전, 지위, 명예, 권력 등을 자원으로 삼고 살아가는 것입니다. 그러나 정변이 다가오든지 세태가 변화되면 인간의 청춘, 교육, 금전, 지위, 명예, 권력 등은 하루아침에 휴지같이 구겨지고 마는 것입니다. 인간은 아무 것도 스스로 영원히 유지할 수 있는 자원을 갖고 있지 못합니다.

오늘 우리들은 영원히 사라지지 않는 힘을 얻기 위해서는 인본주의에서 신본주의로 돌아서야만 되는 것입니다. 하나님을 중심에 모시고 하나님을 의지해야 됩니다. 하나님만이 저 무한한 천국을 지으셨습니다. 저 수많은 별들을 지으셨습니다. 이 넓은 땅과 저 푸른 바다를 지으셨습니다. 무한한 자원을 하나님이 만드신 것입니다. 전지전능 무소부재하신 하나님이 우리의 자원이 될 때 우리들은 담대할 수가 있는 것입니다. 불가능에 도전할 수 있습니다. 아브라함을 보십시오. 나이 75세가 되었을 때 하나님께서는 이민을 가서 한 나라를 새로 건설하는 꿈을 주셨는데 그가 하나님을 의지했기 때문에 75세의 늙은 노구를 끌고도 젊은 사람이 할 수 없는 긴 여행을 하고 이스라엘 나라를 창설한 것입니다.

모세를 보십시오. 80이 되어서 눈도 어둡고 귀도 어둡고 보통 사람 같으면 절대로 할 수 없는데도 불구하고 호렙산에서 하나님께로부터 꿈을 얻고 난 다음 하나님을 의지하자 하나님을 의지하는 능력으로 지팡이 하나만 짚고서 430년 동안 종으로 붙잡고 있는 방대한 거국인 에굽을 대적해서 이스라엘을 구원하러 나간 것입니다. 그리고 그는 그것을 성공시킨 것입니다. 만일 하나님을 믿지 않았더라면 조그마한 초립동 다윗이 절대로 골리앗을 대항해서 싸우러 나가지 않았을 것입니다. 불레셋장군 골리앗은 유명한 장군이요 9척 장신이요. 그의 힘은 정말 역발산 기계소였습니다. 이와 같은 골리앗을 대결해서 그를 이기고 나가겠다는 조그마한 초립동 다윗은 전지전능 무소부재하신 하나님을 믿는 믿음을 가졌기 때문에 이와 같은 모험을 할 수가 있는 것입니다. 그러므로 믿음은 위대한 자원이 됩니다. 만난을 무릅쓰고 나아갈 수 있는 힘이 되는 것입니다. 이러기 때문에 예수그리스도를 구주로 모시고 하나님을 아버지로 섬기고 아버지를 믿는 그 믿음을 가져야 우리는 형통의 삶을 살수가 있습니다. 그러지 않으면 우리가 곧 우리 환경을 바라보고 두려워하면서 마음이 위축되고 마는 것입니다.

3. 강하고 담대해야 된다. 우리가 형통한 삶을 살기 위해서는 강하고 담대해야 되는 것입니다. 왜냐하면 인간은 근본적으로 불안한 존재인 것입니다. 인간은 태어나서 죽을 때까지 어디에서 와서 왜 살며 어디로 가는지를 모르는 불안한 존재인 것입니다. 인간은

내일 일을 모를 뿐 아니라 당장 순간 후에 일어날 일도 모르는 것입니다. 그러기 때문에 인간은 한없이 불안한 존재인 것입니다. 또한 우리가 살고 있는 이 시대는 불안의 시대인 것입니다 정치적으로 불안하고 경제적으로 불안합니다. 군사적으로 불안하고 국제적으로 불안합니다. 모든 것이 유동하고 무엇 하나 확실히 신뢰할 수 있는 것은 없습니다.

이러기 때문에 인간은 불안 속에 살고 있습니다. 불안은 인간을 좌절시키고 위축시키는 것입니다. 인간은 이 불안한 마음을 억제하든지 진정해 보려고 술을 마시기도 하고 담배를 피우기도 하고 마약에 중독이 되기도 하는 것입니다. 술이나 담배나 마약 같은 것은 우리 사람의 마음에 불안을 해소하기 위해서 인간이 만든 지팡이에 불과한 것입니다. 그러나 그런 지팡이가 우리 마음속에 완전한 안정을 줄 수가 없는 것입니다. 베드로를 보십시오. 베드로와 그 제자들이 함께 배를 타고 밤바다를 지나가는데 무서운 풍랑이 다가왔었습니다. 그들은 마음이 불안하고 초조했습니다. 바다위에 유령과 같은 물체가 걸어오기 때문에 놀라서 절망에 빠졌습니다. 그럴 때 예수님께서 "두려워 말라 나다."라고 말씀하셨습니다.

그 때 베드로가 말하기를 만일 주시어든 나로 하여금 명하여 물위로 걸어오게 하소서고 말했었습니다. 예수께서 오라고 하시매 예수님의 말씀을 가지고 강하고 담대했었습니다. 그는 캄캄한 밤바다, 풍랑 이는 곳을 배에서 저벅저벅 걸어 나왔습니다.

강하고 담대한 믿음을 가지고 나갈 때 그는 물위로 걸을 수 있었으나 곧장 일진광풍이 불어오고 찬물이 얼굴을 덮치매 그만 그는 바람과 파도를 바라보고 마음에 두려움이 들어오자 물에 가라앉고 말은 것입니다. 오늘날 우리들도 성공적인 인생을 살아가다가도 환경을 바라보고 불안과 공포증이 마음에 다가오면 그만 우리는 실패의 늪 속에 빠져들고 마는 것입니다. 사람은 그 마음이 강하고 담대해야 되는 것입니다. 그래서 두려워 말고 놀라지 말고 할 수 있다 하면 된다 해보자고 나갈 수 있는 용기가 있어야 되는 것입니다. 이렇게 하기 위해서는 성령안에서 하나님의 말씀을 늘 묵상해야 되는 것입니다. 하나님 말씀만이 우리의 마음속을 강하고 담대하게 만들어 주는 것입니다. 환경을 바라보고 세상사람 말을 들으면 마음이 불안해지고 초조해지는 것입니다. 그러나 말씀은 우리에게 용기와 희망을 넣어주는 것입니다. 그리고 능력 있는 설교를 많이 들어야 되는 것입니다. 주일 수요일 교회 나와서 설교를 들어야 되는 것입니다 이 말씀이 우리의 마음속에 모든 불안과 공포를 내어 쫓고 우리의 마음속에 용기와 담력을 넣어주고 마음을 새롭게 해주는 것입니다. 그리고 기도를 많이 해서 성령으로 충만해야 되는 것입니다. 염려와 근심을 기도를 통해서 다 하나님께 맡겨 버리고 성령에 충만하면 마음속에 불안과 공포가 사라지고 마는 것입니다.

그리고는 긍정적이고 적극적인 하나님의 말씀을 입으로 늘 시인해야 되는 것입니다. 사람은 자기 입에 말로 묶이며 가라앉고 마는 것입니다. 입에 말로서 나는 할 수 없다. 못한다. 안 된다. 절망이라고 말하면 그는 부정적인 생각으로 묶여서 가라앉고 마는 것입니다. 그러나 입술의 말로서 언제나 긍정적이고 적극적인 하나님의 말씀을 계속 시인하면 이 말씀이 자기 스스로에게 용기를 주고 희망을 주고 힘을 넣어 주는 것입니다 이러므로 말씀을 늘 입으로 시인하는 것은 우리 삶에 대단히 중요한 것입니다. 그래서 강하고 담대한 마음을 늘 유지하고 있어야 하나님이 그러한 사람을 사용합니다. 이러기 때문에 하나님께서는 여호수아에게 강하고 담대하라. 마음을 강하게 하고 지극히 담대히 하라고 신신당부했던 것입니다.

4.하나님의 계명을 지켜야한다. 우리가 형통하기 위해서는 하나님의 계명을 지키며 살아야 되는 것입니다. 하나님의 계명은 우리를 보호하는 울타리이기 때문입니다. 부모의 뜻을 어긴 자식이 나중에 부모에게 재산상속을 달라고 아무리 간구한들 부인과 자기 뜻을 어긴 자식에게 재산을 줄 리가 없는 것입니다. 친구 간에 신의를 어기고 돈을 빼앗아 가고 혹은 약속을 어기고 그러다가 나중에 친구에게 가서 도움을 달라고 사정한다고 해서 신의를 저버린 친구를 도와줄 자는 없는 것입니다. 국법을 어기고 자기 맘대로 범죄행각을 하다가 필요할 때는 국가에 도움을 달라고 간다고 해서 국가의 보호를 기대할 수는 없는 것입니다.

이와 같이 하나님의 계명을 어기고 하나님 뜻대로 살지 아니하고 하나님을 무시하고 멸시하고 살다가 도움이 필요할 때는 하나님이여 나를 도와달라고 외친들 무슨 소용이 있겠습니까? 예수님께서 성경에 말씀하시기를 내 계명을 지키는 자가 나를 사랑하는 자니 나를 사랑하는 자는 아버지의 사랑을 받을 것이라고 말씀하신 것입니다. 우리가 예수를 믿고 구원을 받은 것은 값없이 받은 것입니다. 죄를 짓고 불의하고 추악한 인생이 십자가를 믿음으로 말미암아 값없이 보혈로 죄 사함을 받고 구원을 받은 것입니다만 하나님과의 화평을 이루어서 하나님과 함께 손을 잡고 걸어가기 위해서는 우리가 하나님의 계명을 지켜야 됩니다.

그리고 하나님이 기뻐하시는 일을 행하면 무엇이든지 우리가 구하는 대로 얻을 수가 있는 것입니다. 이러기 때문에 예수 믿는 우리들은 항상 우리 마음속에 계명을 두고서 살아가야 되는 것입니다 내 앞에 다른 신을 두지 마라. 우상에 절하지 마라. 하나님의 이름을 망령되이 부르지 마라. 안식일을 거룩히 지켜라. 네 부모를 공경하라. 살인하지 마라. 간음하지 마라. 도둑질하지 마라. 네 이웃을 거짓증거하지 마라. 네 이웃을 탐하지 말라는 이 하나님의 가장 근원적인 계명을 우리 마음속에 늘 간직하고 이 계명을 쫓아서 나를 살펴보고 계명을 쫓아 살려고 애를 쓰는 이러한 삶 속에 하나님과 우리와의 조화가 있는 것입니다.

그리고 엿새 동안 부지런히 일하고 이레 째는 교회에 나와서 하나님을 섬기는 일을 해야 될 것이요. 우리의 수입 중에 10분의 1은 반드시 하나님께 드려서 하나님의 창고에 양식이 있게 하고 하나님으로 하여금 하늘 문을 열고 쌓을 곳이 없도록 붓지 아니하나 보라하는 그 약속의 말씀이 이루어지도록 해야 할 것입니다. 이와 같은 하나님의 계명을 지키고 하나님을 기쁘시게 하는 이러한 삶을 살 때 우리는 강하고 담대하게 하나님께 나와서 주의 도우심을 구할 수가 있습니다. 성경은 말씀하기를 너희가 없는 것은 구하지 아니함이요. 구하여도 받지 못함은 정욕으로 쓰려고 잘못 구함이라고 말했습니다.

우리가 하나님계명을 지키고 살면서 하나님 앞에 필요한 것을 구할 때 오늘날도 하나님은 우리에게 응답하여 주십니다. 무엇이든지 내 이름으로 내게 구하면 내가 시행하리니 이는 아버지로 하여금 아들로 인하여 영광을 얻으시게 하려 함이라고 말씀하신 것입니다. 예수님은 누가복음18장에 항상 기도하고 낙심하지 말라고 말한 것입니다. 우리가 항상 기도하면 하나님께서 반드시 우리의 원한을 들어주시고 문제를 해결해 주시기 때문인 것입니다. 이래서 우린 하나님의 도움으로 말미암아 우리의 삶에 진실한 형통함을 얻을 수가 있는 것입니다. 하나님은 여호수아에게 형통의 법칙을 보여주셨고 여호수아는 이 형통의 법칙을 따라서 300만 이스라엘 백성을 젖과 꿀이 흐르는 땅으로 무사히 이끌어 갈 수가 있었습니다. 우리의 삶도 젖과 꿀이 흐르는 땅을 향해서 걸어가기 위해서는 첫째로 이스라엘 백성들처럼 영롱한 꿈과 환상을 십자가 밑에서 받는 축복받는 분들이 되시기를 바랍니다. 내 영혼이 잘됨 같이 범사에 잘되며 강건하게 되는 꿈과 환상을 마음속에 가진자 만이 내일을 창조해 나갈 수가 있는 것입니다. 그리고 둘째로 우리 마음속에 흔들리지 않는 하나님에 대한 믿음을 가지고 있어야만 되는 것입니다. 하나님이 우리 배경에 서 있고 하나님이 우리 삶의 자원이 될 때 우리는 어떠한 역경이 다가오고 어려운 환경에 부딪쳐도 낙심하지 않고 기도하고 나갈 수가 있는 것입니다 하나님만이 우리의 자원이 될 수 있는 것입니다 셋째로 우리는 강하고 담대해야 되는 것입니다.

우리는 끊임없이 말씀을 읽고 끊임없이 기도하고, 그리고 끊임없이 입술로 말씀을 시인하고 그렇게 나감으로 마음이 강하고 담대하여 환경에 좌우되고 뒤로 물러가는 부정적이고 파괴적이고 절망적인 인생이 되지 말아야 되는 것입니다. 그리고 넷째로 우리는 성령 충만하여 하나님 계명을 지키고 계명을 따라서 살도록 애를 써야 될 것입니다. 이와 같이 애를 쓸 동안에 하나님께서 우리를 기뻐하시고 성령으로 도와주실 것입니다. 내일은 오늘보다, 다음 달은 금번 달보다, 명년은 금년보다 더 나아지는 형통의 삶을 이네 가지 하나님의 법칙을 통하여 우리는 가져올 수 있게 되는 것입니다. 하나님은 한사람도 낙오자가 되기를 원치 않습니다.

하나님은 한사람, 한사람이 모두다 모든 일에 항상 모든 것이 넉넉하여 모든 착한 일을 넘치게 하기를 원하시고 계신 것입니다 우리의 주 예수그리스도의 은혜를 너희가 알거니와 저가 부요하신자로서 너희를 위하여 빈곤하게 되심은 저의 빈곤하심으로 인하여 너희로 부유케 하게 하려 하심이라고 성경은 말하고 있는 것입니다. 이처럼 주님은 그 몸을 찢고 피를 흘리심으로 형통한 인생으로 살게 되기를 간절히 바라고 있다는 사실을 깨달아 알게 되시기를 바랍니다.

결론적으로 물질에 욕심이 과하면 귀신이 역사합니다. 예수님께서도 마태복음 6장 24절에서 "너희가 하나님과 재물을 겸하여 섬기지 못하느니라."라고 말씀하셨습니다. 재물이 단지 재물 자체로 끝나지 않고 우리 자신을 위탁하는 신으로 변할 수 있다는 것입니다. 그러므로 돈을 너무 우습게 생각하지 말아야 합니다. 돈에는 인간을 조종할 수 있는 힘뿐만 아니라 하나님까지도 대적하게 할 수 있는 힘이 있음을 알아야 합니다. 세상에 돈보다 더 힘들고 어려운 문제가 없습니다. 돈에 대한 문제를 신앙적으로 극복한다면 다른 것들은 별로 큰 어려움 없이 극복이 될 수 있을 것입니다.

그러므로 부자 될 준비를 하고 부자 되어야 합니다. 그것은 부자 되려는 욕심을 버린 사람이 되어야 한다는 것입니다 우리가 진정 십자가의 축복을 믿는다면 예수님이 돈보다 더 좋아지게 됩니다. 그러므로 돈에 대하여 하나님께 순종하기 힘들어 하는 사람은 아직 돈보다 더 좋은 예수님을 만나지 못했다는 말입니다.

우리 자신을 점검해 보아야 합니다. 머리로는, 입으로는 하나님을 믿는다고 하지만 마음과 팔, 다리는 재물로 달려가고 있지는 않습니까? 부하고자 하는 욕심에 하나님을 이용하고 부리려하지 말아야 합니다. 귀신은 욕심을 통로로 옵니다. 우리의 신앙생활은 넓은 길이냐 좁은 길이냐의 선택입니다. 하늘에 보물을 쌓을 수 있는 것도 지금 살아있을 때뿐입니다. 우리 모두 돈보다 더 좋은 예수님을 분명히 만나기를 축원합니다.

12장 아브라함의 복을 받는 영적원리

(창12:1-5)"여호와께서 아브람에게 이르시되 너는 너의 고향과 친척과 아버지의 집을 떠나 내가 네게 보여 줄 땅으로 가라. 내가 너로 큰 민족을 이루고 네게 복을 주어 네 이름을 창대하게 하리니 너는 복의 근원이 될지라. 너를 축복하는 자에게는 내가 복을 내리고 너를 저주하는 자에게는 내가 저주하리니 땅의 모든 족속이 너로 말미암아 복을 얻을 것이라 하신지라. 이에 아브람이 여호와의 말씀을 따라갔고 롯도 그와 함께 갔으며 아브람이 하란을 떠날 때에 칠십오 세였더라. 아브람이 그의 아내 사래와 조카 롯과 하란에서 모은 모든 소유와 얻은 사람들을 이끌고 가나안 땅으로 가려고 떠나서 마침내 가나안 땅에 들어갔더라"

오늘날 일부 신학자들이나 주님의 종들이 물질의 복을 구하면 "아~ 저 기복신앙자다. 기복신앙자다." 손가락질합니다. 저는 하나님은 좋은 하나님이라는 것을 외치고, 하나님께서는 우리가 믿고 순종하면 복을 준다고 외쳤습니다. 그러면 반응이 시큰둥한 때가 많습니다. 기복신앙이다. 기복신앙의 기도를 하지 말라 그런 말을 하는 것입니다. 그러나 성경의 위대한 하나님의 사람들은 모두 복을 구한 사람들인 것입니다. 아브라함도, 이삭도, 야곱도, 다윗도, 솔로몬도 하나님의 복을 구하고 또 구한대로 복을 받았습니다.

하나님의 복을 구하는 그 자체가 나쁜 것이 아니라, 잘못된 동기에서 복을 받으려고 하기 때문에 나쁜 것입니다. 하나님의 복을 받아서 내 정욕으로 쓰려고 할 때 나쁜 것이지 복을 받아서 더욱 하나님을 주인으로 잘 모시고 빈곤하고 고난당하는 이웃과 사랑과 행복을 나누기 위하여 구하면 구하는 당사자들도 복되게 되고 하나님의 영광을 나타내며 살아계신 하나님을 증명하는 것입니다.

1. 하나님의 복을 잃은 아담. 아담과 하와는 복이 충만한 에덴에서 태어났습니다. 하나님이 사람을 만들 때 쓰레기통에서 만들지 않았습니다. 빈민굴에서 만들지 않았습니다. 낙원에서 만들었습니다. 상함도 해함도 염려도 근심도 불안도 없는 아주 평화롭고 아름답고 영광스러운 곳에 아담과 하와를 태어나게 하신 것입니다. 그런데 아담과 하와가 마귀의 꾐에 빠져서 자기도 하나님처럼 절대 통치자가 될 수 있다는 잘못된 생각을 가진 것입니다. 너무 복된 환경에서 너무 좋으니 마귀가 와서 시험을 한 것입니다. "하나님이 동산에 있는 모든 실과를 먹지 말라고 하더냐?" 하와가 말했습니다. "동산의 실과를 다 먹되 선악을 아는 실과는 먹지도 말고 만지지도 말라." "아니라! 네가 먹는 날에는 네 눈이 밝아져서 선악을 알기를 하나님처럼 될 것이라"고 했습니다.

선악을 안다는 것은 좋다 나쁘다를 내 스스로가 판단하는 것입니다. 아버지가 "너 선한 일 하고 저 나쁜 일 하지 말라. 그 말이 아니고 내가 보아서 선하면 내가 하고 내가 나쁘면 내가 안한다." 그래서 아버지 하나님께로부터 완전히 독립된 하나님과 동등 된 삶을 살 수 있다는 그런 고약한 꾐을 한 것입니다. 우주와 만물을 지으신 절대주권자는 하나님이신 것입니다. 내가 하나님처럼 되려고 하되 하나님의 축복에 대한 도전자가 되는 것입니다. 그러므로 그때부터는 결코 행복이 다가오지 않는 것입니다.

야고보서 1장 15절에 "욕심이 잉태한즉 죄를 낳고 죄가 장성한즉 사망을 낳느니라" 욕심이 들어오면 모든 것을 내가 움켜쥐려고 하고 그 결과로 다가오는 것은 사망입니다. 오늘날 세상에 전쟁과 전쟁소문이 이렇게 나고 모든 고통과 괴로움이 이렇게 많은 것은 욕심 때문에 그런 것입니다. 욕심이 잉태하면 죄를 짓게 되는 것입니다. 정상적인 방법으로 욕심을 채울 수 없으니까 강도도 되고 도둑놈도 되고 사기꾼도 되는 것입니다. 그러므로 욕심을 잉태하면 곧 얼마 안 있으면 죄가 다가오고 죄가 다가오면 그 다음부터 사망의 역사가 일어나기 시작하는 것입니다.

낭패와 실망과 저주와 절망이 뒤 따라 오게 되는 것입니다. 하나님의 통치권을 내가 빼앗겠다고 하는 것은 욕심 중에도 거대한 욕심인 것입니다. 지음을 받은 자가 지은 자를 동등하게 여기고, 지음을 받은 자가 지음을 주신 하나님께 불순종하게 되면 같이 있을 수 없지 않습니까?

한 집안에 어른이 두 사람이 있으면 그 집안에 언제나 분란이 끝나지 않습니다. 한 나라에 다스리는 대통령이 두 명이 있으면 나라가 두 쪽이 나는 것입니다. 이처럼 우주에 하나님은 한분이 계시지 사람이 하나님과 동등한 권리를 가지고서 살아갈 수는 없는 것입니다. 창세기 3장 17절에 하나님이 "아담에게 이르시되 네가 네 아내의 말을 듣고 내가 네게 먹지 말라 한 나무의 열매를 먹었은즉 땅은 너로 말미암아 저주를 받고 너는 네 평생에 수고하여야 그 소산을 먹으리라"

하나님의 말씀에 불순종하고 거부하여 하나님의 통치권 밖으로 쫓겨나면 저주와 죽음의 벌을 받게 되는 것입니다. 이 세상에 있는 수많은 저주와 고통과 죽음은 하나님을 멀리하기 때문에 그런 것입니다. 하나님과 함께 있으면 만사형통하는 것입니다. 그러나 하나님을 떠나서 하나님의 통치권 밖으로 나가면 그때부터는 저주가 따르는 것입니다. 고통이 따르는 것입니다. 가는 곳마다 가시와 엉겅퀴가 나고 괴로움과 고통을 피할 수가 없는 것입니다.

2. 하나님의 복을 잃은 인류 문명. 우리가 사는 이 세상 문명은 하나님의 복을 잃어버린 문명 속에 살고 있는 것입니다. 노아의 후손들이 수고가 많아지자 시날 광야로 옮겨와서 그 넓은 들에서 서로 말했었습니다. (창 11:3-5)"서로 말하되 자, 벽돌을 만들어 견고히 굽자 하고 이에 벽돌로 돌을 대신하며 역청으로 진흙을 대신하고 또 말하되 자, 성읍과 탑을 건설하여 그 탑 꼭대기를 하늘에 닿게 하여 우리 이름을 내고 온 지면에 흩어짐을 면하자 하였더니 여호와께서 사람들이 건설하는 그 성읍과 탑을 보려고 내려오셨더라"

이게 바로 타락한 아담 자손들의 모습인 것입니다. 홍수로 다 죽고 하나님께 정의로운 노아만 살았는데 노아 후손들도 태어나자마자 원죄를 가지고 태어나서 하나님처럼 되려는 마음이 있습니다. 그래서 그들이 모여서 말하기를 탑을 높이 쌓아서 "하나님 보좌와 같게 하고 우리 이름을 내자. 하나님의 영광을 위해서 사는 것이 아니라 우리 이름을 내자. 아~ 우리가 탑을 쌓아서 하늘 꼭대기에 닿겠다. 그것 자랑스럽다. 그리고 우리가 우리 운명을 우리가 결정하자. 다시 홍수가 오더라도 우리를 멸하지 못하게 하자" 완전히 하나님의 주권에 대한 대항인 것입니다. 우리가 무엇을 하든지 먹든지 자든지 모두다 하나님의 은혜로써 하는 것이기 때문에 하나님께 감사하고 찬미해야 되는 것입니다.

성공했다고 해서 내가 지혜롭고 총명해서 성공했다. 그러면 벌써 요점이 틀린 것입니다. 하나님의 은혜로 내가 성공하고 축복을 받았다. 내가 지위가 높아지면 하나님의 은혜로 지위가 높아졌다. 내가 어떤 일에 승리를 하면 하나님의 도움으로 승리를 했다. 언제나 하나님을 높이고 하나님의 주권을 찬미해야 되는 것입니다. 사실 하나님이 문을 열면 닫을 자가 없고 문을 닫으면 열자가 없는 것입니다. "하나님께서 집을 세우지 아니하시면 세우는 자의 수고가 헛되며 하나님께서 성을 지키지 아니하시면 파수꾼의 깨어 있음이 헛되도다. 너희가 일찍이 일어나고 늦게 누우며 수고의 떡을 먹음이 헛된 것"(시 127:1~2)입니다.

하나님을 의지하는 사람은 하나님께 모든 일을 맡기고 마음에 평안을 가지는 것입니다. 절대 하나님 앞에서 머리를 들어 건방진 소리해서는 안 되는 것입니다. (창11:6-9)"여호와께서 가라사대 이 무리가 한 족속이요. 언어도 하나이므로 이같이 시작하였으니 이후로는 그 경영하는 일을 금지할 수 없으리로다. 자, 우리가 내려가서 거기서 그들의 언어를 혼잡케 하여 그들로 서로 알아듣지 못하게 하자 하시고, 여호와께서 거기서 그들을 온 지면에 흩으신 고로 그들이 성 쌓기를 그쳤더라. 그러므로 그 이름을 바벨이라 하니 이는 여호와께서 거기서 온 땅의 언어를 혼잡케 하셨음이라 여호와께서 거기서 그들을 온 지면에 흩으셨더라"

이 노아의 후손들이 모여서 시날 땅에서 바벨탑을 쌓는 것을 보고 하나님이 우리가 내려가사고 그랬습니다. 왜 하나님이 우리라고 했습니까? 하나님은 한분이시되 성부와 성자와 성령 삼위로 되어 있는 것입니다. 아버지, 아들, 성령 삼위가 하나의 하나님으로 되어 있기 때문에 하나님이 "내가 내려가자" 말씀하지 않으시고 "우리가 내려가서 사람들이 하는 행실을 보자" 고 하셨습니다. 종족도 하나요, 언어가 하나고 사상이 하나이니까 거침없이 성을 쌓아 올라가는데 막을 자가 없을 것입니다. 그래서 하나님이 그들의 돔을 흩으러 버리기 위해서 언어를 바꾸어 버린 것입니다. 영어가 나오고 독일어가 나오고 프랑스 말이 나오고 중국어가 나오고 한국말이 나오고 일본말이 나와서 위에서 "벽돌 올려라!" 그러면 여기서는 물을 올리고 "물을 올려라"고 하면 모래를 올리고 철근을 올리라고 하면 그때는 철근 없었지만… "시멘트를 올려라"고 하면 시멘트 대신해서 역청 대신해 진흙을 올리고 말이 안 통합니다.

말이 안통하면 같이 일할 수가 없어요. 말이 안 통하면 서로 살 수가 없어요. 오늘날 젊은이들이 서로 만나서 결혼하기 전에 오래 사귀어서 마음이 통하는가, 말이 통하는지 알아봐야 되는 것입니다. 말도 안 통하는데 상대방의 미모를 보고 상대방의 재산을 보고 거기에 현혹 되어서 결혼하고 나면 결혼하고 결혼생활 속에서 전혀 말이 통하지 않습니다. 답답하기 그지없는 것입니다. 그렇기 때문에 서로 물고 찢고 싸우고 헤어지고 하는 것입니다. 이러므로 주님께서 말을 흐트러지게 하므로 노아의 후손들이 성 쌓는 일을 그치고 각각 흩어져 나가 버린 것입니다. 시날 광야 바벨탑에서 노아의 후손들이 하나님의 주권에 정식 도전을 했습니다.

우리가 이 탑을 하늘 꼭대기에 닿게 하고 우리 이름을 내자. 하나님 없애 버리고 우리 이름을 내자. 하나님은 없다. 요사이 21세기 문명이 바로 그렇습니다. 영국에서는 하나님은 안 계신다. 그러므로 마음대로 인생을 즐기라는 광고를 버스에 붙여서 다니고 있는 것입니다. 이렇게 공개적으로 하나님은 없으니 우리 중심으로 우리 마음대로 살자는 운동이 바로 오늘 소위 말하는 신(新)신학운동이요, 계몽운동인 것입니다. 인본주의적 사상이 들어가서 하나님 없는 문명을 만들자는 것입니다. 그런 사람들에 대해서 하나님은 뭐라고 질책하십니까?

이사야 14장 13절로 14절에 "네가 네 마음에 이르기를 내가 하늘에 올라 하나님의 뭇 별 위에 내 자리를 높이리라 내가 북극 집회의 산 위에 앉으리라 가장 높은 구름에 올라가 지극히 높은 이와 같아지리라 하는 도다"

이것이 오늘날 사람들이 말하는 것입니다. 자기가 하늘에 올라가서 하나님의 뭇 별 위에 자리를 펴고 하나님의 북국 집회의 산 위에 앉으리라 가장 높은 구름에 올라가 지극히 높은 이와 같아지겠다. 아담과 하와가 선악과를 따먹으면 하나님처럼 된다는 것과 노아의 후손들이 하늘에 닿는 탑을 쌓아서 우리 이름을 내자는 것과 꼭 한가지인 것입니다. 하나님 없는 인본주의적인 문화를 만들자. 문명을 만들자. 그것이 오늘날 세계가 가는 길인 것입니다. 하나님의 통치권을 등진 오늘의 인류는 정말 재앙에 동참하고 만 것입니다. 하나님 없이 승승장구하고 잘 될 줄 압니까? 하나님 없는 세계는 역사를 볼 때 피의 전쟁입니다.

항상 죽이고, 죽고, **뺏고**, **빼앗기고**, 몸부림치는 고통 속에 사는 인생인 것입니다. 한 번도 평화로운 때가 없었습니다. 그리고 헐벗고 굶주리고 고통과 역병에 시달렸습니다. 하나님의 통치권 밖에 있으면 모든 것이 도둑질하고 죽이고 멸망시키는 원수 마귀의 손에 좌우되는 것입니다.

예레미야 2장 13절에 "내 백성이 두 가지 악을 행하였나니 곧 그들이 생수의 근원되는 나를 버린 것과 스스로 웅덩이를 판 것인데 그것은 그 물을 가두지 못할 터진 웅덩이니라" 오늘 하나님 없이 자기 스스로 샘의 웅덩이를 파는 사람은 터진 웅덩이라 물이 고이지 않습니다. 하나님 없는 권력도 하나님 없는 재물도 하나님 없는 인간의 행복도 다 터진 우물에 물을 붓는 것과 같은 것입니다.

순식간에 빠져가 버리고 마는 것입니다. 잠시 잠깐 있다가 사라져 버리고 계속되지 않는 것입니다.

성경에 잠언서 16장 18절에 "교만은 패망의 선봉이요 거만한 마음은 넘어짐의 앞잡이니라"고 했습니다. 자기를 하나님 앞에 높이는 것은 멸망의 앞잡이인 것입니다. 세계 최대의 여객선으로 2천 300명의 승객을 태운 '타이타닉호'가 유유히 영국에서 떠나서 대서양을 건너 뉴욕으로 가고 있었습니다. 그런데 갑자기 통제소에서 무전이 왔어요. "빙산이 떠내려 오니까 조심하라!" 그러나 선장이 하는 말이 "이 배가 얼마나 잘 지었다고 빙산 같은 것에 겁을 내나? 하나님도 이 배는 침몰시키지 못한다." 그리고 큰 소리 하고 가다가 '타이타닉호'가 빙산에 부딪쳐서 배가 파선되었습니다. 사람들 대다수가 죽었습니다.

인간의 교만은 그것입니다. 우리가 이렇게 튼튼한 배를 만들었으니 하나님조차도 이 배는 침몰시키지 못한다. 하나님의 통치권을 등진 인류 문명을 빌리는데 결국 재앙에 걸리고 만 것입니다. 그 배는 파선되고 침몰되고 만 것입니다.

우리가 미국의 유명한 케네디 가문을 생각해 봅니다. 조지프 케네디는 케네디 대통령의 아버지였습니다. 그는 술 밀매와 헐리우드 영화 사업으로 돈을 벌게 되어 가문을 크게 만든 사람입니다. 그런데 이처럼 하나님이 기뻐하지 않으신 일을 통해 이룬 그 명성과 전통은 그리 오래가지 않았습니다. 술을 팔고 헐리우드 영화를 만들고 세상을 술 취하고 방탕하고 음란한 곳으로 인도하는 선두적 역할을 해서 돈을 벌어서 명성을 얻었습니다만 그 후손들이 어떻게 되는 것입니까?

큰아들 조지프 케네디는 2차 세계대전 때 비행기 추락사고로 죽었고, 둘째 아들은 40대에 미국 대통령으로 당선되어 세계를 놀라게 한 바로 존 F. 케네디입니다. 그는 대통령으로 당선되자 공립학교에 걸려 있는 십계명을 모두 떼도록 했습니다. 또한 신앙의 자유라는 명목으로 아침마다 기도로 시작하던 전통을 없애버렸습니다. 승승장구의 인기가도를 달리는 듯 하던 그는 결국 오스왈드라는 청년이 쏜 총탄에 맞아서 죽었습니다. 셋째 아들 로버트 케네디는 대통령 출마를 해서 유세 중에 L.A. 엠베서더 호텔에서 암살 당했습니다. 딸은 정신병으로 지금도 유랑하는 신세가 됐습니다.

존 F. 케네디 대통령의 큰 아들은 연방하원의원으로 당선됐지만 부인과 함께 대서양에 있는 섬에 놀러 가다가 자신이 운전하던 자가용 비행기가 추락해서 죽었습니다.

케네디 가문의 아들 가운데 유일한 생존자는 테드 케네디 일 뿐인 것입니다. 이처럼 자식들이 줄줄이 침몰하는 비극을 지켜본 그 아버지 조지프 케네디는 이런 말을 남겼습니다. "술 팔아 남의 가정을 파괴시킨 죄 값으로 이렇게 됐다. 내가 술 팔아서 수많은 가정을 파멸시킨 그 죄 값으로 자식들이 다 이렇게 비명횡사하게 되었다."

우리가 하나님의 주권을 인정하고 하나님의 말씀에 순종할 때 놀라운 복을 받게 되지만, 하나님을 등지고 말씀에 불순종하고 하나님의 주권에 대항을 하면 결코 온전한 삶을 살수가 없는 것입니다. 하나님 없는 성공과 명예는 있는 것 같으나 사라지는 물거품과 같은 것입니다.

3. **복을 약속하신 하나님**. 복을 약속하신 하나님 또 보십시다. 하나님께서는 인본주의로 나간 사람에게는 가는 곳마다 안 되고 못되고 망했습니다. 오래 볼 수가 없어서 하나님이 직접 주권을 행사해서 하나님 백성을 만들려고 결심을 했습니다. 그래서 창세기 12장 1절로 3절에 "여호와께서" 사람이 한 것이 아니라 하나님께서 직접 말씀하셨습니다. "여호와께서 아브람에게 이르시되 너는 너의 고향과 친척과 아버지의 집을 떠나 내가 네게 보여 줄 땅으로 가라 내가 너로 큰 민족을 이루고 네게 복을 주어 네 이름을 창대하게 하리니 너는 복이 될지라. 너를 축복하는 자에게는 내가 복을 내리고 너를 저주하는 자에게는 내가 저주하리니 땅의 모든 족속이 너로 말미암아 복을 얻을 것이라"

하나님의 주권으로 아브라함을 택하여 부르셨습니다. 아담과 하와는 하나님이 지어서 에덴 동산에 두었지만 하나님의 주권에 반역을 했습니다. 노아의 후손들도 홍수에서 건져서 살려 주었는데, 하나님의 주권을 배반했던 것입니다. 그러므로 이제는 하나님이 직접 불러서 주권적 행사를 하려고 갈대아 우르에서 아브라함을 택해서 불렀었습니다. 하나님이 주권으로 아브라함을 택하여 부르실 때 아브라함은 믿음으로 부르심을 받았을 때 순종하여 장래의 유업으로 받을 땅에 나아갈 때 갈 바를 알지 못하고 나갔습니다. 그러나 하나님의 주권에 복종한 아브라함에게는 하나님이 무엇을 해주셨습니까? 하나님은 너로 큰 민족을 이루게 해주겠다는 것입니다.

우리 개인적으로는 우리가 주님의 주권을 믿고 순종하고 따라가면 가문이 팽창할 것이라는 것입니다. 자식들이 잘 될 것이라는 것입니다. 큰 민족을 이루게 하고 가나안 땅을 주시고 샘물을 주시겠다고 하는 것입니다. 땅이라는 것은 재물입니다. 내가 너의 가문을 창대케 하고 너에게 재물을 주고 그 다음에는 형통의 복을 약속한 것입니다. 모든 일에 축복을 받을 것이라. 마음에 평안과 육신의 건강과 생활의 안정, 형통을 주실 것이라. 하나님의 주권을 인정하고 하나님의 다스림에 순종하면 하나님께서는 우리의 가문을 축복해 주시고 우리의 재물을 축복해 주시고 우리에게 마음에 참 행복을 가져올 수 있게 해서 영혼이 잘됨같이 범사에 잘되며 강건하고 생명을 얻되 풍성하게 얻게 해주시는 것입니다.

4. 불순종할 때 화를 당하고 순종할 때 복이 임함. 하나님의 주권에 불순종할 때 화를 당하고 회개하고 순종할 때 복이 임하는 것입니다. 사는 길과 죽는 길이 딱 분리되어 있는 것입니다. 신명기 11장 26절로 28절을 읽어 보십시다. "내가 오늘 복과 저주를 너희 앞에 두나니 너희가 만일 내가 오늘 너희에게 명하는 너희의 하나님 여호와의 명령을 들으면 복이 될 것이요 너희가 만일 내가 오늘

너희에게 명령하는 도(道)에서 돌이켜 떠나 너희의 하나님 여호와의 명령을 듣지 아니하고 본래 알지 못하던 다른 신들을 따르면 저주를 받으리라"

아주 분명하지 않습니까? 복과 저주가 분명합니다. 주권자, 유일한 주권자인 하나님을 믿고 의지하면 복을 받고 하나님을 등지고 돈을 신으로 섬기든지 권력을 신으로 섬기든지 우상을 섬기면 저주를 받겠다고 하는 것입니다. 이 세상에는 복이 넘치는 곳도 있고 저주가 넘치는 곳도 있는 것입니다. 아브라함을 보고 너는 복이 되겠다고 한 것입니다. 복을 받기만 하는 것이 아니라 복이 되어서 네가 가는 곳마다 복덩어리다. 들에 가면 들에 복이 오고 집에 오면 집에 복이 오고 짐승을 기르면 짐승들이 복을 받고 복덩어리가 되겠다는 것입니다.

오늘날 왜 주의 종들이 가정에 심방을 와주기를 원하는 것입니까? 주의 종은 하나님의 부르심을 받은 복 받은 사람이니까 그가 들어오는 집에 복이 같이 따라오기 때문에 그런 것입니다. 요셉이 복 받은 사람이기 때문에 보디발의 집에 종으로 왔을 때 10년 동안에 그 보디발의 집이 크게 복을 받았습니다. 요셉이 감옥에 들어가서 3년 동안 있을 동안에 감방에 갇힌 죄수들이 다 복을 받았습니다. 요셉이 애굽의 국무총리가 되자 7년 기근을 너끈히 이겨낼 수 있는 복을 허락하여 주신 것입니다. "너는 복이 될지라"고 말한 것입니다. 복을 받을 뿐 아니라 복의 근원이 되겠다고 말한 것입니다. 그러므로 우리는 결코 하나님을 등진 삶을 살아서는 안 됩니다.

데살로니가후서 1장 8절로 9절에 "하나님을 모르는 자들과 우리 주 예수의 복음에 복종하지 않는 자들에게 형벌을 내리시리니 이런 자들은 주의 얼굴과 그의 힘의 영광을 떠나 영원한 멸망의 형벌을 받으리로다"라고 말씀하신 것입니다.

그러므로 우리가 늘 기도할 때 나라가 임하옵시고 뜻이 하늘에서 이룬 것 같이 땅에서 이루어 달라고 하지 않습니까? 하나님의 나라는 하나님의 주권이 나에게 임하여달라는 것입니다. 하나님이 나를 다스려 주십시오. 내가 나를 못 다스립니다. 세상이 나를 못 다스립니다. 하나님께서 나를 다스려 주시고 하나님께서 계획한 대로 해주시옵소서. 이게 겸손한 기도인 것입니다. 하나님 나를 도와주시옵소서. 천만에, 하나님이 왜 보좌관으로 도와주는 것입니까? 하나님은 우리를 주인으로 다스리러 오시지 도와주러 오지 않습니다. 많은 성도가 자꾸 하나님 내가 이 일을 하오니 하나님 도와주시옵소서. 같이 하여 주시옵소서, 라고 합니다.

그렇게 기도하지 말고 "하나님, 이 일을 하는 것이 하나님의 뜻입니까? 아닙니까? 하나님의 뜻이면 하나님이 이끌어 주시옵소서. 내가 하나님 뜻대로 살면 하나님이 복을 주시옵소서. 내가 무엇을 해야 하겠습니까?" 우리가 하나님이 같이 해달라고 하는 것이 아니라, 하나님 편에 서서 따라 가게 만들어 달라고 기도해야 되는 것입니다. 하나님은 각 사람에게 이 세상에 나올 때 삶의 길을 정해 놓은 것입니다. 모두 다 대통령이 되는 것도 아니고 모두 다 국회의원이 되는 것도 아니고, 모두다 재벌이 되는 것도 아니고, 모두 다 목사가 되는 것도 아닌 것입니다. 하나님이 내 일생에 정해놓은 길이 있는 것입니다. 하나님께서 정해놓은 그 길을 따라서 순종하고 살면 그 길에 형통하고 복을 받게 되는 것입니다.

시편 33편 12절에 "여호와를 자기 하나님으로 삼은 나라 곧 하나님의 기업으로 선택된 백성은 복이 있도다" 하나님을 자기 하나님으로 삼은 나라. 하나님의 기업으로 선택된 백성은 복이 있다고 말한 것입니다. 나를 믿는 백성은 복을 받겠다고 성경에 말한 것입니다. 역사를 통해서 보게 될지라도 구라파와 미국이 일류 국가가 된 이유는 하나님을 섬기고 하나님을 따랐기 때문에 일류 국가가 된 것입니다. 이제 구라파도 미국도 하나님을 떠나고 있으니까 일류 국가의 자리에서 밀려 나가고 있는 것입니다.

요한복음 15장 7절에 "너희가 내 안에 거하고 내 말이 너희 안에 거하면 무엇이든지 원하는 대로 구하라 그리하면 이루리라" 내가 하나님을 믿고 의지하고 하나님의 말씀이 내 마음속에 있으면 무엇이든지, 이 무엇이든지가 뭡니까? 영혼의 문제, 사업의 문제, 생활의 문제, 건강의 문제. 정신의 문제, 무엇이든지 구하라. 그리하면 이루어진다고 말한 것입니다. 우리 하나님은 우리 생활에 밀접히 관계하고 있는 것입니다. 우리가 하나님 아들 예수 그리스도의 몸에 붙어 있느냐, 붙어 있지 않느냐가 우리 운명을 결정하는 것입니다. 눈에는 아무 증거 안보이고 귀에는 아무 소리 안 들리고 손에는 잡히는 것 없어도 주님을 붙잡고 주님을 의지하고 믿고 순종하고 나가면 하나님이 인정해 주시고 복을 주시고 은혜를 주시는 것입니다. 하나님 없는 인생은 살았다 하나 죽은 것과 같은 것입니다.

우리는 아브라함과 같은 믿음을 가진 자는 아브라함과 같은 복을 받는다는 말을 성경에서 읽었습니다. 아브라함과 같은 믿음, 아브라함이 성자가 되어서 하나님 축복을 받은 것은 아닙니다. 아브라함도 많이 불순종하고 불신앙해서 넘어지고 쓰러지고 하나님 앞에 죄를 짓기도 했습니다. 그러나 곧장 회개하고 아브라함은 하나님을 믿고 순종하고 나간 것입니다. 완전해야 복을 받는 것은 아닙니다. 예수를 믿고 아버지를 아버지로 섬기면서 살아갈 동안에 내가 잘못했으면 회개하면 복이 있는 것입니다. 회개를 안 하고 내가 잘났다고 자꾸 고집을 하면 벌을 받지만 엎드려 회개하면 긍휼함을 받고 불쌍히 여김을 받고 용서를 받는 것입니다. 우리는 끊임없이 용서받으며 끊임없이 하나님의 사랑을 받으면서 순종하고 나가면 복을 받게 되는 것입니다. 갈라디아서 3장 9절에 "그러므로 믿음으로 말미암은 자는 믿음이 있는 아브라함과 함께 복을 받느니라"고 말한 것입니다.

오늘 이 시간 예수님을 믿는 모두 다 하나님의 부르심을 받은 것입니다. 하나님이 갈대아 우르에서 아브라함을 부르신 것과 같이 하나님이 부르셨기 때문에 예수를 믿게 된 것입니다. 하나님께서 미리 아시는 자로 미리 예수 그리스도의 형상을 닮기 위하여 부르셨다고 말한 것입니다. 예수께서도 아버지께서 내게 오게 하지 아니하셨으면 내게 올 자가 없다고 말한 것입니다. 예수를 믿는다는 것은 하나님께서 불러서 마음 문을 열어 주셨기 때문에 예수를 믿게 된 것이지 내가 지혜와 총명과 모략과 재능이 있어 예수 믿게 된 것은 아닌 것입니다.

하나님이 마음을 열어 주셔서 감화 감동을 주셔서 예수를 믿게 되었으니 하나님의 부르심을 받았습니다. 그러면 아브라함이 하나님께 부르심을 받았을 때 순종한 것같이 우리도 하나님 말씀을 순종하고 믿고 나가면 많이 실패도 하고 쓰러지기도 하고 어려운 일도 당하겠지만 결과로 하나님이 붙들어 주어서 아브라함이 큰 복의 근원이 된 것처럼, 나 자신도 복의 근원이 되고 일어서고 앉는 곳마다 하나님의 축복이 임하시게 되는 것입니다. 우리 하나님은 좋은 하나님인 것입니다. 그 아들을 우리에게 주신 하나님이 그 아들과 함께 무엇을 선물로 주시지 않겠습니까?

예수님은 은이나 금으로 말할 수 없는 귀한 보배인데 이 보배 예수님을 우리가 마음에 모시고 있으면 그 마음에 모시고 있는 몸과 생활과 가정에 복달라고 하는데 하나님이 복 안줄 리가 없는 것입니다. 그러므로 오늘날 하나님은 우리를 부르시고, 사랑하시고 인도하시니 하나님의 인도에 절대 순종하고 절대 믿음으로 나가기를 바랍니다.

13장 하나님께 물질의 복을 받는 비결

(왕하2:19-22)"그 성 사람들이 엘리사에게 고하되 우리 주께서 보시는 바와 같이 이 성읍의 터는 아름다우나 물이 좋지 못하므로 토산이 익지 못하고 떨어지나이다. 엘리사가 가로되 새 그릇에 소금을 담아 내게로 가져오라 하매 곧 가져온지라. 엘리사가 물 근원으로 나아가서 소금을 그 가운데 던지며 가로되 여호와의 말씀이 내가 이 물을 고쳤으니 이로 좇아 다시는 죽음이나 토산이 익지 못하고 떨어짐이 없을지니라 하셨느니라 하니 그 물이 엘리사의 말과 같이 고쳐져서 오늘날에 이르렀더라"

하나님은 우리를 축복하시기를 원하십니다. 현재 당하고 있는 삶의 문제를 주님의 능력으로 치유 받고 하나님의 축복을 체험하는 시간이 되기를 바랍니다.

하나님의 종 엘리사가 여리고에 갔을 때 여리고 사람들이 엘리사에게 나와서 이렇게 말했습니다. 선생님이여 이 여리고 성은 참으로 좋은 땅인데 물 근원이 나빠서 이 물이 흐르는 곳마다 열매를 맺지 못하고 다 떨어집니다. 짐승들도 이 물을 마시면 낙태를 해버리고 심지어는 부녀들까지도 이 물을 마시면 어린아이를 낙태합니다.

그러므로 이 물 근원에 독이 있은 즉 이 땅이 저주로 가득하니 우리를 도와주소서. 엘리사가 이 말을 듣고 하나님의 지시를 받아서 소금을 가져오라고 했습니다. 소금을 담아 오매 그것을 가지고 물 근원에 가서 하는 말이 여호와께서 말씀하시기를 이 물 근원이 치료되었으니 이제는 열매를 맺을 것이라고 말했습니다.

그러자 과연 그 때로부터 여리고에 있는 물 근원이 치료를 받아 그 물이 흐르는 곳마다 열매를 맺고 짐승들도 새끼를 낳고 사람들도 낙태하지 않았습니다. 하나님의 치료가 물 근원에서 넘쳐 나와 생명의 역사가 일어 난 것입니다. 하나님께서 그 물의 근원을 치료하기 전에는 물 근원에서 사망과 저주가 넘쳐 났는데 물이 치료받고 난 다음에는 생명과 부요가 그 물 근원에서 넘쳐 나게 된 것입니다.

우리 인간들은 아담이 선악과 하나 먹고 하나님과 같이 되려는 욕심 때문에 마귀의 유혹에 속아 타락함으로 인간의 마음이 죄의 누룩으로 말미암아 만물보다 부패하고 사망과 저주가 가득하게 되었습니다. 그 때문에 인간의 노력으로 만든 인간 세계의 문화는 부패와 사망과 고통이 가득한 문화인 것입니다. 인간의 마음이 고침을 받기 전에는 이 사망과 저주를 벗어 날 도리가 없습니다. 바로 우리 개인들의 마음이 생사화복의 생명의 근원이 된다는 사실을 우리가 분명히 알아야 합니다.

여리고성 전체가 샘 근원으로 말미암아 죽고 사는 일이 일어나는 것처럼 성경에는 생명의 근원이 우리 마음에 있다고 말했습니다. 그러므로 지킬만한 것보다 내 마음을 지키라고 강하게 말씀하고 계신 것입니다. 그런데 2천 년 전에 예수님께서 오셔서 갈보리 십자가에서 우리를 대신하여 죄의 부패와 사망을 멸하시고 청산하신 것입니다. 바로 예수 그리스도의 십자가의 보혈이 엘리사가 가지고 샘 근원을 정결케 한 소금과 같은 것입니다. 이 때문에 이제 십자가의 보혈을 통하여 마음의 샘 근원을 치료하면 우리의 마음속에 사망과 고통이 넘쳐 나온 곳에 생명과 부요가 넘쳐 나올 수 있게 되는 것입니다.

그러므로 오늘 이 시간 생명의 근원이 마음에 있다는 것을 잊지 마십시오. 우리가 주를 모를 때는 이 마음에서 사망과 고통이 넘쳐 납니다. 우리 집도 여리고요, 우리 직장도 여리고요, 세상도 여리고인데 우리 속에서 독의 샘물이 넘쳐 나니 사망과 불행이 꽉 들어차서 집안에도 사망과 고통이 있고 직장에도 사망과 고난이 있고 생활에도 사망과 고통이 있습니다.

오늘날 온 세상에 사망과 저주가 꽉 들어차 있지 않습니까? 그래서 이 여리고 같은 이 세상에서 우리 마음속이 샘의 근원인데 이 샘 근원에 소금을 던져야 됩니다. 이 소금이 바로 예수 그리스도인 것입니다. 예수 그리스도의 보혈과 성령의 능력인 것입니다. 내가 회개하고 예수를 구주로 모시고 입으로 시인하고 감동에 순종하며 성령님을 의지할 때에 예수님의 보혈이 나의 샘 근원을 고쳐 주시고 성령이 와서 나를 새롭게 하는 것입니다.

물과 성령으로 거듭나지 아니하면 하늘나라를 볼 수 없는데 성령이 와서 우리를 새롭게 함으로 우리의 샘 근원이 고쳐집니다. 우리 마음이 고쳐지면 이 마음속에 용서와 의의 샘이 넘쳐나고 이 마음속에 천국과 성령의 샘이 넘쳐 나고 이 마음에서 기쁨과 치료의 샘물이 넘쳐나고, 이 마음속에 아브라함의 축복과 번영의 샘이 넘쳐나고, 이 마음속에서 영생의 축복이 넘쳐 나게 되는 것입니다.

마음의 샘물이 달라집니다. 마음의 샘물이 달라지니 그 샘물을 받아 이루어지는 가정이 달라지고 직장이 달라지고 사회가 달라지고 영혼이 잘됨 같이 범사에 잘 되며 강건하고 생명을 얻되 넘치게 얻는 역사가 일어나게 되는 것입니다.

우리들의 삶에 사망과 고통이 있어 삶이 축복과 행복의 열매를 맺지 못하는 이유는 생명의 근원인 마음이 오염되고 썩어 있기 때문인 것입니다. 마음이 새롭게 되지 않고는 축복과 결실의 삶은 절대로 불가능합니다. 그러나 마음은 예수 그리스도를 구주로 모시고 보혈과 성령의 능력을 의지할 때에 변화되는 것입니다. 치료받는 것입니다. 엘리사가 여리고성 샘의 근원을 고치고 난 다음에 열매를 맺고 짐승들은 새끼를 낳고 사람들은 자녀를 건강히 낳아서 길렀다고 말했습니다. 이와 같은 축복을 우리가 받기 위하여 어떻게 하여야 합니까?

1. 우리가 하나님에 대한 사고를 바꾸어야 한다. 하나님은 저주하시는 하나님이 아니십니다. 하나님은 예수를 믿고 나오는 자들의 문제를 해결하여 주시기를 원하십니다. 여러분 하나님에 대한 개념을 바꾸시기를 바랍니다. 오늘 여리고 성의 사람들을 보시기

를 바랍니다. 이 여리고의 문제를 하나님이 고치실 수 있다고 믿었습니다. 그래서 열왕기하 2장 19절에 "그 성읍 사람들이 엘리사에게 말하되 우리 주인께서 보시는 바와 같이 이 성읍의 위치는 좋으나 물이 나쁘므로 토산이 익지 못하고 떨어지나이다." 하고 하나님의 사람에게 문제를 가지고 나와서 고쳐주기를 사모합니다. 하나님은 축복의 하나님이십니다. 하나님은 우리에게 소원을 두고 일을 행하시는 분이십니다. (빌2:13)"너희 안에서 행하시는 이는 하나님이시니 자기의 기쁘신 뜻을 위하여 너희에게 소원을 두고 행하게 하시나니."

이와 같이 하나님은 인간을 서주하시는 하나님이 아니시고 축복하시는 하나님이십니다. 우리가 축복을 받으려면 축복의 대상이 누구인지를 바로 알아야 합니다. 그래야 그 대상으로부터 축복을 받을 수가 있습니다. 사람은 사모하는 대상을 닮게 되어있습니다. 하나님이 나를 축복하시는 분이라는 확실한 믿음이 있어야 합니다. 여러분 예수님은 부요하신 자인데 우리를 위하여 가난하게 되셨다는 것을 믿으시기를 바랍니다. (고후8:9)"우리 주 예수 그리스도의 은혜를 너희가 알거니와 부요하신 이로서 너희를 위하여 가난하게 되심은 그의 가난함으로 말미암아 너희를 부요하게 하려 하심이라." 예수님의 소원은 우리들이 모두 하나님 안에서 부자가 되어 하나님나라 확장에 큰일을 감당하기를 원하시는 것입니다. 예수님은 믿는자들을 살아서 천국을 누리게 하시고 세상을 하직하면 영원한 천국에서 영생하도록 하시는 분입니다.

2. 가족이 성령으로 하나가 되어야 한다. 성령으로 하나된다는 것은 말이 아니고 성령으로 세례받고 충만받아야 한다는 말입니다. 오늘 여리고 성의 사람들은 하나가 된 것이 분명합니다. 하나님만이 이 문제를 해결하실 수가 있다고 생각하고 하나님의 사람에게 문제를 들고 나온 것입니다. (왕하2:19)"그 성읍 사람들이 엘리사에게 말하되 우리 주인께서 보시는 바와 같이 이 성읍의 위치는 좋으나 물이 나쁘므로 토산이 익지 못하고 떨어지나이다."

그 성 사람들이 엘리사에게 고했다고 하는 것으로 보아 하나된 것이 분명합니다. 우리 가정도 마찬가지입니다. 가족이 모두 하나가 되어야합니다. 내가 해결해야지 하나님이 어떻게 문제를 해결하느냐 말도 안 되는 소리 하지마라. 이러면 안 됩니다. 먼저는 부부가 하나가 되어야 합니다. 부부가 서로 마음이 하나 되어 하나님만이 이 어려움을 해결하실 수가 있다고 믿고 하나님에게 전폭적으로 매달리며 기도해야 합니다. 무작정 달라고 기도한다고 되는 것도 아닙니다. 우선 부부가 마음이 하나 되어야 합니다. 부부 화목에 관해서는 **"결혼 어떡하면 행복할까요?"**를 참고하시기를 바랍니다.

왜냐하면 우리들의 삶에 사망과 고통이 있어, 삶에 축복과 행복의 열매를 맺지 못하는 이유는 생명의 근원인 마음이 오염되고 썩어 있기 때문인 것입니다. 마음이 새롭게 되지 않고는 축복과 결실의 삶은 절대로 불가능하기 때문입니다. 그러나 부부가 마음이 하나 되어 예수 그리스도를 구주로 모시고 보혈과 성령의 능력을 의지할 때에 변화되는 것입니다. 성령의 지지와 인도와 역사가 있어야 문제가 풀어지기 시작합니다. 문제를 일으키는 근원이 허상이 아니고 영적인 실체이기 때문에 성령의 실체가 역사해야 풀리는 것입니다. 그리고 자녀들도 하나가 되어야 합니다. 자녀들이 부모가 하는 일이나 믿음생활에 협조적이지 못하고 반항적이거나 비협조적이면 그곳에 악한 역사가 일어나고 있기 때문에 성령의 역사에 의한 치유가 불가능한 것입니다. 그래서 재정과 환경의 문제를 풀려면 무엇보다도 중요한 것이 가정이 하나 되는 것입니다. 아무리 노력을 해도 하나 되지 못한다면 그것은 연단의 기간입니다. 시간이 필요합니다. 하나님은 개인과 가정이 하나가 될 때까지 기다리십니다. 그러므로 가족 모두가 하나님의 역사가 있어야 이 문제가 풀어질 수 있다는 필요성을 절박하게 느낄 때까지 기도하며 기다리는 것입니다. 때가 이르면 하나가 될 것입니다. 하나 되기 위하여 기도하시기를 바랍니다.

3. 문제의 원인을 바르게 진단해야 한다. 오늘 여리고 성의 문제는 물 근원지에 있었습니다. (왕하2:20-22)"엘리사가 가로되 새 그릇에 소금을 담아 내게로 가져오라 하매 곧 가져온지라. 엘리사가 물 근원으로 나아가서 소금을 그 가운데 던지며 가로되 여호와의 말씀이 내가 이 물을 고쳤으니 이로 좇아 다시는 죽음이나 토산이 익지 못하고 떨어짐이 없을지니라 하셨느니라 하니 그 물이 엘리사의 말과 같이 고쳐져서 오늘날에 이르렀더라."

문제의 원인이 어디에 있는지를 정확히 알아야 불필요한 시간을 낭비하지 않습니다. 우리에게 문제가 오는 이유는 제가 지금까지 사역하면서 임상적으로 터득한 바에 의하면 대략 이렇습니다.

1) 하나님을 멀리하고 우상을 숭배하므로 당하는 고통입니다.

① 오므리의 아들 아합의 아내 이세벨이 우상을 숭배하여 이스라엘에 기근이 찾아옵니다(왕상16:29-31). 이로 인하여 온 나라 백성이 3년 기근으로 고생을 당합니다.

② 여로보암 왕의 우상숭배 죄는 자신의 자녀들 및 전 국가에 저주를 몰고 왔습니다(왕상14:8-18). 이처럼 조상의 삶이 자손들에게 반드시 어떤 종류의 영향 즉 죄의 결과를 끼친다는 것입니다. 인류의 조상 아담과 하와의 범죄를 통해 전 인류는 죄인이 되었습니다. (롬5:12)"그러므로 한 사람으로 말미암아 죄가 세상에 들어오고 죄로 말미암아 사망이 들어왔나니 이와 같이 모든 사람이 죄를 지었으므로 사망이 모든 사람에게 이르렀느니라." (롬5:17)"한 사람의 범죄로 말미암아 사망이 그 한 사람을 통하여 왕 노릇 하였은즉 더욱 은혜와 의의 선물을 넘치게 받는 자들은 한 분 예수 그리스도를 통하여 생명 안에서 왕 노릇 하리로다."

③ 다른 사람들에게 고통을 주어도 기근을 당합니다. 기브온 족속과의 계약을 어긴 사울 때문에 다윗 때에 전 민족이 삼년 동안 기근을 당하였습니다(삼하21:1-13).

2) 예수를 믿은 후 믿기 전에 와 있던 마귀가 일으키는 영적인 문제를 해결하지 못하므로 당합니다.

① 믿기 전에 했던 세상 풍속을 쫓고 우상 숭배를 했던 모든 것을 말씀과 성령의 역사로 자르지 못한 연고로 당하는 것입니다(엡2:2).

② 예수님을 주인으로 영접하지 않아 전인격이 성령으로 장악 당하지 못하여 성령 충만을 받지 못한 연고로 당합니다(행1:8).

③ 성령으로 영적인 눈이 열리지 않아 깨닫지 못하므로 인하여 문제의 원인을 찾지 못하여 문제의 근본을 해결하지 못하고 등한시한 결과입니다.

④ 예수만 믿으면 영적인 문제가 자동으로 해결된다는 이론을 믿고 영적인 면을 등한시하여 당합니다. 오늘날 예수를 믿는 많은 분들이 예수님만 믿으면 모든 영적인 문제가 자동으로 해결되었다는 정확하지 않은 이론을 믿고 치유를 등한시하여 당하는 분들이 많이 있습니다. 그러나 성경은 밝히 말씀하고 계십니다.

(마가복음 16장 17-18)"믿는 자들에게는 이런 표적이 따르리니 곧 그들이 내 이름으로 귀신을 쫓아내며 새 방언을 말하며 뱀을 집어올리며 무슨 독을 마실지라도 해를 받지 아니하며 병든 사람에게 손을 얹은즉 나으리라 하시더라."

이는 예수 이름으로 자신이 귀신을 쫓아내라는 것입니다. 고로 자신이 영안을 열어 문제와 원인을 진단하고 예수님의 권세를 주장하여 치유 받아야 영육의 문제가 해결이 됩니다. 고로 자신에게 나타나는 문제를 찾아서 예수 이름으로 해결해야 하는 것입니다.

3) 조상들의 잘못으로 악한 영의 저주일 수도 있습니다. 재정적인 고통, 압박과 가난 등 짧은 기간의 궁핍은 하나의 연단이라고 할

수 있지만 항상 가난 한 것은 마귀의 역사일 수 있습니다(학1:6).

4) 조상들이 하나님에게 이웃에게 심어 놓은 것이 없을 경우도 있습니다(고후9:6).

5) 자신이 하나님과의 관계를 열지 못한 이유일 수도 있습니다 (렘 2:12-13).

6) 우환 질고(사고, 질병, 재해)가 끊이지 않아 물질이 새나가므로 고통을 당할 수도 있습니다(학1:6).

7) 게으르게 하는 영이 역사하므로 게을러서 오는 결과일 수도 있습니다(살후3:10). 이로보아 모든 문제의 뒤에는 원인이 있습니다. 성령으로 원인을 찾아서 자신이 직접 치유해야 하나님이 예비하신 복을 누리면서 살아갈 수가 있습니다.

4. 문제를 적극적으로 해결해야 한다. 본문에 여리고 성의 사람들은 문제를 해결하려고 나름대로 많은 노력을 했을 것입니다. 그러나 인간의 힘으로 인간의 문제를 해결할 수가 없습니다. 인간은 육입니다. 육은 미완성입니다. 육은 마귀의 종이였습니다. 모든 문제에는 아담의 죄악으로 마귀의 저주와 결부가 되어있기 때문에 하나님이 오셔야 해결이 됩니다. 이 인간의 문제를 해결하려고 예수 그리스도가 육신의 몸을 입고 이 땅에 오신 것입니다.

1) 하나님에게 문제를 가지고 **빨리 나오라.** 하나님이 함께하는 사람을 만나야 합니다. 이 여리고 성의 사람들은 하나님이 고치 실 수 있다는 믿음을 가지고 하나님의 사람 엘리사에게 나온 것입니

다. 그래서 엘리사에게 사정을 소상하게 아룁니다. 여리고 성은 참으로 좋은 땅인데 물 근원이 나빠서 이 물이 흐르는 곳마다 열매를 맺지 못하고 다 떨어집니다. 짐승들도 이 물을 마시면 낙태를 해버리고 심지어는 부녀들까지도 이 물을 마시면 어린아이를 낙태합니다. 하고 엘리사 에게 사정을 정확히 고하며 말합니다.

이 여리고 사람들은 물에 문제가 있다는 것을 알았습니다. 그래서 하나님의 사람 엘리사에게 문제를 내놓아 치유를 받은 것입니다. 이와 같이 문제를 알았으면 하나님의 사람의 전문적인 지도를 받아 치유하는 것이 좋습니다. 자신이 해결한다고 밤낮기도하고, 철야기도하고, 교회에서 살다시피 하고, 또 산에 가서 산기도하고, 100일 천일 작정 철야기도하고, 서원기도도 해보고, 능력 있다는 목사에게 안수 기도도 받고, 예언기도도 받아보고, 금식기도도 하고, 각종예물도 드리고, 별별 인간적인 처방을 해도 절대로 문제는 풀리지 않습니다. 문제에는 귀신이 결부가 되어있기 때문입니다.

정확한 영적인 원리를 가지고 문제와 원인에 성령으로 권위를 주장하는 영적인 치유를 해야 문제가 풀립니다. 문제를 풀려면 먼저 공인된 하나님의 사람에게 오셔서 정확한 진단을 받아야 하고, 진단에 따라 전문적인 치유를 받아야 합니다. 절대 안수 한번 받았다고 해결되지 않습니다. 예언 기도 받는 다고 해결되지 않습니다. 속아서 시간만 오래되어 더 묶이지 마시고 정확한 치유를 해야 합니다. 그 다음 어떻게 해야 합니까?

2) 우리의 문제의 근원은 나의 마음 안에 있습니다. 우리의 마

음을 말씀과 성령으로 내적치유 합니다. 엘리사도 물 근원에 소금을 던져서 고쳤습니다(왕하2:21). 왜 우리의 마음을 치유해야 합니까? 우리의 근본은 아담의 육체를 가지고 있기 때문에 예수 믿고 교회에 들어오면 먼저 말씀과 성령의 역사로 마음을 치유 받아야 합니다. 그래서 육체가 성령의 지배를 받아야 합니다. 제가 지금까지 성령치유 사역을 하다가 한 가지 깨달은 것은 모든 문제의 원인은 자신의 마음 안에 있다는 것입니다. 그래서 문제의 원인이 자신의 마음에 있다는 것을 인정하고 말씀과 성령으로 치유하여 육체가 성령의 지배를 받으면 영의 사람으로 영이신 하나님과 교통하므로 하늘의 권세로 문제가 해결되기 시작합니다. 우리의 문제의 근원지인 마음의 상태가 어떠합니까?

① 우리 인간의 마음은 죄악으로 오염되고 썩은 저주의 근원입니다. 왜 그렇습니까? 아담이 하나님의 말씀을 의심하고 마귀의 말을 믿고 선악과를 먹음으로 인간의 마음에 마귀가 주인 되었기 때문에 인간의 마음이 죄악과 저주로 썩은 것입니다. 사람의 마음이 죄악으로 오염되고 썩어 있기 때문에 어떤 교육이나 수양이나 도덕적인 훈련을 통해서도 사람이 변화되지 않습니다. 왜냐하면 아담이 하나님의 말씀에 순종하고 살았더라면 좋았을 것인데, 아담이 하나님의 말씀을 믿지 않고 마귀의 말에 속아 선악과를 먹음으로 마귀가 사람을 다스리는 권세자가 되었기 때문입니다. 이것은 오직 우리를 대신해서 십자가에 못 박혀 우리의 죄와 부패를 대신 걸머지고 청산한 예수 그리스도의 십자가의 보배로운 피와 하나님

의 성령의 능력 이외에는 도저히 변화시킬 수가 없습니다.

② 우리 사람의 마음은 세속과 마귀로 오염되고 썩은 마음입니다. 마음속에 세속이 꽉 들어 차있습니다. 음란하고 방탕하고 술취하고 도적질하고 거짓말하고 시기하고 분노하고 질투하고 온갖 세속의 부패가 꽉 들어차 있는 것입니다. 그게 다 마귀가 와서 함께 손을 잡고 도적질하고 죽이고 멸망시키는 일을 합니다. 이 부패된 마음을 어떻게 청소를 할 수가 있습니까? 주님의 은혜로 말미암아 예수 그리스도를 모셔 드릴 때에 그 십자가에 흘리신 보혈의 능력과 성령의 권세가 우리의 생명의 근원 되는 마음을 완전히 치료해 버리고 마는 것입니다. 그래서 마음속에서 세속과 마귀가 쫓겨 나가고 그 자리에 천국과 성령이 들어와서 충만하게 해서 생명의 원천이 되어 버리고 마는 것입니다.

③ 우리의 마음은 질병으로 오염되고 썩은 마음입니다. 육신의 병의 근원은 역시 마음에 있습니다. 염려, 근심, 시기, 질투, 원망, 미움, 불안, 두려움, 분노 등 이와 같은 마음의 스트레스가 오늘 우리 병을 이루고 있는 것입니다. 죄의 직·간접적인 원인이 바로 마음입니다. 이 마음에 마귀가 자리를 잡아 영육의 문제를 일으킵니다. 이 마음의 치료를 어떻게 합니까? 그것은 말할 필요도 없이 예수 그리스도의 보혈과 성령의 능력이 임하여서 마음속에 기쁨이 넘쳐나고 평화가 넘쳐나며 믿음이 넘쳐 날 때에 육신의 질병은 사라지고 마는 것입니다.

④ 가난의 마귀의 저주로 오염된 생명의 근원은 마음입니다. 우

리가 사는데 가난의 고통이 다가오고, 하는 일이 다 안 되고, 이를 어떻게 해야 되느냐, 그래서 예수를 믿는 사람들이라도 정 안되면 능력이 있다는 사람을 찾아가서 상담도 해보고, 안수도 받아보고, 예물도 드려보고, 예언도 들어보고 그럽니다. 세상에 믿지 않는 사람들은 사주팔자를 보기도 하고, 무당을 불러서 굿도 하고, 온 산천초목에 가서도 빌기도 하는데 몰라서 그렇습니다. 여리고성에 열매가 떨어졌는데 무당에 가서 굿하고 우상에게 절한다고 해서 여리고성 열매가 안 떨어지겠습니까?

여리고성에 열매가 떨어진 것은 여리고에 물 근원이 사망과 독이 가득하게 차있기 때문인 것입니다. 우리에게 일이 안 되는 것은 우리 마음에 사망과 독이 있기 때문에 그렇지 환경에 가서 빈다고 일이 되는 것이 아닙니다. 지킬만한 것보다 더 네 마음을 지켜라 생명의 근원이 이에서 난다고 함으로 복과 화가 우리 마음에서 나는 것입니다. 마음을 통해서 복을 주시고 또 우리 마음을 통해서 하나님께서 심판도 하시는 것입니다.

그렇기 때문에 우리 마음이 하나님이 복을 주시는 파이프라는 것을 우리가 알아야 합니다. 예수님이 십자가에 못 박혀 저주를 대신 짊어지셨으므로 예수를 구주로 믿고 모시고 행위로 순종하고 나아가면 그리스도가 우리 마음속에서 저주를 제해 버리기 때문에 우리가 생각하는 것이나 말하는 것이나 행하는 모든 일에 하나님의 축복이 넘쳐 나서 환경이 변화되어 버리고 만다는 것입니다. 우리의 마음을 먼저 말씀과 성령으로 내적 치유하여 풀어야 합니다.

용서할 것은 용서하고 회개 할 것은 회개하여 먼저 마음을 평안하고 안정되게 하여 성령의 전이 되게 해야 합니다. 그리고 난 다음에 영적싸움을 하는 것입니다.

3) 재정과 환경의 문제를 풀어내고 축복의 근원이 되기 위한 영적전쟁을 해야합니다. (왕하2:20-22)"엘리사가 가로되 새 그릇에 소금을 담아 내게로 가져오라 하매 곧 가져온지라. 엘리사가 물 근원으로 나아가서 소금을 그 가운데 던지며 가로되 여호와의 말씀이 내가 이 물을 고쳤으니 이로 좇아 다시는 죽음이나 토산이 익지 못하고 떨어짐이 없을지니라 하셨느니라 하니, 그 물이 엘리사의 말과 같이 고쳐져서 오늘날에 이르렀더라."

① 진단한 문제의 근원을 가지고 회개하거나 용서하세요. 조상의 문제, 자신의 문제 등을 말합니다.

② 마귀에 의한 악의 근원을 찾아 끊어 내야 합니다.

③ 재정에 저주하며 악을 전이시키는 악한 마귀, 악귀를 쫓아내야 합니다.

④ 재정과 환경에 역사하는 악한 영을 몰아내고 축복으로 채워라 입니다.

⑤ 조상이나 자신의 문제로 온 가난의 문제가 끊어짐을 믿고 감사하고 축복하라.

⑥ 지속적인 영적 싸움을 하라. 물질의 축복이 임하도록 사후관리를 잘해야 합니다. 우리가 하나님의 축복을 받기 위해 성령으로 충만하여 축복 받을 그릇이 되어야 합니다.

⑦ 계속 입술로 선포하며 명령하라. 악한 영은 떠나가고 물질의 축복은 올지어다.

4) 축복을 받기위한 적극적인 영적 활동을 해야 합니다.

① 가족과 사업장의 직원들이 한 마음으로 하나님에게 향하라. 예배나 합심기도를 통하여 모두가 하나 되게 하시기를 바랍니다.

② 가정이나 사업장에서 예배와 대적기도하며 지역과 장소를 장악하는 적극적인 활동을 하라 입니다.

③ 사업장에서 아침저녁으로 문을 잡고 기도하라. 안에서도 기도하라. 성령의 역사가 일어나 장소를 성령이 장악해야 마귀가 떠나니 형편이 풀립니다.

④ 가정이나 사업장에서 강한 성령의 역사를 일으키고, 장악하는 활동을 적극적으로 하세요.

어느 산채 비빔밥 집으로 수억을 벌은 군 출신의 말은 이렇습니다. 새벽에 기도하며 사업에 대한 하나님의 지혜를 구했습니다. 아침에 가게 문을 열기 전에 가게에서 문을 잡고 매일 선포기도를 했답니다. 낮에는 가게 앞에 서서 마당을 밟으며 기도하다가 손님이 오면 맞이했다고 합니다. 한 마디로 성령으로 사업장을 장악하는 적극적인 영적인 행동을 했다는 것입니다. 사업장이나 교회나 할 것 없이 성령으로 장악되면 물질이 풀리기 시작합니다. 그래서 저는 사업하는 성도들에게 지속적으로 예배드리고 대적기도하며 성령으로 가게를 장악하라고 합니다. 그러한 조언을 듣고 실천하는 성도는 모두 부자가 되었습니다.

14장 빈곤을 탈출하는 적극적인 방법

(요9:1-3)"예수께서 길 가실 때에 날 때부터 소경 된 사람을 보신지라 제자들이 물어 가로되 랍비여 이 사람이 소경으로 난 것이 뉘 죄로 인함이오니이까? 자기오니이까? 그 부모오니이까? 예수께서 대답하시되 이 사람이나 그 부모가 죄를 범한 것이 아니라 그에게서 하나님의 하시는 일을 나타내고자 하심이니라"

하나님은 믿는 우리가 전인적인 축복을 받으면서 하나님 나라를 이루기를 원하십니다. 성령은 우리의 깊은 것이라도 통달하십니다. 가난과 환경을 치유하기 위해서 성령으로 지혜와 지식의 말씀과 영분별의 은사를 개발합시다. 환경을 치유하는 사역을 위하여 성령의 임재 훈련을 자주하고 성령의 임재를 유지해야 합니다. 가정이나 사업장의 재정의 문제를 진단하기 위해서는 영감이 깊어야 합니다.

오직 우리 안에 계신 성령님만이 문제의 원인을 아시기 때문에 우리가 영적인 상태가 되어야 성령께서 알려주는 지식의 말씀을 알 수가 있는 것입니다. 이 가난을 치유하는 사역은 전적으로 지식의 말씀과 지혜의 말씀, 영분별의 은사를 활용하여 사역을 하므로, 성령의 임재 상태에서 정확한 사역을 할 수가 있습니다. 가난의 문제를 대수롭게 생각하지 말고 말씀과 성령의 역사로 적극적으로 해결하려고 의지를 가지고 노력해야 합니다. 많은 분들이 물질의 문제가 있다든지 영육으로 고통이 있으면 작정기도를 한다든지, 산 기도를 한다든지 하는데, 저의 아는 지식으로는 작정기도는 성경에 없습니다. 기도는 응답이 될 때까지 하는 것이 바른 기도의 방법입니다. 그리고 제가 지금까지 재정의 문제를 치유하고 해결한 모든 일들을 종합하여 볼 때, 기도는 실제 문제 있는 현장에서 말씀과 성령이 역사하는 예배를 드리면서 치유하는 것이 효과가 있었습니다. 가정에 문제가 있으면 가정에서 가족이 합심하여 기도하여 가정을 성령으로 장악하는 것입니다. 사업장에 재정에 문제가 있으면 사업장에서 사업장에 속한 사람들이 합심하여 예배하고 기도하여 사업장을 성령으로 장악하는 것입니다.

교회가 부흥을 원하든지 재정적으로 풀어지기를 원한다면 교회 안에서 합심하여 기도하여 교회를 성령이 장악하게 하는 것입니다. 그리고 가정이나 사업장에 재정의 문제나 기타문제가 있을 경우, 담임 목사님을 청해 다가 심방을 하는 것도 효과적입니다. 좌우지간 의지를 가지고 해결이 될 때까지 예배를 드리고 대적기도를 해야 합니다. 그래야 재정의 문제가 풀립니다. 조금 해보다가 포기하면 절대로 안 됩니다. 본인 노력과 열정적인 기도가 있어야 가정이나 사업장의 재정의 문제가 풀어지는 것입니다.

그래서 물질문제와 환경을 치유하려면 가정이나 사업장에 직접 심방을 통해 치유하는 것이 효과적입니다. 그래서 능력 심방에 대해서 잘 알아야 합니다.

1.능력 심방의 뜻. 심방이란 무엇인가? 사람을 찾아보는 것인데, 특히 교회의 심방은 교역자나 교회의 직원(장로, 집사, 권사, 권찰)이 교인들을 찾아보게 되는 것을 뜻합니다. 그리하여 성도가 당한 문제를 치유하는 영적인 활동을 심방이라고 합니다.

2. 능력 심방의 목적.

1) 시험에 든 신자의 위로와 격려와 치유하는 적극적인 활동입니다.

2) 초신자의 신앙훈련을 위한 영적인 활동입니다.

3) 성도 상호간의 신앙 교제와 화목을 목적으로 하는 것입니다.

4) 문제 있는 자를 심방하여 치유하며 전도하는 것입니다. 질병, 물질고통, 가정불화, 자녀문제, 신앙문제 등을 상담과 치유하며 능력전도하는 것입니다. 강한 성령의 역사를 일으켜서 문제의 원인을 진단하고 치유하는 활동입니다.

3. 능력 심방의 효과

교역자나 직분자는 심방을 통하여 많은 유익을 얻으며, 그 목회를 창의적이며 발전적으로 해나갈 수 있습니다. 문제 있는 가정의 문제를 말씀과 성령의 역사로 치유하므로 성도에게 믿음을 줄 수가 있습니다. 문제 있는 가정의 구원으로 인하여 전도에 효과적입니다. 문제로 고통당하는 가정에 찾아가 복음을 전하여 능력전도를 할 수 있습니다.

능력 전도하므로 교회도 성장하고 하나님나라의 확장에도 기여할 수가 있습니다. 심방을 적절하게 잘하므로 교회가 재정적으로 풍성하며 성장하게 됩니다. 우리가 오늘 배우려고 하는 심방은 앞에 설명한 기존심방과 다른 문제 있는 가정을 전도하기 위하여 치유하며 심방하는 능력심방입니다.

4. 심방할 때 영적 진단 요령

① 성령님께 물어보아야 합니다. 그 문제의 원인이 무엇인가? 하나님이 어떻게 고쳐주시기를 원하시는 가? 어떤 방법을 쓰기를 원하시는가? 무슨 말씀을 주실 것인가?

② 성령이 원하시는 방법을 민감하게 알려면 이렇게 해야 합니다. 먼저 장소의 영적 진단을 하는 데 사소한 영감이나 현상에도 민감해야 합니다. 사소한 느낌도 지나치지 마시기 바랍니다. 성령께서 주시는 영감을 치유의 단서로 삼으시기 바랍니다. 해결의 방법을 하나님이 선택하게 하세요. 기도간 항상 물어 보시기 바랍니다. 말씀과 기도, 찬양 등 등. 그리고 중요한 것은 그 심방을 받는 사람에 대한 나쁜 감정을 제거 정리해야 합니다. 나오고 시키는 기도를 많이 하세요. 통성기도, 대적기도, 명령기도, 보혈찬송, 기도를 성령께서 감동으로 멈추게 하실 때까지 계속해야 합니다.

③ 사역자의 사고를 바꾸어야 합니다. 내가 기도해서 해결된다는 생각을 버리시기를 바랍니다. 하나님이 하십니다. 영적으로 사고하세요. 문제를 하나님이 원하시는 뜻 안에서 찾으려고 하세요.

치유의 방법을 내가 결정하려는 생각을 버리시기를 바랍니다. 성령하나님이 하시게 하기를 바랍니다.

④ 영적 진단: 성령의 초자연적인 역사(영감) 지식, 지혜의 말씀의 은사, 영분별, 영적 지도 작성 등. 영적지도 작성이란 성령의 임재 가운데 대상을 위에서 아래로 둘러보는 것입니다.

⑤ 반드시 반대 영을 공급하여 축복으로 채워야 합니다. 비워두면 또 들어옵니다. 믿음으로 선포하세요. 재정의 축복이 임할지어다. 손에 재물 얻는 능력이 임할 지어다. 이 가정이 자자손손 하나님의 복 받는 자손들이 될지어다. 믿음으로 선포하세요.

"내가 예수 이름으로 명하노니 이 가정에 물질의 축복이 임할지어다" "내가 예수 이름으로 명하노니 이 가정에 건강의 축복이 임할지어다" "가정이 예수 이름으로 하나가 될지어다"

5. 가난 끊는 심방 예배의 영적비결

① 찬송(장소를 성령으로 장악하기 위하여 성령의 인도받으며 찬양을 합니다) 자리를 정리합니다. 목회자 앞에 심방을 받는 성도들이 위치하도록 조정합니다.

② 통성기도를 합니다. 통성기도하며 개별안수를 합니다. 성령 임재와 장악을 위하여 그렇게 하는 것입니다. 무엇보다 성령으로 장악하는 것이 중요합니다.

③ 사도신경하며 예배를 시작합니다. 찬송한곡을 부르고…

④ 기도(대표기도 할 자가 있으면 하게하고 없으면 생략해도 무

방합니다)

⑤ 성경 봉독 및 설교(성령이 감동하는 그 가정의 실정에 맞는 본문을 택하여 전합니다). 저는 대표 기도할 때 성령께서 그 집에 주시는 말씀을 받습니다. 말씀을 미리 준비하여 가지 않고 심방하는 장소에서 말씀을 받아 전합니다. 물론 말씀은 미리 많이 준비하여 둡니다. 제가 부교역자 3년을 하면서 담임목사 가방 들고 따라다니면서 터득한 것입니다. 영적인 것은 그냥 되지 않습니다. 준비가 필요합니다. 능력심방을 하여 가난을 치유하기 위해 시간과 물질을 투자하세요.

⑥ 기도(설교자가 그 가정을 위해서)

⑦ 주기도문으로 폐회(또는 축도)

◎ 저는 보편적으로 간단하게 일 단계 예배를 마치고 2단계로 합심기도를 하면서 악한 영들을 몰아내고 문제를 치유하고 성령으로 가정과 사업장을 장악하게 합니다. 대략 아래와 같은 순서를 가지고 성령의 인도에 따라 진행을 합니다.

① 찬송을 합니다. 성령의 임재가 충만할 때까지 찬송을 부릅니다.

② 통성 기도를 합니다. 이 때 목회자는 심방 받는 성도들을 개별 안수를 합니다.

③ 개별 안수기도를 합니다. 강한 치유가 일어납니다. 주의해야 하고 심방을 받는 성도들에게 미리 이해를 시키는 것도 필요합니다. 주로 심방 예배시 일어나는 성령이 역사하는 현상은 성령 세례를 받을 때 일어나는 현상과 비슷합니다. 심방할 때 역사하는 성령

은 앞의 뒤 16장에서 설명한 것과 같은 강한 성령의 역사가 나타납니다. 이렇게 성령의 역사가 강하게 일어나서 성령께서 가정을 장악하면 문제를 일으키는 영적인 세력을 예수님의 보혈과 성령의 역사로 몰아내는 것입니다. 그리고 천사를 동원하여 지켜 보호하며 돕게 하는 것입니다. 이런 심방을 자주하면 가정이 성령으로 충만하고 평안이 머물게 됩니다. 자꾸 자꾸 문제가 없어집니다.

저는 능력심방을 통하여 문제를 많이 해결합니다. 특히 물질의 문제가 있거나 부동산이 나가지를 않거나 영적인 문제로 사경을 헤매는 환자의 집에 찾아가서 심방을 하므로 문제를 해결합니다. 한번은 우리 성도가 사업을 시작했는데 자본이 부족하여 살고 있는 집을 부동산에 내 놓았는데 나가지를 않아서 심방을 요청했는데 심방하고 돌아온 그날 집이 나가서 해결이 되었습니다. 한번은 빌라를 팔려고 2년 전에 내 놓았는데 나가지를 않아 심방을 해달라고 해서 심방하고 20일 만에 나갔습니다. 그리고 한번은 아들이 귀신역사로 정상적인 생활을 못하여 심방을 갔는데 심방하고 치유기도 때에 귀신이 떠나고 정상이 되었습니다. 좌우지간 하나님이 하신다는 믿음을 가지고 성령의 인도를 받고 찾아가서 심방하면 예수님이 믿음을 보시고 해결하여 주십니다. 저는 지금까지 하나님의 은혜로 문제 있는 가정에 심방을 가서 해결되지 않은 일이 별로 없는 것 같습니다. 하나님을 믿으면 됩니다.

능력 심방하는 비결을 간단하게 요약해서 설명한다면 그 가정과 사업장을 성령으로 장악하고 문제에 맞는 말씀을 전하여 믿음을 유발시키고 방해하는 세력을 성령의 역사로 몰아내고 반대 영을 공급하고 천사의 도움을 요청하고, 개인별 안수기도로 성령의 임재를 충만하게 받도록 합니다. 이는 이론으로 배운다고 되는 것이 아니고 사역자가 체험하고 터득해야 된다고 생각이 됩니다. 하나님에게 기도하고 멘토를 정하여 배워야 합니다. 그냥 자동으로 되어지는 것이 아닙니다. 하나님은 축복하시는 하나님 이십니다. 믿음을 가지시고 성령의 능력으로 능력심방을 해서 문제를 해결하시기를 바랍니다.

6. 가난 끊고 환경치유 기도 비결.

1) 가정에서 일어나는 영육의 문제 치유기도 방법.

① 잦은 사고: 성령이여 임하소서. 이 가정에 잦은 사고를 일으키는 악한 영은 예수 이름으로 명하노니 떠나갈지어다. 떠나간 곳에 유화의 영이 임할지어다.

② 물질빈곤: 성령이여 임하소서. 이 가정에 물질고통을 주고 있는 악한 영은 예수 이름으로 명하노니 떠나갈지어다. 떠나간 곳에 재정축복의 영이 임할지어다.

③ 부부불화: 성령이여 임하소서. 이 가정에 부부간에 불화를 일으키는 악한 영은 예수 이름으로 명하노니 떠나갈지어다. 떠나간 곳에 부부 화평의 영이 임할지어다.

④ 자녀문제: 성령이여 임하소서. 이 가정에 자녀들의 문제를 일으키는 악한 영은 예수 이름으로 명하노니 떠나갈지어다. 떠나간

곳에 평안의 영이 임할지어다.

⑤ 불임: 성령이여 임하소서. 이 부부간에 역사하며 생육하고 번성하는 것을 방해하는 악한 영은 예수 이름으로 명하노니 떠나갈지어다. 태문을 막고 있는 더러운 영은 물러갈지어다. 생육하고 번성하지 못하게 하는 영은 물러갈지어다. 태문이 열리고 잉태의 축복이 임할지어다.

⑥ 낙태(자연유산): 성령이여 임하소서. 이 성도에게 역사하며 습관적으로 유산되게 하는 악한 영은 예수 이름으로 명하노니 떠나갈지어다. 태속의 아이는 자궁에 편안하게 정착할 지어다.

⑦ 유전(대물림): 성령이여 임하소서. 이 가문에 역사하며 영육의 고통을 주고 있는 악한 영의 대물림은 예수 이름으로 끊어질지어다. 대물림이 끊어지고 대대로 축복의 영이 임할 지어다.

2) 사업장에서 일어나는 문제를 치유하는 기도 방법.

① 매출을 늘리고 싶다. 성령이여 임하소서, 사업장에 복이 임할지어다. 사업장에 거래처가 늘어날 지어다. 매출이 날마다 늘어날지어다. 천사들아 이 사업장을 도와 하나님의 영광을 드러낼 지어다. 그리고 믿음의 십일조를 하는 등의 기타 추가적인 조치가 필요합니다.

② 손님이 없다. 성령이여 임하소서. 이 사업장에 역사하면서 손님 들어오지 못하게 방해하는 악한 영은 예수 이름으로 명하노니 물러갈지어다. 천사들아 손님들을 많이 모시고 올지어다.

③ 수입이 적다. 상기 방법을 응용하여 대적 기도하세요.

④ 사고가 자주난다. 성령이 주시는 지식의 말씀을 받아가며 사역하세요.

⑤ 손님들과 분란이 있다. 성령이 주시는 지식의 말씀을 받아가며 사역하세요. 성령께서 그때 그때 주시는 레마를 가지고 선포하며 사역하는 것입니다. 절대로 사역자 자신의 말을 선포하는 것이 아닙니다.

　3) 직장에서 일어날 수 있는 문제의 치유기도 방법.

의견 충돌이 자주 난다. 본인 안에 상처가 있는지 성령으로 찾아보세요. 자주 옮긴다. 상처가 있는지 성령으로 찾아보세요.

　4) 기타. 부동산이 안 나간다. 성령이여 임하소서, 이 장소에 역사하며 부동산이 나가지 못하게 방해하는 악한 영은 예수 이름으로 명하노니 물러갈지어다. 천사들아 새 주인을 모시고 와서 나가도록 도와줄지어다.

7. 가난과 고통 탈출기도 성공요소. 사랑과 끈기를 가지고 치유되고 해결 될 때까지 기도하고 대적해야 합니다. 성령의 감동에 순종해야 합니다. 본인 의지와 믿음을 가지고 지속하고 성령 충만을 유지해야 합니다. 지금이야말로 하나님으로부터 모든 질고를 치유받을 수 있습니다.

15장 하나님의 복을 끌어당기는 비결

(출15:22-27) "모세가 홍해에서 이스라엘을 인도하매 그들이 나와서 수르 광야로 들어가서 거기서 사흘길을 걸었으나 물을 얻지 못하고 마라에 이르렀더니 그 곳 물이 써서 마시지 못하겠으므로 그 이름을 마라라 하였더라. 백성이 모세에게 원망하여 이르되 우리가 무엇을 마실까 하매 모세가 여호와께 부르짖었더니 여호와께서 그에게 한 나무를 가리키시니 그가 물에 던지니 물이 달게 되었더라 거기서 여호와께서 그들을 위하여 법도와 율례를 정하시고 그들을 시험하실새 이르시되 너희가 너희 하나님 나 여호와의 말을 들어 순종하고 내가 보기에 의를 행하며 내 계명에 귀를 기울이며 내 모든 규례를 지키면 내가 애굽 사람에게 내린 모든 질병 중 하나도 너희에게 내리지 아니하리니 나는 너희를 치료하는 여호와임이라. 그들이 엘림에 이르니 거기에 물 샘 열둘과 종려나무 일흔 그루가 있는지라 거기서 그들이 그 물 곁에 장막을 치니라"

구약은 신약의 그림자입니다. 구약의 이스라엘 백성이 육을 섬기는 것처럼 오늘날 신약의 우리 성도들은 영의 선민이요, 영의 이스라엘인 것입니다. 구약의 이스라엘 백성이 광야를 떠나 젖과 꿀이 흐르는 가나안 땅으로 들어간 것은 오늘날 영의 선민인 영의 이스라엘이 죄악의 세상을 떠나 속세의 광야를 지나 천당을 지향하는 그 모습을 그림자로 보여주신 것입니다. 그러므로 이스라엘 백성들이 경험한 사건들은 우리들에게 깊은 하나님의 섭리를 깨닫게 하는 좋은 모양인 것입니다.

그런데 이런 광경을 본 이스라엘 백성이 애굽을 떠나 홍해를 건너 수르 광야를 걸어가서 사흘 길을 걸어가되 마실 물이 없는지라 그들이 모두 다 하나님과 모세를 원망하여 통곡하고 탄식할 때 연못물을 발견했습니다. 그러나 물이 써서 마시지를 못했습니다.

그런데 모세가 기도한즉 연못가에 한 나무를 지시한지라 그 나무를 꺾어서 그 물에 던지니 물이 달아져서 모두 다 물을 마시고 목마름을 해결하게 되었습니다.

그때 하나님께서 이스라엘 백성을 시험하여 가라사대 "너희가 너희 하나님 나 여호와의 말을 청종하고 나의 보기에 의를 행하며 내 계명에 귀를 기울이며 내 모든 규례를 지키면 내가 애굽 사람에게 내린 모든 질병의 하나도 너희에게 내리지 아니하리니 나는 너희를 치료하는 여호와임이니라 그들이 엘림에 이르니 거기 물샘 열 둘과 종려 칠 십 주가 있는지라 거기서 그들이 그 물 곁에 장막을 치니라"고 말씀하고 있습니다. 이 말씀은 우리에게 심오한 하나님의 진리를 보여주고 있습니다.

1. 쓴 마라의 물을 달게 한 사건의 의미. 이 쓴 마라의 물을 달게 한 사건은 무엇을 의미할까요? 이 쓴 물은 우리들의 마음속의 부패

한 성품을 상징합니다. 예수를 믿고 구원을 받았어도 우리 마음속에 역시 부패한 성품이 남아있습니다. 그러므로 이 부패한 성품을 달게 하기 위해서 어떻게 해야 할까요? 한 나무가지는 예수 그리스도 갈보리 십자가 나무를 상징하는 것입니다.

이 갈보리 십자가를 우리의 부패한 마음속에 던져놓으면 십자가로 말미암아 성령의 능력이 일어나서 우리의 쓴 물이 달아져 버리고, 우리는 참으로 변화된 사람이 되는 것입니다. 그러므로 오늘 이 쓴 마라의 물을 나무가지를 던져 달게 한 것처럼 우리의 마음속에 부패한 쓴물들을 달게 만들지 아니하면 안 됩니다. 우리의 신앙 가운데서 우리의 마음에 쓴물을 그대로 가지고 쓴물을 마시고 살면 우리의 모든 언어심사에 쓴물이 넘쳐 나옵니다. 내가 상처를 입고 다른 사람에게 상처를 입힙니다.

어떠한 쓴물들을 달게 해야 할까요? 우리의 마음속에는 불의의 쓴물들이 있습니다. 정의를 짓밟고 불의하게 사는 쓴물이 있습니다. 이 쓴물이 있어서 우리는 서로 속이고 진실을 따라 살지 않는 그런 쓴물이 있습니다. 불성실의 쓴물이 있어서 우리의 마음속에 책임과 의무를 저버리는 그런 행동이 있습니다. 더러운 쓴물이 있어서 음란하고 방탕하고 더러움이 우리의 마음속에 있습니다. 미움의 쓴물이 있어 이것을 마시고 우리는 물고 찢고 싸우고 서로 할큅니다. 교만과 포악의 쓴물이 있는가 하면 탐욕의 쓴물이 있어 탐심으로 말미암아 우상을 섬기다가 스스로 파멸되는 일들이 있습니다. 우리 마음에 이 쓴물을 우리의 인간의 수양과 도덕으로 달게 할 수 없습니다. 우리는 잘 압니다.

우리의 마음도 우리의 마음대로 할 수 없다는 것을 살아가면서 더욱 잘 알고 있는 것입니다. 이 마음의 쓴물을 무엇으로 우리가 달게 만들 수 있습니까? 우리의 마음에 쓴물을 어떻게 달게 합니까? 우리 주 예수 그리스도가 달리신 십자가를 우리 쓴물이 있는 가슴속에 받아들일 때 역사하셔서 십자가를 통하여 쓴물이 달아져 버리는 것입니다.

우리의 불의의 쓴물은 정의의 단물로 변화됩니다. 거짓의 쓴물은 진실의 단물로 변화됩니다. 불성실의 쓴물은 의무와 책임을 다하는 단물로 변화되고 더러움의 쓴물은 거룩함의 단물로 변화되어 버리고 맙니다. 미움의 쓴물은 용서와 사랑의 단물로 변화되고 교만과 포악의 쓴물은 온유와 겸손의 단물로 변화됩니다. 탐욕의 쓴물은 믿음과 분수를 아는 단물로 변화되어 놀라운 변화가 우리의 인격 속에 다가오게 되는 것입니다. 오늘 예수 믿는 사람들은 이 마음속에 이와 같은 하나님의 능력으로 다가오는 인격적인 변화를 가져와야 되는 것입니다. 많은 사람들이 예수를 종교적으로 믿고 교회 왔다 갔다 하면서도 그들의 삶 속에 거대한 변화가 일어나지 아니하는 것은 십자가를 그의 생애 속에 깊이 받아들이지 않기 때문인 것입니다. 십자가를 깊이 받아들이고 하나님 앞에 엎드려 기도할 때 성령님의 능력이 나타나서 우리의 쓴물을 달게 해 주시는 것입니다.

저는 한 젊은 성공한 사업가의 간증을 들은 적이 있습니다. 이 사람이 내게 와서 그런 간증을 했습니다. 학생시절에 친구들의 꾀임에 빠져 그는 마약에 손을 대었습니다. 입으로 먹다가 나중에는 혈관주사를 하게 되었습니다. 그는 학교를 그만 두었습니다. 그는 마약을 투약하기 위해서 마약 장사를 했습니다. 마약 밀매 업을 하고 그것도 만족하지 못해서 물건을 훔쳤습니다. 사람에게 협박 공갈을 했습니다. 나중에는 마약 사업에 돈을 다 날렸습니다. 그는 밤이 되면 외로운 고통 속에서 추위에 떨고 굶주림에 떨며 인생을 난파한 그런 삶을 살았습니다. 그는 꿈도 잃어버리고 환상도 잃어버렸습니다. 인생 종말에 될 대로 되라는 그런 상황 속에 있을 때 하루는 마약을 팔러 길거리에 나갔다가 복음 전도자들의 설교를 들었습니다. 자기와 같은 젊은 또래의 청년이 나가서 설교하는 말을 듣고 그는 마지막 희망을 걸고 그들이 인도하는 대로 십자가 앞에 무릎을 꿇었습니다.

그의 마음은 쓰디쓴 절망의 물로 꽉 들어차 있었습니다. 그 마음에 십자가를 던졌습니다. 그때로부터 시작해서 교회에 가고 싶었습니다. 말씀이 듣고 싶습니다. 찬양을 부르고 기도를 했습니다. 십자가 앞에서 하나님께 간절히 부르짖으며 기도한 결과로 그리스도의 성령의 역사가 나타나서 그의 마약의 습관은 끊어졌습니다. 그의 마음의 쓴물은 달아졌습니다. 미움과 불안과 절망은 없어졌습니다. 그의 마음이 달아졌습니다. 언행심사 행동이 변화되었습니다.

그는 교회에 훌륭한 중직이 되었습니다. 결혼을 하고 아름다운 자녀를 가지고 사업에 성공해서 오늘날 참으로 하나님께 영광을 돌리며 삽니다. 그리고 하는 말이 자기의 생애가 가장 슬프고 캄캄한 절망에 처했을 때 예수의 십자가를 그의 가슴속에 받아들임으로 말미암아 오늘날 그는 영혼이 잘됨과 같이 범사에 잘 되고 강건하고 생명을 얻되 넘치게 얻는 사람이 되었다고 말했습니다. 십자가는 우리를 변화시키는 위대한 힘을 가지고 있는 것입니다. 당신의 쓴 연못물에 십자가의 나무를 던져 넣으면 당신의 심령이 변화받습니다. 이는 힘으로 되지 아니하고 능으로 되지 않습니다. 하나님의 성령의 기적으로 그렇게 변화되는 것입니다.

이렇기 때문에 오늘 하나님께서는 우리 마음의 쓴 연못물에 십자가를 던져 단 인격으로 변화되기를 원하시고 계십니다. 언행심사 행동에 단물이 넘쳐 나와서 모든 사람에게 하나님의 영광을 나타내길 원하시고 계시는 것입니다.

2. 애굽 사람에게 내린 질병을 내리지 않겠다. 그들은 쓴 연못물이 달아지고 난 다음 하나님이 그 자리에서 하나님의 계명과 법도를 주시고 시험하여 가라사대 "하나님 여호와의 말씀을 청종하고 하나님이 보시기에 의를 행하며 하나님의 계명에 귀를 기울이고 하나님의 모든 계명을 지키면 애굽 사람에게 내린 모든 질병을 하나도 너희에게 내리지 아니하리라."고 말씀한 것입니다. 하나님께서는 우리의 마음에 쓴물이 달아지면 하나님은 우리 마음의 병을 고치시기를 원하시는 것입니다. 병은 하나님의 뜻이 아닙니다.

그러기 때문에 예수께서 오셔서 회개하라 천국이 가까왔다 하시고 곧장 귀신을 쫓아내고 병든 자를 고치셨습니다. 열두 제자에게도 칠십 인의 제자에게도 그렇게 하라고 명령하셨습니다.

최후에 승천하실 때에는 모든 믿는 자에게 교회에게 말씀하기를 "믿는 자들에게는 이런 표적이 따르리니 병든 자에게 손을 얹은즉 나으리라" 하셨습니다. 그러므로 천국의 역사에는 질병이 없습니다. 하나님은 질병을 미워하십니다. 하나님은 우리의 삶 속에 천국이 들어올 때 우리의 모든 질병을 우리의 심신에서 퇴치하기를 원하시고 계십니다. 그런데 왜 오늘날 우리에게 그렇게 질병이 많고 왜 우리가 하나님의 깊은 은혜 속에 들어가지 못합니까? 그 이유는 예수를 믿고 구원받는 것은 전적으로 은혜로 받지만 축복은 하나님의 계명을 지켜야 한다는 것입니다.

구원은 죄를 지었음에도 불구하고 못났음에도 불구하고 버림을 받아야 마땅함에도 불구하고 죄 있는 그대로 못난 그대로 빈 손 든 그대로 십자가 앞에 나와서 예수를 구주로 모시면 그리스도의 보혈의 공로로 그대로 구원시켜 주시는 것입니다. 누구든지 주의 이름을 부르는 자는 구원을 얻으리라고 말씀하고 계시는 것입니다. 여기에는 값을 지불하지 아니하고 댓가를 지불하지 않습니다. 주께서 십자가에서 내가 다 이루었다고 하셨을 때 하나도 부족함이 없이 우리의 구원의 댓가를 다 지불하였으므로 오직 믿기만 하면 구원을 얻게 되는 것입니다. 그러나 구원을 받고 난 다음에 성령 충만하고 하나님의 축복을 받기 위해서는 이제 하나님의 성품을 닮아가야 하는 것입니다.

아버지의 뜻에 따라 살고 아버지를 기쁘시게 하는 삶을 살아야 하는 것입니다. 하나님 말씀에 귀를 기울이고 하나님 보시기에 의를 행하고 하나님의 계명에 귀를 기울이고 하나님의 규례를 지키는 이러한 삶을 살아서 하나님의 성품에 가까워질수록 주님과 더 깊은 교제가 이루어지고 하나님과 더 가까워질수록 하나님이 더 복을 주십니다.

하나님이 다윗을 보고 말씀하시기를 내 마음에 합당한 자라. 내가 그를 통해서 나의 뜻을 이루리라 하신 것처럼 오늘 여러분께서 하나님 뜻에 합당한 사람이 되기 위해서는 구원받은 이후로 하나님의 계명을 지키며 살아야 하는 것입니다. 예수 믿는 사람이 계명을 지키기가 힘들지 않습니다. 믿지 않는 사람은 계명을 지키는 것은 불가능합니다. 그러나 구원받은 사람은 성령이 속에 와 계시므로 계명을 지키는 것이 즐거움이 됩니다. 그렇기 때문에 계명을 지키려면 다 지킬 수 있습니다. 왜 계명을 지키고 사는 것이 마음의 즐거움이 되기 때문인 것입니다.

그 계명은 간단합니다. 내 앞에 다른 신을 두지 말라고 하면 예수 믿는 사람은 하나님 섬기기를 즐거워하지 다른 신을 섬기기를 즐거워하지 않습니다. 그것 지키지 못할 사람 없습니다. 우상에 절하지 말라. 예수 믿는 사람이 우상에 절하는 사람 있습니까? 우상을 멀리하고 우상에 절하지 않는 것이 우리는 즐겁습니다. 그러므로 우상을 섬기지 않습니다. 하나님 이름을 망령되이 일컫지 말라고 했는데 우리가 그렇게 사랑하고 그렇게 경외하는 하나님 이름을 욕하고 하나님 이름에 모욕된 삶을 살 리가 만무합니다. 하나님의 이름을 우리는 경외하고 공경하고 아름답게 하려고 우리는 노력합니다.

안식일을 거룩히 지키라고 말씀했는데 예수 믿고 성령충만한 사람은 주일이 오기를 손꼽아 기다립니다. 주일에 우리가 와서 하나님 말씀을 듣고 성도들과 합쳐서 하나님을 찬미하고 기도하고 예배드리는 것이 얼마나 마음에 즐겁습니까? 그러므로 하나님을 사랑하는 사람은 교회 오는 것이 즐거운데 그것을 안 지킬 리가 있겠습니까? 주일날 교회에 오면 성령으로 심령이 치유되어 평안해지니 교회에 오고 싶은 것입니다.

그리고 예수 믿는 사람 성령 충만한 사람이 네 부모를 공경하라고 했는데 일부러 고의적으로 부모를 대적하는 사람 없습니다. 어찌하든지 회개하고 부모를 공경하고 살려고 노력하는 것이 우리 예수 믿는 사람은 당연한 것이고 살인하지 말라고 했는데 안 믿는 사람도 살인하지 않는데 예수 믿는 사람이 그래 살인을 하겠습니까. 죽어가는 사람도 살리기를 원하는데 이것을 못 지킬 사람이 누가 있습니까. 간음하지 말라고 했는데 예수 믿지 않는 사람도 간음하면 나쁜 것인 줄 아는데 예수 믿는 사람, 세상에서 이미 씻음을 받고 나온 사람이 음란하고 방탕하고 간음할 일이 없습니다.

그러므로 하나님 성령께서 우리를 거룩하고 깨끗하게 만들어 살게 해주시기 때문에 이것도 지키는 것이 힘들지 않습니다. 도둑질하지 말라고 했는데 왜 남의 것을 도둑질하겠습니까. 안 믿어도 남의 것 도둑질하면 양심이 아픈데 예수 믿는 사람은 성령의 도우심이 있는데 어떻게 도둑질하겠습니까. 도둑질 안 하는 것이 즐겁고 도둑질하는 것이 고통스러운데 도둑질 할 일이 있겠습니까. 그리고 네 이웃을 거짓증거하지 말라고 했는데 이것은 참으로 지키는 것이 힘이 들지요. 성령의 도우심이 필요합니다.

두 세 사람이 모이면 꼭 남의 이야기해야 하고 남의 흉을 봐야하고 남을 손가락질해야 재미가 있거든. 그러니까 믿는 자나 믿지 않는 자나 모이면 자꾸 흉보고 남 할퀴고 남 못난 이야기하고 재미가 고소합니다. 그러나 그 말을 마치고 일어서면 섭섭하기가 말로 다 할 수 없습니다. 입술이 씁쓸합니다. 이러므로 이것은 우리가 회개하고 성령의 도우심을 받아 이웃을 거짓증거 하는 그런 일은 하지 않도록 해야 될 것입니다.

그리고 네 이웃을 탐하지 말라고 했는데 주를 믿지 않는 사람은 탐을 하고 욕을 할지 모르겠지만 우리는 이미 예수 믿고 천국을 마음속에 소유하고 있어 자족하는 마음을 가지고 있습니다. 이렇기 때문에 비록 세상에서 남보다 더 잘 살지 못한다고 할지라도 나의 마음속에 하나님의 은혜가 물댄 동산 같고 소망이 꽉 들어차 있기 때문에 탐욕을 저버리고 탐하지 않고 살아갈 수가 있습니다.

이와 같이 하나님 앞에서 우리 예수 믿는 사람은 도우심이 계시기 때문에 계명을 지키고 사는 것이 힘들지가 않습니다. 그러므로 우리는 계명을 지키고 하나님의 뜻에 합당하게 살면 하나님께서 우리를 기뻐하사 우리에게 치료의 역사를 베풀어주시는 것입니다. 애굽 사람에게 내린 질병의 하나도 우리에게 내리지 않겠다고 말씀하신 것입니다.

그러므로 오늘 우리는 모두 다 모여서 기도할 때 치료하는 마당으로 만들어야 할 것입니다. 하나님의 치료의 능력이 충만해야 할 것입니다. 하나님은 우리가 한평생 사는 동안 병에서 자유로운 삶을 살기를 원하시고 계시는 것입니다.

3. 엘림이라는 오아시스로 이끌고 가셨다. 하나님께서는 이 택한 백성들을 이끌어서 그 사막 가운데서 엘림이라는 오아시스로 이끌고 가셨습니다. 엘림에 가보니 그곳에서는 물샘 열 둘이 백옥 같은 물을 토해 내고 있습니다. 종려 칠 십 가지 나무가 바람에 날리며 서 있습니다. 그 밑에 천막을 치니 천당에 온 것 같습니다.

이것은 기가 막힌 일인 것입니다. 바로 열 두 물샘은 이스라엘의 열 두 지파와 예수님의 열 두 사도와 천국 새 예루살렘의 열두 진주 문 등 위에서 본 것처럼, 하나님이 택한 선민의 수인 것입니다. 거기에다가 칠 십 수는 이스라엘의 칠 십인 장로와 예수님의 칠십 인의 제자들을 의미한 것으로 하나님 백성의 총체를 의미하는 것입니다.

그러므로 엘림의 오아시스는 물샘 열 두 물샘은 말씀과 성령을 의미하는 것입니다. 그러므로 물샘 열 둘은 말씀과 성령의 물샘이 충만하고 하나님의 축복 받은 백성들이 들어가는 곳이요, 종려는 승리를 표시합니다. 예수님께서 나귀를 타고 예루살렘에 승리로 입성하실 때 사람들이 종려가지를 꺾어 흔들며 호산나 다윗의 자손이여 하고 환영한 것입니다.

이와 같이 종려 칠 십 주가 있다는 것은 우리 선민들의 승리를 뜻하는 것입니다. 죄에 대하여 승리했고 더러움에 대해서 승리했고 마귀와 질병에 대해서 승리했고, 저주에 대해서 승리했고, 사망과 음부에 대한 승리한 것을 의미합니다. 바로 영적 선민인 우리가 사막 같은 세상 가운데서 살아갈 때 그들 마음속에 이 엘림의 오아시스를 가지고 살아야만 되는 것입니다. 주님이 택한 백성은 이 세상에 살면서 항상 열 두 샘물처럼 말씀과 성령이 충만한 삶을 살 수 있게 하나님이 만들어 놓은 것이요. 그 다음 칠 십 인의 종려나무처럼 하나님의 백성의 총체는 모두 다 승리를 가지고 살아야 합니다. 죄에 대한 승리를, 더러움에 대한 승리를, 마귀와 질병에 대한 승리를, 저주와 가난에 대한 승리를, 음부와 죽음에 대한 승리를 가지고 있는 것입니다. 그러므로 복음과 축복의 승리를 가지고 사는 특권이 주어져 있는 것입니다.

오늘날 많은 사람들이 이 세상에 살면서 행인과 나그네와 같이 사막에서 몸부림치고 사는가 하면 그렇지 않고, 그 마음속에 물샘 열둘과 종려 칠십 주를 가진 엘림을 가지고 사는 사람들이 있습니다. 똑같이 그리스도를 믿고 나가면서도 이 광야에서 목마름과 패배 속에서 사는 사람이 있는가 하면 그 마음속에 물댄 동산 같고 승리의 종려나무가 바람에 흔들리는 복음을 가지고 사는 사람들도 있습니다. 왜 그럴까요? 진리를 알찌니 진리가 너희를 자유케 하리라. 오늘 진리의 말씀을 듣고 우리가 십자가 밑에 나가서 십자가를 끌어안고 우리의 마음에 쓴물이 달아지고 계명을 지켜서 하나님 앞에서 영육 간에 치료를 받으면 하나님이 그러한 사람은 반드시 엘림으로 이끌어 주시는 것입니다.

우리의 마음속에 엘림을 가지고 살게 해주시는 것입니다. 하나님은 엘림을 마음속에 품은 사람들이 자연적으로 말씀과 성령이 충만하고, 그리고 승리의 종려나무가 바람에 날리고 승리하고 성공적인 삶을 살기를 원하십니다. 영혼이 잘됨 같이 범사에 잘 되고 강건하며 생명을 얻되 넘치게 얻어 남에게 줄 수 있는 그런 사람이 되기를 원하시는 것입니다. 온 천하에 꾸어주고 나누어주는 사람이 되기를 원하시는 것입니다. 오늘 그렇기 때문에 삶 속에 이 세 가지 위대한 하나님의 축복과 역사가 이루어져야 하는 것입니다.

오늘 우리는 주님 앞에 모여서 성찬 할 때 예수 그리스도의 깨어진 몸을 먹고 흘리신 피를 마시고 바로 이것이 하나님께서 오늘 광야를 지나가는 영적인 이스라엘인 우리에게 하사하시는 위대한 축복입니다. 이 깨어진 몸을 먹고 피를 마실 때 이를 통하여 십자가의 은총이 우리의 마음속에 충만하고 오늘 우리의 마음속의 쓴물을 달게 해달라고 기도하십시오. 모든 쓴물이 달아지게 될 것입니다.

그리고 교회에서 성찬을 떼면서 이제는 제가 계명을 지키고 하나님을 기쁘시게 하겠습니다. 하나님을 슬프게 하고 하나님께 채찍 맞고 살지 아니하고 하나님의 계명을 귀로 듣고 하나님의 계명을 지키고 하나님 앞에 의롭게 살고 하나님의 말씀을 기뻐하면서 살아서 우리 아버지의 치료의 역사가 내게 늘 나타나게 하겠습니다. 하나님이여 나를 인도하사 엘림 속에 살게 하여 주시옵소서. 말씀과 성령이 충만하고 하나님의 축복이 넘쳐나서 종려나무가 바람에 휘날린 것처럼, 나의 삶 속에 하나님의 축복의 종려나무가 바람에 휘날려 모든 사람에게 주님의 영광을 나타내는 삶을 살게 하여 주시옵소서. 이러한 마음으로 우리가 성찬을 받아들여야 할 것입니다.

우리는 보통 사람들이 아닙니다. 우리는 십자가 밑에 초청 받은 사람들인 것입니다. 하나님의 택함을 받은 영적인 이스라엘 백성들인 것입니다. 그러므로 이방인이 아닙니다. 영적인 선민이요, 이스라엘 백성으로서 오늘 광야를 지나가는 마당에서 이스라엘 백성들이 체험한 그것을 우리가 모두 다 영적으로 체험하고 변화를 받아 승리하는 삶을 살게 되시기를 바랍니다.

16장 물질 축복의 하늘 문을 여는 비결

(말 3:7-12)"만군의 여호와가 이르노라 너희 조상들의 날로부터 너희가 나의 규례를 떠나 지키지 아니하였도다 그런즉 내게로 돌아오라 그리하면 나도 너희에게로 돌아가리라 하였더니 너희가 이르기를 우리가 어떻게 하여야 돌아가리이까 하는도다. 사람이 어찌 하나님의 것을 도둑질하겠느냐 그러나 너희는 나의 것을 도둑질하고도 말하기를 우리가 어떻게 주의 것을 도둑질하였나이까 하는도다. 이는 곧 십일조와 봉헌물이라. 너희 곧 온 나라가 나의 것을 도둑질하였으므로 너희가 저주를 받았느니라. 만군의 여호와가 이르노라 너희의 온전한 십일조를 창고에 들여 나의 집에 양식이 있게 하고 그것으로 나를 시험하여 내가 하늘 문을 열고 너희에게 복을 쌓을 곳이 없도록 붓지 아니하나 보라. 만군의 여호와가 이르노라 내가 너희를 위하여 메뚜기를 금하여 너희 토지 소산을 먹어 없애지 못하게 하며 너희 밭의 포도나무 열매가 기한 전에 떨어지지 않게 하리니, 너희 땅이 아름다워지므로 모든 이방인들이 너희를 복되다 하리라 만군의 여호와의 말이니라"

하나님은 축복하시는 하나님이십니다. 복을 받으려면 하나님과 관계를 열어야 합니다. 두 명 이상의 사람들이 모여 사는 데는 항상 문제가 생겨나기 마련입니다. 친구간의 문제, 이웃과의 문제, 가정의 문제, 사회적인 문제, 국가 간의 알력과 갈등 등이 반드시 생겨납니다. 그리고 우리인생에서 최대의 문제는 하나님과 인간간의 문제인 것입니다. 이와 같은 문제를 해결하기 위해서는 대화와 회담이 반드시 필요합니다. 얼굴과 얼굴을 마주 대고 이야기를 해야 해결이 됩니다. 국내 정치적인 문제 해결을 위해서는 정기적인 영수회담이 반드시 있어야 합니다. 이것이 없이는 달려오는 두 열차와 같아서 부딪치고 파탄을 가져오고 마는 것입니다. 또 국가 간에는 정상회담이 반드시 필요한 것입니다. 또한 하나님께서는 인간과의 문제 해결을 위해서는 하나님이 친히 인간과 회담을 요구하고 계신 것입니다. 우리가 서로 와서 의논하자 너희 죄가 주홍같이 붉을지라도 흰 눈같이 진홍같이 붉을지라도 양털같이 되리라고 하나님은 말씀하고 계신 것입니다. 우리가 만일 하나님께서 말씀하시는 뜻을 알아 회개하면 하나님의 은혜를 입을 것이며 하나님의 뜻을 거역하면 심판을 자초하게 될 것입니다.

그러면 오늘 이 시간 하나님께서 말라기 선지자를 통해서 우리에게 회담을 요구하시는 그 이유가 어디 있을까요? 하나님께서는 온 이스라엘 백성들과 얼굴과 얼굴을 마주 대고 회담을 요구하시는 것입니다. 그것은 이스라엘 온 나라가 저주 아래 있었기 때문인 것입니다. 국민들이 고통과 괴로움을 안고 있었기 때문인 것입니다. 정치가 혼란하고 경제가 도탄에 빠져 있었습니다. 사회가 무질서해지고 적군이 자꾸 쳐들어오므로 국방이 위태로웠습니다. 이

심한 어려움이 점점 산적되어 오고 있었습니다. 그래서 이스라엘 백성들은 불안과 공포에 떨고 있었습니다. 그뿐 아니라 끊임없는 천재지변이 일어나고 있었습니다. 계속되는 사고와 사건이 생겨나고 농사에는 병충해가 다가와서 실컷 애써서 지어놓은 농사가 순식간에 다 피폐하게 되어버리고 황폐해 가는 땅은 가뭄과 홍수 등으로 말미암아 이제는 더 이상 버틸 수가 없었습니다.

그래서 이스라엘 백성들이 갈팡질팡할 때 하나님께서 나와 회담하자 이 모든 재앙이 너희 나라에 일어난 이유는 하나님의 규례를 처음부터 어겼기 때문이다. 그러므로 "너희가 회개하고 돌아오면 나도 너희에게로 돌아가리라. 그래서 내가 너희에게 복을 주노라" 이스라엘 백성들은 말하기를 "하나님이 살아계시면 왜 우리를 이렇게 하시느냐 하나님께서 우리에게 벌 줄 이유가 어디 있느냐" 온갖 말을 다했습니다. 그러므로 하나님께서 말씀하시기를 "너희가 내게로 돌아오라 그러면 나도 너희에게로 돌아가서 너희에게 복을 허락하겠다" 이 백성들이 하나님께 질문을 했습니다. 어떻게 해야 우리가 하나님께 돌아갑니까? 하나님이 우리보고 돌아오라고 했는데 우리가 무엇이 안 돌아가고 있습니까?

그러자 하나님께서는 단도직입적으로 말씀하셨습니다. 사람이 어찌 하나님의 것을 도적질하겠는가? 너희가 개인 뿐 아니라, 온 나라가 하나님의 것을 도적질하고도 철면피하고 뻔뻔하게 왜 하나님이 우리에게 복을 주지 아니하냐고 외치냐는 것입니다. 그러자 백성들이 말하기를 "우리가 어찌 주의 것을 도적질했습니까?" 우리 하나님 것을 도적질한 것 기억 안 나는데요? 그러자 하나님이 말씀하시기를 너희가 삼켜 버린 십일조와 헌물이 바로 하나님의 것이 아닌가? 하나님께서는 인생에게 모든 것을 풍성히 주시되 하나님이 주시는 것 중에 십분의 일은 하나님의 소유권을 주장하고 계신 것입니다.

그래서 우리가 얻는 모든 것 중에 십분의 일은 반드시 하나님의 소유권을 인정하고 하나님께 드려야 되는 것입니다. 이스라엘 백성이 그들이 얻는 것 중의 십일조까지 다 삼켜 버림으로 말미암아 하나님의 소유권을 박탈했습니다. 그래서 온 나라가 하나님의 것을 도적질하므로 하나님이 진노하사 이스라엘에게 화를 내리기로 결심하셨습니다. 문제가 생긴 것입니다.

오늘 우리 한국에도 참으로 사건도 많고 사고도 많았습니다. 천재지변도 많이 일어나고 정치, 경제, 교육, 문화, 군사, 산업이 어지럽습니다. 우리가 하나님께 아무리 복을 달라고 부르짖어도 하나님은 우리에게 말씀하시기를 "너희가 먼저 내게로 돌아오라 그리하면 내가 너희에게로 돌아가리라" 그렇게 말씀하셨습니다. 우리가 무얼 잘못했습니까? 무얼 못 돌아갑니까? 뭐 우리 현실의 환경이란 것은 십일조 정도가 아닙니다. 우상과 사신, 점치는 것과 하나님을 거역하는 것, 부정부패와 여러 가지 죄가 한없이 쌓여 있습니다. 그러나 그 중에도 가장 무서운 죄가 탐심의 죄인 것입니다.

탐욕으로 교회 뿐 아니라, 온 한국 땅이 하나님의 것을 도적질했습니다. 사람들은 생각하기를 "뭐 하나님 것 도적질한다고 해서 하나님이 어떻게 하려고" 일본 보십시오! 일본 사람들이 하나님 것을 도적질하고 자기들이 세세 번영하는 줄 알고 큰 소리했다가 하나님께서 십일조를 찾으실 때 어떻게 했습니까? 쓰나미로 말미암아 천문학적인 거대한 재산을 하나님께서 환수해 가셨습니다. 그뿐 아니라 버블 경제가 무너짐으로 말미암아 일본이 잃은 돈은 수조원이었습니다. 하나님께서 언제나 기다렸다가 나중에 복리에 복리를 계산해서 주님께서 가져가는 것입니다.

러시아를 보십시오! 그들이 공산화 하고 난 다음에 하나님의 것을 다 도적질하고 큰 소리 치고 있었다가 70년 만에 하나님께서 하나님의 것을 회수하기 시작하자 온 나라가 들통이 나버리고 만 것입니다. 북한도 마지막입니다. 북한이 저렇게 수해를 당하고 흉년을 당하는 것은 결국 그들이 하나님을 부인하고 하나님을 대적하고 하나님 것을 도적질하고 난 다음에 때가 오매 하나님께서 심판하사 그들의 모든 것을 회수하고 그러므로 온 땅이 황무하게 되고 피폐하게 되고 마는 것입니다.

그래도 우리 한국은 천만이 넘는 성도들이 있어서, 그래도 성도들이 대개가 하나님께 십일조를 드리고 헌물을 드리며 하나님 것을 도적질하지 않고 하나님 앞에 기도하고 간구함으로 말미암아 그들을 보고 주님께서 우리에게 지금 복을 주고 있는 것입니다. 소돔 고모라 성에 의인 열 사람만 있어도 하나님이 멸하지 않겠다고 하셨습니다. 그러나 의인 열 사람이 없으므로 소돔 고모라를 멸하신 거죠? 그곳에 의인 열 사람이 있으면 그 덕분으로 온 소돔 고모라가 불바다가 되지 않았을 것입니다. 우리 한국은 그래도 천만의 성도들이 있어 하나님께서 이들로 인하여서 우리 오천만 민족에게 긍휼과 자비를 베푸시고 있는 계신 것입니다. 이것을 우리가 알고 겸허하게 되어서 하나님의 것을 도적질하고 하나님의 것을 탈취한 죄를 우리가 회개하고 돌아와야만 되는 것입니다.

아브라함을 보십시오. 하나님은 가는 곳마다 아브라함을 형통케 하시고 아브라함의 생애 위에 하늘 문을 열어 놓겠다고 하나님 말씀하신 것입니다. 특별히 창세기 14장 17절로 20절에 보면 아브라함이 그돌라오멜 왕과 그 연합군이 소돔과 고모라를 침략해서 함락시키고, 모든 사람을 다 잡아갈 때 그 조카와 가족들도 다 잡아간 소식을 듣게 됩니다. 아브라함은 그 집에서 기른 군인 삼백 십팔명을 거느리고 야음을 타고 습격해가서 그돌라오멜 왕과 그 모든 연합군들을 격파하고 모든 재산을 다 도로 빼앗고 백성들을 찾아서 승리의 행군을 하고 돌아왔습니다. 그때 살렘 왕 멜기세덱이 떡과 포도주를 가지고 아브라함을 맞아 나왔습니다.

그 성경은 말하기를 살렘 왕 멜기세덱은 지극히 높으신 하나님의 제사장이라고 말했습니다. 그의 족보도 시작도 없고 끝이 없고 그의 부모에 대한 이름도 없고 태어난 날도 없고 죽는 날도 없이 불쑥 의에 왕, 평강의 왕, 지극히 높으신 하나님의 제사장 살렘 왕으로 나와 있습니다. 그 멜기세덱은 바로 하나님의 아들 예수 그리스도를 상징한다고 성경은 말하고 있는 것입니다. 그 살렘 왕이 나와서 아브라함에게 떡과 포도주를 들고 주고 손을 들어서 아브라함에게 승리를 주신 지극히 높으신 하나님을 찬양하고 지극히 높으신 하나님께서 아브라함에게 복을 줄지어다 하실 때 아브라함이 그 멜기세덱에게 자기가 얻은 일체의 것의 십일조를 다 드렸습니다. 여기에서 이 멜기세덱이 위대하고 높다는 것을 보여 주고 있는 것입니다. 왜 믿음의 조상 아브라함이 그에게 있는 일체의 십일조를 멜기세덱에게 드린 것을 볼 때 멜기세덱은 하나님의 지극히 거룩한 제사장이었습니다. 이와 같이 아브라함은 자기의 생애 속에 반듯이 십일조를 실천했고 그로 말미암아 하나님께선 아브라함 위에 하늘 문을 열어놓고 그에게 형통의 복을 주신 것입니다.

창세기 12장 2절에 보면 하나님께서는 아브라함에게 말씀하시기를 "너는 복의 근원이 될지라"고 말했으며 창세기 14장 35절에 보면 "하나님께서 나의 주인에게 크게 복을 주어 창성케 하시되 우양과 은금과 노비와 약대와 나귀를 그에게 주셨다"고 아브라함의 종이 실제로 고백하고 있는 것입니다. 그런 아버지 밑에 외아들 이삭이 살았으니 얼마나 철저히 교육을 받았겠습니까? 하나님을 경외하고 얻은바 십일조를 철저히 드릴 것을 아브라함은 이삭에게 두고두고 가르쳤을 것입니다. 그는 왜냐하면 나중에 보면 이삭이 야곱에게 십일조를 들여야 된다는 것을 철저히 가르쳐서 야곱이 그것을 실천하는 것을 볼 수 있는 것입니다. 그러기 때문에 아브라함의 자손인 이삭에 와서도 하나님께서는 하늘 문을 여시고 이삭이 나그네 되어서 살 동안에 가는 곳마다 창성케 하셨습니다.

창세기 26장 12절로 15절로 보면 "이삭이 그 땅에서 농사하여 그 해에 백배나 얻어 여호와께서 복을 주심으로 그 사람이 창대하고 왕성하여 마침내 거부가 되어 양과 소가 떼를 이르고 노복이 심히 많으므로 블레셋 사람이 그를 시기하여 그 아비 아브라함 때에 그 아비의 종들이 판 모든 우물을 막고 흙으로 메웠더라" 그렇게 말했습니다.

그는 아버지 아브라함을 따라서 하나님과 언약하고 하나님께 십일조 드리는 것을 반드시 실천했었습니다. 그러기 때문에 하나님께서 그에게 얼마나 복을 주셨는지, 성경 말씀에 그가 창대하고 왕성하고 마침내 거부가 되었다고 말했습니다. 오늘날 사람들은 말하기를 예수 믿으면 가난해야 된다고 하는 사람이 있는데 정말로 웃기는 소리입니다. 왜 하나님 말씀하시기를 나는 아브라함의 하나님이요, 이삭의 하나님이요, 야곱의 하나님이라고 말씀하셨는데 아브라함도 창성했고, 이삭도 창성했고, 야곱도 창성했었습니다.

하나님은 아브라함의 하나님, 이삭의 하나님, 야곱의 하나님, 그 다음 우리의 하나님인데 하나님께서 우리 보고는 "너는 예수 믿으니 가난하고 헐벗고 굶주리고 꾀죄죄하게 살아라. 그렇게 말씀하실 수 있습니까?" 요한삼서 2절에 "사랑하는 자여 네 영혼이 잘 됨 같이 네가 범사에 잘 되고 강건하기를 내가 간구하노라"고 말씀한 것입니다. 도적이 오는 것은 도적질하고 죽이고 멸망시키는 것뿐이요 인자가 온 것은 양으로 생명을 얻게 하되 더 풍성히 얻게 하려고 왔다고 말씀한 것입니다. 문제는 하나님과 우리 사이에 막힌 담이 있는 것입니다. 원수가 되어 있는 것입니다. 그러므로 하나님께서 "내게로 돌아오라 내가 네게로 돌아가리라" "어떻게 돌아가리이까?" "도적질한 것 회개하고 나의 것인 십일조와 헌물을 반드시 내 놓아라"는 것입니다. 그것이 하나님과 우리 사이에 축복의 언약을 실천할 수 있는 조건인 것입니다.

　이삭의 아들인 야곱이 집안 분쟁이 생겨서 형을 피해서 외 삼촌 집으로 도망을 치다가 산에서 돌 베개를 하고 잠을 잤는데 밤에 하늘 문이 열리고 하늘에서 천사들이 오르락 내리락 하면서 하는 말이 "나는 너희 할아버지 아브라함의 하나님이요. 너희 아버지 이삭의 하나님이다" 하나님을 만나 뵙습니다. 그는 아침에 깜짝 놀라서 그가 베개한 돌에 기름을 부어 하나님께 기도를 드렸습니다. 창세기 28장 20절로 22절에 보면 "야곱이 서원하여 가로되 하나님이 나와 함께 계시사 내가 가는 이 길에서 나를 지키시고 먹을 양식과 입을 옷을 주사 나로 평안히 아비 집으로 돌아가게 하시오면 여호와께서 나의 하나님이 되실 것이요 내가 기둥으로 세운 이 돌이 하나님의 전이 될 것이요. 하나님께서 내게 주신 모든 것에서 십분의 일을 내가 반드시 하나님께 드리겠나이다 하였더라" 하늘 문을 열어놓은 열쇠가 바로 십분의 일입니다. 야곱이 집안 분쟁으로 말미암아 형의 낯을 피해서 외 삼촌 집으로 도망가면서도 그 위에 하늘 문이 열린 것을 보고, 그가 하나님께 다시 한 번 서원할 때 십일조를 반드시 드리겠으니 하나님께서 내 가는 길에 형통케 해주어서 먹을 것과 있을 곳과 입을 것을 주시고 나중에 우리 아버지 집으로 평안히 돌아오게 해달라고 기도를 드렸던 것입니다.

그러므로 십일조가 우리 하나님 앞에 형통과 부귀를 구하는 기도의 가장 근원적인 조건이라는 것을 알 수 있는 것입니다. 구원은 값없이 예수를 믿음으로 말미암아 구원을 받습니다만, 축복은 반드시 십일조 위에서 이루어지는 것입니다. 십자가에서 값없이 우리는 믿음으로 구원을 얻지마는 축복의 조건은 십일조를 드리지 않고는 어림도 없습니다. 아브라함도 이삭도 야곱도 하나님께 십일조를 드렸고, 그 결과로 하나님께서 하늘 문을 열고, 복을 주신 것입니다. 하늘 문을 여는 열쇠가 바로 십일조입니다.

말라기 3장 10절에 "만군의 여호와가 이르노라 너희의 온전한 십일조를 창고에 들여 나의 집에 양식이 있게 하고, 그것으로 나를 시험하여 내가 하늘 문을 열고 너희에게 복을 쌓을 곳이 없도록 붓지 아니하나 보라" 여기 보십시오! 하늘 문을 엽니다! 우리가 어떻게 하늘 문을 엽니까? 하늘 문을 여는 열쇠가 바로 십일조인 것입니다. 십일조를 드리면 하나님께서 하늘 문을 열고 축복의 은총을 부어 주시겠다고 말씀한 것입니다. 성경에는 하나님을 시험치 말라고 했습니다. 하나님을 시험하는 것은 큰 죄입니다. 이스라엘 백성이 광야에서 하나님을 시험하다가 불 뱀에 물려서 죽었습니다.

그럼에도 불구하고 하나님은 십일조 문제에 관해서는 유독이 하나님을 시험해 보라고 말씀하신 것입니다. "한번 시험해 보라 테스트 해봐라. 내가 하늘 문을 열고 너희에게 복을 쌓을 곳이 없도록 붓지 않나 보라" 그렇게 하나님께서 말씀하시고 계신 것입니다. 이러기 때문에 십일조는 참으로 하나님과 우리 사이에 축복의 언약인 것입니다. 사람들은 생각하기를 십일조는 율법의 잔재라고 그러는데 아브라함과 이삭과 야곱은 율법 전에 430년 먼저 산 사람들인 것입니다. 율법이 오기 전에 430년 전에 살았던 그 사람들이 축복의 언약으로서 십일조를 드렸는데 430년 후에 모세가 시내산에서 율법을 받을 때 하나님은 십일조의 계약이 중요했기 때문에 법으로써 정하도록 한 것입니다.

모든 이스라엘 백성은 그들이 얻은 수입 중에서 십일조를 반드시 하나님께 드리도록 법으로 정해 놓은 것입니다. 그러기 때문에 유대 민족들은 오늘날도 그들은 예수님은 믿지 않지만 반드시 십일조를 드립니다. 이스라엘 백성들은 온 세계에 흩어져나가도 그들은 꼭 십일조를 드립니다. 그러므로 이스라엘 민족이 전 세계를 합쳐서 천 내지 천오백만 밖에 안 되는데 세계의 경제권은 이스라엘이 다 잡고 있습니다. 유대 민족들이 온 세계 석유 유통기구도 다 잡고 있고 금융도 다 잡고 있고 보석 유통도 다 잡고 있고 세계 경제를 주름 잡고 있습니다. 그건 아브라함의 하나님, 이삭의 하나님, 야곱의 하나님이 그들 위에 하늘 문을 열어놓았기 때문인 것입니다.

그러므로 우리가 하나님 앞에 그냥 와서 우리에게 복을 달라고 부르짖는 것은 헛된 일입니다. 하나님과의 계약을 시행해 내게로 돌아오라, 나와 계약 맺은 것을 실천하라 그러면 나도 너희에게 돌아가서 축복의 계약을 실천하리라고 말하는 것입니다.

그러면 십일조는 어떻게 해야 되느냐 그 방법을 묻는 사람이 많습니다. 얼마나 십일조를 드려야 되나? 십일조는 자기의 수입 중에 십분의 일을 드리는 것이 최소한의 의무인 것입니다. 수입이란 것은 예를 들어 말하면 내가 월급을 받으면 내 노동의 수입입니다. 그러면 그것에 국가에 세금을 떼고 우리 가족에게 순수한 수입으로 돌아온 것 중에 십일조입니다. 사업하는 사람은 사업에 투자해서 투자 자금으로 말미암아 거기에 경영해서 열매를 맺으면 그 수입 중에 십일조를 드리는 것입니다. 내가 부동산을 샀다면 부동산을 팔아서 산값과 판값에 차액이 나서 수입이 들어오면 그 수입 중에 십일조를 하나님께 드리는 것입니다. 이것이 최소한도 하나님께 드리는 것입니다. 물론 십일조 이상 드리는 것은 하나님을 향하여 입을 넓게 여는 것입니다. 그래서 믿음이 특별한 분들은 봉급의 총액에서 십일조를 드립니다. 사업하시는 분들은 매출액에서 십일조를 드립니다. 왜냐하면? 주라 그리하면 돌려줄 것이니 곧 후히 되어 눌러 흔들어 넘치도록 하여 너희에게 안겨 주리라고 했으므로 하나님께 더 많은 은혜를 받을 수 있기 위해서 더 입을 크게 열 수도 있습니다.

성경에 빌립보서 4장 15절 19절로 보면 "빌립보 사람들아 너희도 알거니와 복음의 시초에 내가 마게도냐를 떠날 때에 주고받는 내일에 참예한 교회가 너희 외에 아무도 없었느니라. 데살로니가에 있을 때에도 너희가 한 번 두 번 나의 쓸 것을 보내었도다. 내가 선물을 구함이 아니오. 오직 너희에게 유익하도록 과실이 번성하기를 구함이라 내게는 모든 것이 있고 또 풍부한지라 에바브로디도 편에 너희의 준 것을 받으므로 내가 풍족하니 이는 받으실만한 향기로운 제물이요. 하나님을 기쁘시게 한 것이라. 나의 하나님이 그리스도 예수 안에서 영광 가운데 그 풍성한대로 너희 모든 쓸 것을 채우시리라" 심고 거두는 법칙이 아닙니까? 여기에 마게도니아 사람들이 바울의 선교 사업에 심으니까 바울은 성령으로 말미암아 너희 모든 쓸 것을 하나님은 더하여 주겠다고 말씀한 것입니다.

적게 심는 자는 적게 거두고 많이 심는 자는 많이 거둔다고 함으로 십일조 이상을 심는 자는 더 많은 추수를 하기 위해서 더 많이 심은 것입니다. 십일조란 우리가 하나님과 축복의 언약의 최소한의 조건인 것입니다.

그러면 십일조를 언제 드려야 됩니까? 그런 질문을 합니다. 매 주일 첫날 교회 나올 때 드려야 되는 것입니다. 고린도전서 16장 1절로 2절에 "성도를 위한 연보에 대하여는 내가 갈라디아 교회들에게 명한 것 같이 너희도 그렇게 하라 매주일 첫날에(매주일 첫날은 주일날입니다.) 너희 각 사람이 이를 얻은 대로 저축하여 두어서 내가 갈 때에 연보를 하지 않게 하라" 그 달 그 주일 그 주일 그 달 그 달 우리가 십일조를 드리지 우리가 일 년에 한꺼번에 계산해서 드린다, 그런 것은 하지 말라고 그랬었습니다.

그러면 십일조를 어디에 드려야 되느냐? 사람들은 말하기를 아! "십일조 내가 적당히 계산해 가지고서 고아원에도 보내고, 선교 사업에도 보내고, 그리고 내가 보니까 불쌍한 사람이 있으니 그리도 보내고, 남선교회비도 내고, 여선교회비도 내고, 십일조에서 떼 가지고서 건축회비도 내고, 그렇게 하면 이래주나 저래주나 내가 쓴 것 가지고 하나님께 드린 것인데" 그건 대단히 잘못된 일입니다. 우리가 알아야 할 것은 십일조 가지고 자기 마음대로 장난을 하면 망할 수도 있습니다. 저는 십일조 가지고 장난을 하다가 물질이 막혀서 고통을 당하는 분들도 치유하여 보았습니다.

말라기 3장 10절에 "만군의 여호와가 이르노라 너희의 온전한 십일조(십일조 중에서 떼 내서는 안 됩니다)를 창고에 들여 나의 집에 양식이 있게 하고" 라고 말한 것입니다.

교회가 바로 하나님의 집입니다. 교회에, 하나님의 창고에 온전한 십일조를 드려야 합니다. 떼 가지고 찢어서 반은 선교 사업으로 반은 구제사업으로 이렇게 하면 안 됩니다. 온전한 십일조를 하나님의 집인 교회에 들여야 되는 것입니다.

아! "그러면 충만한 교회는 재정이 든든한 교회니까 저 시골 교회로 보내야 되겠다" 그러면 그게 십일조가 되느냐? 안 됩니다. 자기가 교적을 두고 성찬을 받는 교회에 십일조를 드려야 십일조가 되지 자선 단체나 선교단체에 십일조를 떼어 보내버리면 무효가 되는 것은 멜기세덱이 십일조를 받을 때 아브라함은 그 십일조를 자기에게 떡과 포도주를 갖다 준 멜기세덱에게 주었기 때문입니다. 멜기세덱에게 떡과 포도주를 받아먹고 아브라함이 십일조를 가지고 구제 사업으로 주지 않았습니다. 우리가 십일조를 드리는 곳은 내가 성찬을 떼는 곳에 십일조를 드려야 십일조가 되는 것입니다.

십일조는 충만한 교회가 받는 것이 아닙니다. 십일조는 예수님이 받으시는 것입니다. 이곳에 있는 멜기세덱, 우리 주 예수 그리스도께서 떡과 포도주를 우리에게 주시고 그 다음 우리에게 십일조를 받고 손을 들어서 복을 내리시는 것입니다. 이렇기 때문에 자기가 떡과 포도주를 받는 그곳에서 십일조를 드리고 하나님께로부터 복을 받게 되는 것입니다. 그러므로 십일조를 자기 마음대로 찢어서 여기 저기 보내는 것은 십일조가 되지 않습니다. 그런 것은 십일조 드린 이후에 내게 여유가 있으면 드리는 것입니다. 내가 십일조를 드리고 내가 여유가 없으면 다른 것을 못해도 하나님 앞에서 범죄 되지는 않습니다. 그러나 십일조 그 자체는 하나님의 것을 도둑질하는 것이기 때문에 중대한 범죄가 되는 것입니다.

우리가 하나님 앞에 십일조를 드리고 난 다음에는 어떠한 태도를 취해야 될까요? 성경에 말하기를 하나님의 축복을 믿고 기대하고 구하는 것입니다. 말라기 3장 10절처럼 "그것으로 나를 시험하여 내가 하늘 문을 열고 너희에게 쌓을 곳이 없도록 붓지 아니하나 보라" 말씀하셨으므로 십일조를 드리고 난 다음에는 우리의 태도는 내가 하나님께 복 받을 사람으로 하나님의 축복의 문이 열려 있기 때문에 내가 언제나 하나님께 복을 받는다는 기대감을 가지고 있어야 되는 것입니다.

그리고 담대하게 십일조를 드리면서 하나님의 복을 구하여야 되는 것입니다. 너희가 없는 것은 구하지 아니 하였기 때문이라고 말씀하셨습니다. 구하라 주실 것이요. 찾으라 찾을 것이요. 문을 두

드리라 열릴 것이요. 말씀하셨으니 하나님 앞에서 담대하게 십일조를 드리면서 복을 구해야 되는 것입니다. 그러면 하나님은 약속하시고 어기실 수가 없으십니다. 하나님은 반드시 그 약속을 이루시는 것입니다.

하나님의 축복의 형태로서는 직접적으로 하는 일에 형통케 하는 역사가 있습니다. 신명기 28장 8절 "하나님께서 명하사 네 창고와 네 손으로 하는 모든 일에 복을 내리시고 네 하나님께서 네게 주시는 땅에서 네게 복을 주실 것이라" 적극적으로 나와서 하는 모든 일에 하나님이 직접 같이 하시고 형통케 하는 복이 있고 그 다음에는 소극적으로 재난에서 지켜주는 역사를 베푸는 복이 있습니다. 말라기 3장 11절에 보면 "만군의 여호와가 이르노라 내가 너희를 위하여 황충을 금하여 너희 토지소산을 멸하지 않게 하며 너희 밭에 포도나무의 과실로 기한 전에 떨어지지 않게 하리라" 하셨고 신명기 28장 7절에도 "네 대적들이 일어나 너를 치려하면 하나님께서 그들을 네 앞에서 패하게 하시리니 그들이 한 길로 너를 치러 들어왔으나 네 앞에서 일곱 길로 도망하리라" 이러므로 재앙을 면케 해주시는 것입니다.

삼풍백화점이 무너지고 성수대교가 무너지는, 그리고 배가 가라앉고 기름이 유출되고 전부 이거 사고입니다. 이런 것을 하나님께서 미연에 방지해 주시겠다는 것입니다. 하나님께서 재난을 방지해 주어도 어마어마한 축복입니다. 옛날 말에 무병 삼년에 못살아갈 사람이 없다는 말이 있습니다. 아무리 돈을 많이 벌어도 온 가족들이 차례로 병들어 가지고서 입원하여 몇 백만 원씩 미리 날려 버리면 뭐 별도리 없이 빈손 드는 것입니다. 이러므로 하나님께서 직접으로 우리를 형통하게 하시는 역사들이 있고, 그 다음에는 재난에서 우리를 지켜주십니다.

그 결과로 열방이 복되다고 칭찬을 받게 되는 것입니다. 너희 땅이 아름다워지므로 열방이 너를 복되다 하리라 하나님께서 너희 칭찬과 명예와 영광으로 그 지으신 모든 민족 위에 뛰어나게 하시겠다고 말씀하신 것입니다. 이러므로 "나를 믿는 백성은 머리가 되고 꼬리 되지 아니하고 위에 있고 아래로 내려가지 않고 남에게 꾸어줄지어도 꾸지 않겠다"고 말씀하신 것입니다. 우리 하나님께서는 그 아들 예수님을 보내주셔서 예수님이 우리의 죄와 질병, 저주와 절망, 죽음을 한 몸에 걸머지시고 몸찢고 피를 흘려 십자가에 돌아가신 것을 기억해야 됩니다.

하나님은 이처럼 예수 그리스도를 통해서 우리의 모든 죄도 사하시고 우리의 절망을 밀어내고 우리에게 복 주기를 원하시는 것입니다. 하나님이 우리에게 복을 주길 원하지 않으셨으면 왜 그 아들 예수님을 이 땅에 보냈을까요? 눈에 넣어도 아프지 않은 독생자를 사람의 몸을 입고 33년 동안 보내주시고 결국에 사람을 대신해서 제물이 되게 해서 십자가에서 처참하게 몸을 찢고 피를 흘려 몸부림치는 그 아들을 사정없이 형벌해서 우리 죄를 다 대신 갚으시고 이제는 누구든지 저를 믿으면 멸망하지 않고 영생을 얻고 누구든지 저를 통해서 순종하고 나오면 하나님은 복 주시기를 원하시는 것입니다. 그 아들을 아끼지 않고 우리에게 주신 이가 그 아들과 함께 무엇을 선물로 주지 아니하시겠느뇨?

　예수 그리스도 은총을 통해서 우리에게 오신 하나님 앞에 올바른 기도를 쌓아야 하는 것입니다. 구원은 누구든지 믿기만 하면 구원 얻습니다. 축복은 십일조를 드리고 하나님께 나와서 부르짖어야 되는 것입니다. 그러면 하나님이 우리에게 찾아오십니다. 이것은 구원으로 찾아오는 것이 아니라, 축복으로 찾아오시는 것입니다. "내게로 오라 그러면 내가 너희에게로 가리라" 모두 다 구원받았으니 이제는 축복을 쌓아야만 하는 것입니다. 그래서 하나님이 하늘 문을 열고 쌓을 곳이 없도록 부을 수 있는 역사를 베풀도록 해야 하는 것입니다. 이 일에 하나님께 우리가 순종하고 우리 하나님을 한번 시험해 보십시다. 하나님은 기어코 그 시험에 응답해서 우리의 영혼이 잘 되고 범사가 잘 되며 강건하게 하는 좋은 하나님이라는 것을 우리에게 증거 하여 주실 것입니다.

17장 물질축복은 현실에 충실할 때 받는다.

(렘 29:4-7)"만군의 여호와 이스라엘의 하나님께서 예루살렘에서 바벨론으로 사로잡혀 가게 한 모든 포로에게 이와 같이 말씀하시니라. 너희는 집을 짓고 거기에 살며 텃밭을 만들고 그 열매를 먹으라. 아내를 맞이하여 자녀를 낳으며 너희 아들이 아내를 맞이하며 너희 딸이 남편을 맞아 그들로 자녀를 낳게 하여 너희가 거기에서 번성하고 줄어들지 아니하게 하라. 너희는 내가 사로잡혀 가게 한 그 성읍의 평안을 구하고 그를 위하여 여호와께 기도하라 이는 그 성읍이 평안함으로 너희도 평안할 것임이라"

하나님은 현실에 충실한 성도가 되기를 원하십니다. 또한 자기 자신에게 충실하기를 원하십니다. 현실에 충실한 성도가 건강을 누리는 것입니다. 현실에 충실할 때 세상사는 만족감을 얻을 수 있기 때문에 건강이 따라오는 것입니다. 현실에 충실할 수 있다는 것은 자신의 영-혼-육의 상태가 정상이라는 증거입니다. 몸을 움직여야 건강하고 장수한다고 합니다. 그래서 현실에 충실하면 건강하다는 것입니다. 크리스천이 현실에 충실할 수 있는 것은 행복 중에 행복입니다. 왜냐하면 자신이 전문성을 가지고 있더라도 영적으로 정신적으로 건강하지 못하면 현실에 충실하려고 해도 하지 못합니다. 저는 영적인 사역을 하는 목사로서 많은 크리스천이 영적으로 정신적으로 문제가 있어서 자신의 전문성을 활용하지 못하는 이들을 다수 만납니다. 참으로 안타까운 경우가 다수 있습니다. 우리 한번 심각하게 생각해야 할 것은 예수님을 믿고 성령으로 거듭난 성도님들이 아무리 천국의 소망을 가지고 믿음생활을 하려 해도 육체에 질병이 있고, 마음의 상처로 정신문제가 있고, 가정이 분란이 있다면 천국을 소망하면서 산다는 것이 그림의 떡이 될 소지가 있습니다. 지금 천국을 누려야 한다는 말입니다.

그래서 하나님은 행복한 삶을 살아가려면 현실에 충실 하라고 말씀하십니다. 지금 있는 것, 가진 것에 만족하라는 것입니다. 더 가지려고 더 하려고 욕심 부리면 몸과 마음에 무리가 가서 건강에 문제가 생기기 때문입니다. 이 시간이 중요하고, 지금 하는 것에 최선을 다하라는 것입니다. 이 시간에 충실하지 못하며, 자신들이 이 시간에 다른 것 생각하고, 다른 것에 신경을 쓰고, 다른 행동은 몸은 여기 있지만, 마음은 콩밭에서 콩을 먹고 있는 것입니다. 아무것도 제대로 되지 않는 것입니다. 그래서 건강하고 행복한 생활을 하지 못하는 것입니다. 현실에 충실한 사람이 되면 마음의 여유가 생겨서 삶에서 건강을 누릴 수가 있는 것입니다.

건강하고 행복하며 아브라함의 복을 받으며 살아가고 싶다면 현실에 충실하십시오. 현실에 만족하십시오. 몸과 손은 여기서 일하면서, 마음과 생각은 다른 곳의 꿀단지를 생각하고, 콩 먹는 생각은 성경에서 잘 말하고 있습니다. 누가복음 9장 62절에서 "예수께서 이르시되 손에 쟁기를 잡고 뒤를 돌아보는 자는 하나님의 나라에 합당치 아니하니라 하시니라." 손에 쟁기를 잡고 뒤를 돌아보면 밭을 가는 농부가 밭을 갈아엎을 때 삐뚤삐뚤 갈아서 밭을 고르게 못 갈아엎는다는 것입니다.

그러므로 밭을 갈아엎을 때는 밭가는 일에 충실 하라는 이야기 입니다. 지금 이 시간에 충실하시고 때와 장소와 형편과 환경을 분별하여 그 곳에서 맡은 일에 최선을 다하는 것입니다. 이것은 밥 먹을 때 밥 먹고 화장실에서 볼일을 보아야지 다른 일을 그곳에서 하는 것은 맞지 않는 것입니다. 현실에 충실한 사람이 건강과 행복을 누리며 살아가는 것입니다. 현실에 충실하며 만족하니 영-혼-육이 건강한 것입니다. 건강하게 지내려면 현실에 충실한 크리스천이 되시기를 바랍니다.

성경에 나오는 믿음의 선진들은 모두 하나같이 현실에 충실한 삶을 살았습니다. 아브라함이나, 야곱이나, 요셉이나, 모세나 모두 현실에 충실한 삶을 살았습니다. 하나님께서 광야로 불러서 치유하시며 하나님 안에서 홀로설 수 있을 때 사용하셨습니다. 우리는 능력 전도되어 교회에 들어온 성도들을 현실에 충실한 크리스천이 되도록 해야 합니다. 현실의 삶에 충실한 사람은 남을 탓 할 시간이 없다는 것입니다. 모든 것이 자신의 탓이라는 것을 잘 알기 때문입니다. 마태복음 7장 1-2절에 "비판을 받지 아니하려거든 비판하지 말라. 너희가 비판하는 그 비판으로 너희가 비판을 받을 것이요 너희가 헤아리는 그 헤아림으로 너희가 헤아림을 받을 것이니라." 마태복음 7장 1-5절의 말씀은 비판을 받지 않기 위해서 비판을 하지 말라, 다른 말로 "남을 평가절하를 하지 말라"는 내용보다 자신을 돌아보는 자아성찰에 대한 내용을 먼저 담고 있습니다. 남을 이야기하기 전에 나부터 하나님 앞에 어떤 모습으로 살고 있는지부터 살펴봐야 한다는 말입니다. 자신을 만드는 일에 충실 하라는 것입니다. 필자는 항상 이렇게 말합니다. 허황된 꿈을 꾸지 말고 욕심부리지 말고 현실에 충실하면서 자신을 만들어가라는 것입니다. 그래야 하는 일이 형통하여 건강하게 지낼 수가 있습니다.

하나님은 현실에 충실한자를 건강하게 하십니다. "그러므로 내일 일을 위하여 염려하지 말라 내일 일은 내일에 염려할 것이요, 한 날의 괴로움은 그 날로 족하니라."(마6:34). "내일일은 난 몰라요, 하루하루 살아요." 하루하루 현실에 충실하게 살아가면 행복한 것입니다. 다가오지도 않은 미래에 대하여 걱정하기 때문에 불행한 것입니다. 과거에 얽매이는 마음을 말씀과 성령과 기도로 치유하면 그만이지 현실까지 가지고 와서 얽매이는 것은 어리석은 일입니다. 또한 우리들 대부분은 오지도 않은 미래에 대해 고민하며 어찌될까… 얽매이고 있습니다.

미래에 얽매이는 마음 때문에 현실을 그르치는 경우를 많이 봅니다. 미래에 대한 그 어떤 계획이 있다면 고민하고 머리 굴려 불필요한 시간을 낭비 할 것이 아니라. 현실에 충실하면 기회를 잡게 되는 것입니다. 기회는 현실에 충실한 사람에게 찾아오기 때문입니다. 건강과 행복은 현실에 충실한 사람이 누리는 것입니다.

우리가 생각하는 미래의 성공이란 말은 고정되어 있지 않기 때문에 어디에도 집착할 필요가 없다는 것을 알아야 합니다. 재수생에게 있어 목표는 '현실에 열심히 공부하는 것' '열심히 수능을 준비하는 것'이 되어야지, 고정지어 '서울대' 가 목표가 되어서는 안된다는 것입니다. 행복과 성공이란 것은 고정되게 '서울대' 에 있는 것이 아니기 때문입니다. 서울대 가도 잘 되는 사람이 있고, 못되는 사람이 있고, 다른 대학을 가도 잘 되는 사람이 있고, 못 되는 사람이 있으며, 대학을 가지 않아도 잘 되는 사람이 있고, 못 되는 사람은 있기 마련입니다.

그러나 우리는 미래에 '이러저러하게 되어야지' 하고 고정되게 계획을 잡아 두기 때문에 그 계획이 무산되어 갈 때 괴로워하고 불행하여 현실을 그르치게 됩니다. 목표는 '서울대' '대기업' '사법고시'…에 있는 것이 아니라, 오직 '현실을 어떻게 살아가고 있는 가'에 있음을 알아야 합니다. 현실에 충실하며 깨어 있고 집중하여 충실할 수 있다면 그것이 바로 최상의 미래 준비인 것입니다. 이렇듯 우리가 일상에서 체험한 '괴로움'의 실체는 어리석게도 과거나 미래로 마음을 흘려보내기에 일어나는 하등에 쓸모없는 '괴로움'으로 괴로워하지 않아도 될 괴로움인 경우가 많습니다. 오직 현실에 충실하면 괴로움은 많이 줄어들게 될 것입니다.

현실의 삶에서 인간은 존재하고, 미래, 현재 그리고 과거의 삶을 이야기 합니다. 어거스틴은 "이미 지나가버린 시간 즉 과거는 더 이상 존재하지 않는 것이므로 시간적 길이를 가지지 않고, 아직 다가오지 않는 시간 즉, 미래도 존재하지 않으므로 시간적 길이를 가지지 않기 때문에, 오직 우리가 계산하고 있는 시간은 우리의 의식을 통해서 지각하는 시간적 길이를 가진 현재 뿐이다"라고 했습니다. 현재에 충실한 자들에게 미래에 희망이 약속됩니다. 현실에 충실하지 아니할 때 미래에 대한 희망과 행복을 꿈꾼다면 그 꿈들은 현실로 이어지지 못합니다. 영원한 꿈으로만 존재할 뿐입니다. 꿈이 현실화되기 위해서는 현실에 충실하면 되는 것입니다. 내일의 비전을 위해 오늘 현재 하는 일 만큼 그 꿈은 이루어져가고 있습니다. 그러나 근심과 걱정으로 끊임없는 부정적인 생각은 마음에 절망을 가져오지만 격려의 말은 그를 다시 일으켜 줍니다. 다시 일어난다는 말은 오늘에 충실한 의욕 있는 사람으로 변한다는 뜻입니다. 불행한 사람은 항상 생각한다는 것이 사람을 잔인하게 괴롭히는 것 밖에 모릅니다. 그러나 행복한 사람은 얼굴 빛 부터가 다릅니다.

현실에 충실 하라. 이것이 21세기 인터넷 문화 속에 빠져있는 크리스천에게 하시는 주님의 메시지입니다. 마태복음 7장 3~4절 "어찌하여 형제의 눈 속에 있는 티를 보고 네 눈 속에 있는 들보는 깨닫지 못하느냐 보라. 네 눈 속에 들보가 있는데 어찌하여 형제에게 말하기를 나로 네 눈 속에 있는 티를 빼게 하라 하겠느냐" 비판을 비판으로 끝내지 말고 자신도 다른 사람에게 비판의 대상이 될 수 있음으로 자신부터 돌아보는 삶을 살아야 합니다. 그러므로 우선적으로 실천 되어야 할 것은 "자신을 돌아보는 삶"입니다.

성도들이 인생을 살면서 남의 탓을 하는 경우가 많습니다. 일을 할 때에도 원인을 자신에게서 찾지 않고 상대방에게 그 원인을 돌리는 경우가 많습니다. 그래서 남에게는 엄격한 잣대를 들이대고 자신에게는 후한 잣대를 들이대다 보니 주변사람들로부터 원망이 그치지 않고 핑계가 떠날 줄을 모릅니다.

정치계와 가정과의 공통점은 항상 안 되는 원인을 "외부적인 요인"에서 찾으려고 합니다. 학생들이 공부를 못하는 경우를 자신만이 쓸 수 있는 방이 없어서, 학원을 못 가서, 참고서를 못 사서 등의 이유라고 합니다. 그러나 막상 공부할 수 있는 방을 만들어주거나 학원을 보내고 참고서를 사주면 공부를 잘하느냐? 아닙니다. 없을 때보다 더 성적이 떨어지는 경우가 있습니다.

그러면 그 이유가 뭘까요? 공부는 "자기노력을 기본전제"로 하기 때문입니다. 하지만 학생 스스로 자신이 실패한 원인을 다른 곳에서 찾고 어쩔 수 없었다는 핑계를 대며 자기정당성을 주장한다면 이 학생은 이미 실패한 인생일 수밖에 없습니다. 물론 환경이 맞지 않아 공부에 집중하지 못하는 학생도 많습니다. 하지만 대부분의 학생이 학업에 대한 열정이 없는 한 공부는 쉽게 되지 않습니다. 공부하는 학생은 공부하는 일에 충실해야 좋은 성적을 거두는 것입니다. 자연스럽게 몸도 건강하게 되는 것입니다.

또한 그들이 환경에 부족함을 통해 항시 마음에 섭섭함을 가지고, 또 그 섭섭함을 못 견뎌 말하려는 행위의 근본은 "자기 자신을 돌아보지 못하는 것"에 그 원인이 있습니다. 그러면 어떤 사람이 비판의 대상이 되지 않을까요? "남을 나보다 낫게 여기는 사람,"

그리고 "자신에게 충실한 사람"은 비판의 대상이 되지 않습니다. 자신을 준비하는 사람은 비판의 대상이 되지 않습니다. 자신을 위하여 준비하여 모범이 되기 때문입니다. 이 사람은 어떤 일을 해도 남을 배려하는 마음이 있고 그 안에 넉넉함이 있습니다. 그래서 모든 것에 다 충실할 수는 없지만, 자신이 최선을 다해 살아가는 것에는 그 누구도 따라 올 수 없습니다.

그러면 성도는 어떻게 살아야 할까요? 누가복음 5장 5절 "시몬이 대답하여 이르되 선생님 우리들이 밤이 새도록 수고하였으되 잡은 것이 없지마는 말씀에 의지하여 내가 그물을 내리 리이다" 시몬 베드로는 밤 새 수고하여 물고기를 잡으려고 노력했으나 아무 것도 얻지 못했습니다. 그러나 그의 입에서 그 어떤 불평도 없었습니다. 왜냐하면 자신의 일에 최선을 다했기 때문입니다. 또한 자신에게 주어진 일은 남 탓을 한다고 얻어지는 것이 아닌 것을 너무도 잘 알고 있기 때문입니다.

그러므로 시몬 베드로는 자신이 수고하여 아무것도 얻지 못했으나 "말씀에 의지하여 내가 그물을 내리리이다." 고 순종한 것입니다. 그러므로 성도는 현실의 삶에서 최선을 다하고 살 때 남을 판단할 능력은 사라지고 자신에게 주어진 일에 전념을 할 수 있음을 알 수 있습니다. 또한 자신이 할 수 없을 때에 말씀을 의지하여 그물을 내리는 자기 노력이 절실히 필요합니다. 비판은 "자기 노력이 없을 때에 비교의식"으로부터 생기는 것입니다. 그러나 주님은 그 비교의식이 내 영적인 세계까지 뒤흔들 수 있다고 말씀하십니다.

그러므로 밤새 수고하여 얻은 것이 없는 베드로와 같은 심정일지라도 "말씀에 의지하여, 또 다시 삶에 현장에서 충실하게 일을 다 할 때 기쁨의 열매를 얻을 수 있는 것"입니다. 하나님께서는 내가 보는 것이 전부라고 말씀하시지 않습니다. "항시 보이지 않는 것, 아직 내게 주어지지 않은 것을 기대하고 그것을 받은 줄로 믿으라고" 하십니다. 자신을 돌보는 것, 남을 나보다 낫게 여기는 것이 크리스천으로서 해야 할 과제입니다.

현실에 충실한 크리스천이 되어 영-혼-육이 건강하게 지내기 위하여 이 말을 가슴에 새겨야 합니다. "가장 현명한 사람은 늘 배우려고 노력하는 사람이고, 가장 훌륭한 정치가는 떠나야 할 때가 되었다고 생각이 되면 하던 일을 후배에게 맡기고 미련 없이 떠나는 사람이며, 가장 겸손한 사람은 개구리가 되어서도 올챙잇적 시절을 잊지 않는 사람이다." "가장 좋은 스승은 제자에게 자신이 가진 지식을 아낌없이 주는 사람이고, 가장 훌륭한 자식은 부모님의 마음을 상하지 않게 하는 사람이며, 가장 현명한 사람은 놀 때는 세상 모든 것을 잊고 놀며, 일 할 때는 오로지 일에만 전념하는 사람이다. 가장 훌륭한 삶을 산 사람은 살아있을 때보다 죽었을 때 이름이 빛나는 사람이다."

본문은 바벨론에 포로로 끌려간 유대인들에게 하나님께서 권면하시는 말씀입니다. 하나님께서는 그들에게 하나님이 허락하신 심판의 결과를 겸손히 받아들이라고 말씀하십니다. 그래서 과거를 생각하면서 회한에 빠져 시간을 낭비하지 말고, 주어진 환경에서 열심히 살라고 하십니다. 지금 포로로 온 이 땅에서 집을 짓고 농사를 지어 살고, 자녀들을 생산하여 번성하라고 말씀하십니다.

하나님의 심판은 이미 이루어졌고, 과거의 영화는 지나갔습니다. 지금 필요한 것은 다시 그런 심판이 이르지 않도록 회개하고 겸손히 현실을 받아들이는 것입니다. 이미 지나간 일에 대해 후회하지 말고, 앞으로 닥칠 일에 대해 불안해하지도 말고, 현재를 사는 훈련을 해야 합니다. 천국을 바라보는 성도는 현실에 너무 집착해서도 안 되지만, 또 현실을 너무 외면해서도 안 됩니다. 멀리 천국을 바라보면서도 지금 내가 사는 이 땅에서 성실하게 사는 것이 중요합니다.

요셉은 하나님께서 주신 꿈을 간직하고 있었습니다. 자기 형제들과 부모까지 자기 앞에 절하는 존귀한 자가 될 것을 미리 바라봤습니다. 그러나 현실은 정반대였습니다. 형제들이 그를 이스마엘 상인에게 노예로 팔아넘기는 바람에 멀리 애굽 땅에서 하루하루 천대를 받으며 살았습니다. 그러나 요셉은 현실을 비관하고 불평하며 막 살지 않았습니다. 있는 자리에서 충성을 다했습니다. 지금 자기 앞에 있는 주인을 최선을 다해 섬깁니다. 주인은 요셉을 기뻐하여 가정 총무의 일을 맡겼고, 요셉은 여전히 성실히 일합니다.

그런데 모함에 빠져 이제는 감옥에 갑니다. 그렇다고 낙심하지 않았습니다. 동일하게 감옥에서도 성실합니다. 마침내 30세가 되자 하나님께서는 요셉을 애굽의 총리가 되게 하십니다. 꿈이 이루어진 것입니다. 요셉이 꿈을 이루기까지 많은 시간이 걸렸지만 현실에 충실한 결과였습니다. 주어진 현실에 충실하니까 하나님께서 한꺼번에 좋은 것으로 갚아 주신 것입니다.

우리의 인생도 너무 멀리 바라보면 쉽게 지칩니다. 꿈은 높이 있어도, 낮추어서 현실을 성실하게 살아가는 것이 필요합니다. 필자는 이글을 아주 좋아합니다. "가장 좋은 스승은 제자에게 자신이 가진 지식을 아낌없이 주는 사람이고, 가장 훌륭한 자식은 부모님의 마음을 상하지 않게 하는 사람이며, 가장 현명한 사람은 놀 때는 세상 모든 것을 잊고 놀며, 일 할 때는 오로지 일에만 전념하는 사람이다. 가장 훌륭한 삶을 산 사람은 살아있을 때보다 죽었을 때 이름이 빛나는 사람이다."

우리의 인생도 너무 멀리 바라보면 쉽게 지칩니다. 꿈은 높이 있어도, 낮추어서 현실을 성실하게 살아가는 것이 필요합니다. 높은 계단을 오를 때 바로 앞의 계단만 보면 지치지 않습니다. 천리 길도 한 걸음씩 가면 지치지 않습니다. 필자가 특수부대 지휘관 할 때의 일입니다. 천리(400km)행군할 때 병사들에게 앞 사람의 발뒤꿈치만 바라보고 가면 언젠가 목표점에 도달한다고 강하게 말합니다. 그러면 결국 목표지점에 도달합니다. 하나님과 대화하며 하나씩 해결하시고, 한 걸음씩 나아가십시오.

우리의 감정을 이제는 자기중심에서 예수님 중심으로 옮겨야 합니다. 예수님은 자신을 십자가에 못 박는 이들을 위해서 "아버지여 저희를 사하여 주옵소서, 자기의 하는 것을 알지 못함이니이다"(눅 23:34). 라고 오히려 기도해주셨던 분이십니다. 우리는 우리의 삶의 환경을 축복해야 합니다. 지금 우리가 살아가고 있는 이 자리가 잘되어야 우리들이 잘됩니다. 우리의 회사가, 직장이, 잘되기를 기도해야 합니다. 발전하기를 기도해야 합니다. 그래야 우리가 잘되는 회사, 직장에 다닌다는 자부심도 얻을 수 있는 것입니다. 지금 현실에 충실 하고 만족하는 것이 행복인 것입니다.

"그러므로 내가 첫째로 권하노니 모든 사람을 위하여 간구와 기도와 도고와 감사를 하되, 임금들과 높은 지위에 있는 모든 사람을 위하여 하라. 이는 우리가 모든 경건과 단정한 중에 고요하고 평안한 생활을 하려 함이니라."(딤전 2:1-2).

내가 살고 있는 사회와 국가를 위해 기도하는 것이 성도의 마땅한 본분입니다. 나라가 평안해야 나도 평안할 수 있으며, 신앙생활도 잘 할 수 있기 때문입니다. 환난이 오면 정상적으로 하나님을 섬길 수 없습니다. 나라와 사회가 질서가 잡히고 공정하게 되어야 전도할 때도 어려움이 없습니다. 그렇게 성도는 평안함 가운데 천국을 향해 가는 것이 복입니다. "저희가 평온함을 인하여 기뻐하는 중에 여호와께서 저희를 소원의 항구로 인도하시는도다"(시 107:30).

신앙생활에 장애물이 없도록 기도하는 것이 또한 우리의 기도제목이 되어야 합니다. 몸이 너무 아파도 신앙생활을 잘 할 수 없고, 또 너무 가난하거나 여러 가지 복잡한 문제가 얽혀도 신앙생활을 잘 할 수 없습니다. 내 삶에 도움이 되지 않는 일들은 과감하게 정리하고 생활을 단순화시키시기 바랍니다. 현실을 행복하게 살고, 주님을 잘 섬기기 위해서 불필요한 잔가지들을 쳐내는 지혜가 필요합니다. 그래야 건강한 삶을 살게 됩니다.

교회는 전도되어 들어온 성도들이 현실에 충실한 삶을 살아가도록 도와야 합니다. 삶을 살아가면서 알게 모르게 고통을 가하는 영적인 문제를 해결해야 합니다. 말씀과 성령으로 자유 함을 얻어서 현실에 충실하도록 성도들을 인도해야 할 것입니다. 영육이 말씀과 성령으로 장악되도록 해야 합니다.

개척교회를 하시는 목회자들도 마찬가지입니다. 교회를 개척했으면 하나님께 기도하여 어떻게 목회하면 교회를 자립성장 시키겠는가, 기도하면서 노력하지 아니하고, 몇 천 명 몇 만 명의 교회로 성장한 교회와 같이 순간에 성장시켜보려고 허황된 꿈을 가지고 행동합니다. 개척한 교회의 자립 성장에는 관심이 없고, 한순간 대 교회로 성장시켜 보려고 사람들에게 보이는 박사학위나 받으려고 다닙니다. 자신의 내면에는 관심이 없습니다. 하나님과 관계를 여는 일에는 관심이 없습니다. 보이는 면에만 충실합니다. 하루하루 이런 세월을 보내다가 보니까, 나이가 들어버립니다. 그러니 이것도 아니고 저것도 아닌 반건달이 된 목회자가 많습니다. 모두 현실에 충실하지 못하여 당하는 고난입니다. 전도되어 교회에 들어온 성도들을 현실에 충실한 성도가 되도록 지도해야 합니다. 그래야 하나님의 뜻대로 영-혼-육이 건강한 삶을 살아갈 수가 있습니다. "현실이 불만족스럽다면 변화해야 하는 것은 상황이 아니고 바로 당신이다." '조 쿠더트'라는 사람이 말했습니다. 자신이 변해야 현실에 만족하며 건강하고 행복하게 지낼 수가 있는 것입니다.

18장 성령세례를 받아야 물질 축복 받는다.

(행 11:15-16)"내가 말을 시작할 때에 성령이 저희에게
임하시기를 우리에게 하신 것과 같이 하는지라. 내가 주의
말씀에 요한은 물로 세례를 주었으나 너희는 성령으로 세
례를 받으리라 하신 것이 생각났노라"

하나님은 성령으로 세례를 받으라고 말씀하십니다. 성령으로 세
례를 받아야 비로소 하나님의 나라 성전으로 바뀔 수가 있기 때문
입니다. 하나님 나라 성전이 되어야 물질축복을 받게 되는 것입니
다. 성령세례가 중요함에도 불구하고 우리 성도님들이 성령세례에
대한 여러 견해가 많아서 성도들이 혼동하는 경우가 있습니다. 그
러나 하나님은 성령으로 세례를 받으리라(행1:5). 말씀하십니다.
사도행전 2장 1-4절에 보면 "오순절 날이 이미 이르매 그들이 다
같이 한 곳에 모였더니, 홀연히 하늘로부터 급하고 강한 바람 같은
소리가 있어 그들이 앉은 온 집에 가득하며, 마치 불의 혀처럼 갈
라지는 것들이 그들에게 보여 각 사람 위에 하나씩 임하여 있더니,
그들이 다 성령의 충만함을 받고 성령이 말하게 하심을 따라 다른
언어들로 말하기를 시작하니라." 했습니다. 성령으로 세례를 받으
니 성령의 충만함을 받고 다른 언어(하늘의 언어)로 말을 했습니
다. 성령으로 세례를 받으니 하늘의 사람으로 변하여 하늘언어를
했다는 것입니다.

저는 25년이 넘도록 성령치유 사역을 했습니다. 성령치유 사역을 하다가 보니 성령의 세례를 받으면 그때부터 치유가 이루어지기 시작 했습니다. 저는 성령의 세례를 이렇게 표현하기도 합니다. 성령의 세례는 예수를 영접할 때 내주하신 성령께서 순간 폭발하여 전인격을 사로잡는 것이라고 하기도 합니다. 예수를 믿으면 성령이 내주하십니다. 즉시로 죽었던 영은 살아납니다.

그러나 육체는 성령으로 장악당하지 않은 상태입니다. 육체는 구습을 따르는 옛 사람이 그대로 있다는 말입니다. 그러므로 옛 사람에게 역사하던 세상신이 여전히 주인노릇을 하고 있다는 뜻도 됩니다. 하지만 성령으로 세례를 받으면 성령께서 전인격을 사로잡으므로 옛 사람, 가계세대에 역사하던 귀신들이 떠나가기 시작을 하는 것입니다.

그래서 하나님은 성도들이 성령으로 세례를 받아 영적으로 변하기를 소원하십니다. 성령으로 세례를 받아야 6차원의 초자연적인 역사로 전인격이 하나님을 따를 수 있기 때문입니다. 목회자나 성도나 할 것 없이 성령의 불 받기를 사모합니다. 그러나 성령의 세례를 받아야 성령의 불로 세례를 체험할 수가 있습니다. 저의 개인적인 견해로는 성령의 세례가 없이 성령의 불세례를 받을 수가 없습니다. 성령의 불세례를 받으려면 먼저 성령의 세례를 체험해야 합니다. 성령의 세례를 받으려면 세례를 받을 수 있는 영육의 상태가 되어야 합니다.

성령의 세례를 받으려면 먼저 성령세례를 바르게 깨달아야 합니다. 다음으로 성령의 세례를 받으려면 성령의 세례가 임하는 장소를 찾아가야 합니다. 성령의 세례가 임하는 장소에 갔다면 마음을 열고 성령의 세례를 사모해야 합니다. 성령은 사람의 영 안에서 역사하십니다. 영은 사람의 마음 안에 있습니다. 그래서 마음을 열어야 영 안에 계신 성령이 역사하는 것입니다. 성령의 세례를 받아 성령이 역사해야 사람이 영적인 상태가 되는 것입니다. 성령으로 영적인 상태가 되어야 하나님과 교통할 수가 있는 것입니다. 그러므로 우리는 회개의 세례인 물세례로 만족하지 않고 다음은 성령의 세례를 받아야 합니다.

세례요한은 "나는 너희로 회개하게 하기 위하여 물로 세례를 베풀거니와 내 뒤에 오시는 이는 나보다 능력이 많으시니 나는 그의 신을 들기도 감당하지 못하겠노라 그는 성령과 불로 너희에게 세례를 베푸실 것이요"(마 3:11)라고 말씀한대로 물세례를 받기 이전이든지 이후든지 성령의 세례를 반드시 받아야 합니다.

어떤 성도들은 성령의 세례 받으면 물세례를 안 받아도 되느냐 묻는 사람이 있는데 그것은 잘못된 것입니다. 예수님께서도 세례요한에게 직접 물세례를 받았습니다. "이때에 예수께서 갈릴리로부터 요단강에 이르러 요한에게 세례를 받으려 하시니, 요한이 말려 이르되 내가 당신에게서 세례를 받아야 할 터인데 당신이 내게로 오시나이까, 예수께서 대답하여 이르시되 이제 허락하라 우리가 이와 같이 하여 모든 의를 이루는 것이 합당하니라 하시니 이에 요한이 허락하는지라"(마 3:13-15)고 했습니다.

물세례를 행하므로 하나님께 의를 이루는 것임으로 성도는 물세례를 받아야 합니다. 그렇지만 물세례로 만족하지 말고 성령의 세례가 있다는 것을 깨닫고 성령의 세례를 사모해야 합니다. 사모해야 성령으로 세례를 받을 수가 있습니다. 물세례는 예수를 믿고, 구원 받은 사람 즉 중생한 사람의 표로 받는 것이라면 성령의 세례는 구원받은 사람이 하나님의 사역을 위해 권능을 받는 것입니다. 순간 하나님의 권능으로 장악되는 것입니다. 그래서 "성령이 너희에게 임하시면 권능을 받고 예루살렘과 유대와 사마리아 땅끝까지 이르러 내 증인이 되리라"(행 1:18)고 말씀하셨습니다.

우리는 전도의 사명이 있는데 전도하는데 필수적인 도구는 성령의 세례를 받는 것입니다. 성령의 권능으로 전도하는 것입니다. 성령의 권능 없이 전도할 수가 없습니다. 세상은 마귀에게 처해 있기 때문입니다. 마귀의 종 되어 있는 세상 사람을 전도 하는 것은 인간의 힘만으로는 한계가 있습니다. 반드시 성령의 권능으로 전도를 해야 합니다.

사도 베드로께서는 예루살렘에 올라갔을 때, 고넬료가 믿게 된 사실을 말씀하면서 "내가 말을 시작할 때에 성령이 저희에게 임하시기를 우리에게 하신 것과 같이 하는지라. 내가 주의 말씀에 요한은 물로 세례를 주었으나 너희는 성령으로 세례를 받으리라 하신 것이 생각났노라"(행 11:15,16)고 하셨습니다. 이것은 자신이나 고넬료에게 있어서 성령의 세례가 최초성을 가지고 있음을 설명한 것이었습니다.

사도 바울께서 "주의 이름을 불러 세례를 받고 너의 죄를 씻으라"(행 22:16)고 하신 말씀과 "주 예수 그리스도의 이름과 우리 하나님의 성령 안에서 씻음과 거룩함과 의롭다 하심을 얻었느니라"(고전 6:11)고 하신 말씀을 비교해 보면, 우리는 성령의 세례에 정결성이 있음을 봅니다. 또 사도 바울께서는 고전 12:13에서 "다 한 성령으로 세례를 받아 한 몸이 되었고, 또 다 한 성령을 마시게 하셨다"고 하심으로서, 성령 세례의 보편성에 대해 말씀했습니다. 우리는 성경에 성령의 세례는 받으라는 명령이 없는 사실과, 한 번 성령의 세례를 받았던 사람이 다시 받았던 예도 없었던 사실을 통해, 성령의 세례가 하나님의 주권성과 단회성을 가지고 있음을 알게 됩니다.

성령께서 하시는 사역 중에서 이러한 특성들을 가지고 있는 것은 오직 회심과 중생뿐입니다. 그러므로 우리는 성령의 세례란, 죄인을 회심시켜 중생케 하시는 성령의 사역을 의미한다고 보아야 합니다. 그래서 성령의 세례를 내가 지금까지 성령사역을 하면서 체험한 바를 요약해서 설명하면 이렇습니다. 물세례는 목사님들이 예수님의 위임을 받아 베풀고 있습니다. 그러나 성령의 세례는 그러한 인간 제도를 통해 주어지는 세례가 아닙니다. 성령의 세례는 초자연적인 예수님이 베푸시는 영적인 세례입니다.

눈에 보이지 않는 신령한 질서를 따라 주어지는 은총의 세례입니다. 이 성령의 불세례는 인간 집례 자가 베풀 수 없습니다. 오직 하늘에 계신 예수님이 베풀어 주십니다. 성령세례를 받으면 초자연적인 5차원의 살아계신 성령 하나님이 자신을 장악하여 죄악을 씻어내고 새사람으로 거듭나게 합니다. 그렇기 때문에 성령의 세례는 모든 성도에게 베풀어지지 않는 것입니다. 그러나 우리 예수님은 우리 모든 성도들이 이 성령의 세례를 받아 성령이 충만하여 기쁨이 넘치는 승리의 삶을 살길 원하십니다.

성령세례의 의미에 대해서는 교단마다 또 교회마다 또 개인에 따라서 달라지기 때문에 이것이 성령세례입니다 하고 말씀드리기는 조금 어려운 단어입니다. 일반적으로 성령세례는 두 가지 의미로 쓰인다고 봅니다.

첫째가 성령의 내주하심입니다. 우리가 예수님을 믿게 되면 성령께서 우리 안에 들어오셔서 우리와 함께 동행하시게 되는데 이것을 성령이 내주하심이라고 합니다. 또한 이것은 성령 세례라고 하기도 합니다. 바로 우리가 예수님을 믿고 하나님의 자녀가 됨으로 말미암아 성령과 연합되는 것입니다. 성령으로 거듭난다는 뜻이 바로 우리가 예수님을 믿음으로 하나님의 자녀가 되는 사건을 의미하는 것입니다. 이런 경우 성령세례란 우리의 일생에 딱 한번 있는 단회적인 사건이 되는 것입니다.

두 번째가 우리가 예수님을 믿고 나서 특별한 경험을 하는 경우입니다. 눈에 보이지 않지만 살아계신 5차원의 성령의 특별한 역사로 말미암아 뼛속까지 회개하는 경험도 하게 됩니다. 영의 기도를 받게 되는 경우도 있고 성령과 친밀한 교제를 하게 되는 경우도 있습니다. 하늘의 권능을 받는 것입니다. 5차원의 권능 있는 삶을 살아가는 계기가 됩니다. 자신은 없어지고 성령님이 주인 된 삶을 살아가게 됩니다. 이런 경험을 성령세례라고 칭하는 경우도 있습니다. 이런 경우 성령세례란 우리의 일생에 한번 체험할 수 있는 사건이 될 수 있습니다. 성령의 세례를 체험하고 나면 성령에 강하게 사로잡힐 때마다 성령의 역사를 체험하게 된다는 뜻입니다.

바울 사도가 한 번은 에베소 교회를 방문했습니다. 교인들에게 바울이 "너희가 믿을 때에 성령을 받았느냐 가로되 아니라 우리는 성령이 있음도 듣지 못하였노라 그러면 너희가 무슨 세례를 받았느냐 대답하되 요한의 세례로라"(행 19:2-3)고 했습니다. 이때에 "바울이 그들을 안수하매 성령이 그들에게 임하시므로 방언하고 예언도 하니 모두 열 두 사람쯤 되니라"(행 19:6)라고 해서 성령세례가 성령세례 받은 사람을 통하여 전이 된다는 사실과 성령 세례의 필요성을 알게 된 것입니다.

하나님은 성령의 세례를 체험하게 하고 단련하여 하나님 마음에 합한 자를 하나님의 일에 사용하십니다. 베드로의 경우를 예로 들어봅니다. 고기를 잡는 어부였던 베드로가 예수님의 부르심으로 그물을 버리고 주님을 따랐습니다. 주님을 따라 다니면서 문둥이를 치유하고, 죽은 자를 살리고, 오병 이어의 기적을 일으키고, 귀신을 쫓아내는 이적과 기적을 보면서 3년 동안 주님을 따랐습니다. 베드로가 이렇게 주님의 능력을 인정하고 주님을 따르면서 3년 동안 훈련을 받았지만 믿었던 주님이 십자가에 죽게 되자 세 번씩이나 주님을 모른다고 부인한 겁쟁이입니다. 왜 그렇습니까? 성령으로 세례를 받지 못해서 육적인 상태이기 때문에 그런 것 아니겠습니까? 성령의 세례를 체험하지 못하고 인도받지 못하니 아직 육신적인 믿음의 수준을 넘지 못한 증거입니다.

그러던 베드로가 마가의 다락방에서 120 문도와 함께 기도하다가 성령으로 세례를 받고 완전히 사람이 변했습니다. 육신적인 사람이 초자연적인 5차원의 사람으로 변화되었습니다. 성령이 베드로를 장악한 것입니다. 그러자 성령의 사람이 됩니다. 어떻게 변화되었습니까? 초자연적인 성령의 사람이 됩니다. 베드로는 오순절 마가의 다락방에서 완전히 변화되어 성령 충만한 사도로 능력의 삶을 보여 주기 시작하였습니다. 기도할 때 귀신이 떠나가고, 병자가 고쳐지고, 죽은자가 살아났습니다. 베드로가 전하는 말씀에 감동 받아 하루에 3천명이 예수님 믿고 구원받는 역사가 나타났던 것입니다. 놀라운 일이 아닐 수 없습니다. 우리도 성령의 세례를 받고 성령의 인도 하에 하나님의 훈련을 순종하므로 받으면 우리에게도 베드로와 같은 역사가 나타날 수 있다고 확신합니다. 성령의 세례를 받으시기를 바랍니다. 그리고 자신 안의 예수님으로부터 성령의 불세례도 나타내시기를 바랍니다. 먼저 성령의 세례를 받으려면 이렇게 하시기를 바랍니다.

성령으로 세례를 받음은 하나님의 영으로 사로잡히는 것입니다. 성령의 세례는 성도의 마음을 그리스도에 대한 이해와 사랑과 신뢰로 가득 차게 하며, 성령이 삶의 주관자가 되게 하며, 하나님의 자녀로서 하나님의 부름에 적합하도록 능력을 부여합니다. 거듭나는 것과 성령으로 세례 받은 것과는 다른 별개의 사건입니다. "누구든지 그리스도의 영이 없으면 그리스도의 사람이 아니라." (롬 8:9). 성령의 세례를 받음으로 비로소 이때부터 성령의 이끌림을 받게 됩니다.

그리스도인은 성령에 의해 태어난 사람으로 성령은 그 사람 안에서 중생의 사역을 이루십니다. 그리스도인이란 그 안에 성령이 내주 하는 사람을 지칭하며 성령세례 받은 자를 의미하는 것은 아닙니다. 거듭남으로 구원을 받게 됩니다. 즉 성령으로 거듭나서 하나님의 자녀가 되는 것입니다. 그러나 사람이 성령에 의해 거듭났지만, 성령으로 세례 받지 못한 경우도 있습니다. 그러므로 중생과 성령세례는 동의어가 아니라는 뜻입니다.

그러므로 성령으로 세례를 받으시기를 바랍니다. 성령의 세례를 받음으로 비로소 성령의 인도를 받을 수가 있습니다. 그리하여 성령으로 깊은 영의 기도, 온몸기도를 할 수 있게 되는 것입니다. 성령으로 깊은 영의기도, 온몸기도를 하므로 성령의 불이 임하고, 마음 안에서 성령의 불이 올라오는 영의 기도를 할 수 있는 것입니다. 성령의 세례는 성령의 불로 사로잡히는 것이기 때문입니다.

우리가 성령의 세례를 받으려면 성령을 바르게 알고 사모해야 합니다. 하나님은 사모하는 영혼에게 만족함을 주십니다. 성령의 세례도 사모해야 받는 것입니다. 사모하고 뜨겁게 기도하면서 성령의 세례가 올 때까지 구하면서 기다려야 합니다.

성령으로 세례를 받아야 그때부터 성도가 영적으로 변하기 시작합니다. 왜냐하면 성령의 세례를 받으면 비로소 육이 초자연적인 성령의 지배를 받기 시작하기 때문입니다. 육이 영의 지배를 받아야 비로소 영적인 사람으로 변하기 시작하는 것입니다. 성령으로 세례를 받지 않으면 육은 여전히 세상신이 장악하고 있으므로 예수를 삼십 년을 믿어도 여전히 육의 지배를 받는 것입니다.

하나님의 말씀을 들어도 비밀을 깨닫지를 못하는 고로 육의 사람의 특성인 합리를 가지고 받아들이니 기적을 체험하지 못하는 것입니다. 왜냐하면 영의 능력은 약하고 육의 능력은 강하기 때문입니다. 고로 예수를 믿는 순간 영의 사람이 되지못합니다.

저는 성도라면 모두가 예수를 영접하고 성령으로 세례를 받아야 한다고 강조합니다. 제가 말하는 성령의 세례는 성령의 내주하심이 아니라, 성령이 전인격을 장악하는 성령 폭발을 말하는 것입니다. 내주하신 성령이 폭발하여 성도의 전인격을 장악해야 육이 치유되어 성령의 지배를 받는 영의 사람으로 변하는 것입니다. 성령이 전인격을 장악해야 비로소 육체에 역사하던 세대에 역사하던 귀신이 떠나가기 시작하기 때문입니다. 성령은 초자연적인 권능이 있으시고, 귀신은 권위 면에서 한 단계 하위인 초인적인 존재들이기 때문입니다.

이는 성도에 따라 성령께서 장악하는데 시간이 다르게 걸립니다. 그래서 하나님은 "항상 기뻐하라! 쉬지 말고 기도하라! 범사에 감사하라! 이것이 그리스도 예수 안에서 너희를 향하신 하나님의 뜻이니라"(살전5:16-18). 하시는 것입니다. 전폭적으로 성령의 인도를 받으며 맡기는 성도는 빨리 변화가 되고, 그렇지 못한 성도는 변화되는데 시간이 더 걸릴 것입니다.

성도가 성령으로 빨리 장악이 되면 그 만큼 연단의 기간도 짧아지는 것입니다. 하나님은 성도가 성령으로 전인격이 장악 되어 하나님이 원하시는 수준이 되어야 성도에게 배당된 하나님의 복을 풀어주시는 것입니다. 그러므로 성도는 마음을 열고 성령으로 세례를 받고 전인격이 성령의 지배를 받으려고 의지적인 노력을 해야 합니다. 자신의 생각이나 의지를 내려놓고 전폭적으로 성령의 인도하심을 따르면 좀 더 빨리 하나님이 원하시는 영적인 수준에 도달할 수가 있는 것입니다.

성령의 세례는 성도에게 와 있는 영육간의 문제를 치유하는데도 지대한 영향을 미치게 됩니다. 성령으로 세례를 받지 않으면 치유가 되지 않습니다. 육체에 역사하는 세상신의 힘이 강하기 때문에 좀처럼 치유가 되지 않습니다. 그러다가 성령으로 세례를 받고 뜨겁게 기도하기 시작을 하면 육체가 성령의 지배를 받게 됨으로 치유가 되기 시작 하는 것입니다.

그러므로 성도가 당하는 영육의 문제를 치유 받으려면 최우선으로 체험해야하는 것이 성령의 세례입니다. 성령의 세례가 없이는 아무리 능력이 강한 사역자라도 치유할 수가 없습니다. 치유는 성령께서 하시기 때문입니다.

하나님은 영이십니다. 영육의 문제는 영이신 하나님이 치유하시는 것입니다. 하나님이 치유하시게 하려면 영적인 상태가 되어야 하는 것입니다. 영적인 상태가 되려니 성령으로 세례를 받고 성령의 깊은 임재에 들어가야 합니다. 그러면 하나님의 치유의 손길이 역사하기 시작을 합니다.

하나님의 음성을 들으려고 해도 성령으로 세례를 받아야 합니다. 상처를 치유 받으려고 해도 성령으로 세례를 받아야 합니다. 귀신을 쫓아내려고 해도 성령으로 세례를 받아야 합니다. 질병을 치유 받으려고 해도 성령으로 세례를 받아야 합니다. 혈통에 흐르는 영-혼-육의 문제를 치유 받으려고 해도 성령으로 세례를 받아야 합니다. 재정의 문제를 해결하려고 해도 성령으로 세례를 받아야 합니다. 정신적인 문제를 치유 받으려고 해도 성령의 세례를 받아야 합니다. 성령의 세례가 없이는 아무것도 이루어지지 않습니다. 그러므로 성령의 세례는 모든 성도가 꼭 받아야 합니다.

한번 성령으로 세례를 받았다고 다 되는 것이 아닙니다. 지속적으로 영과 진리로 예배를 드리고, 성령으로 기도하며 성령의 불세례를 나타내면서 성령 충만해야 합니다. 많은 성도들이 성령으로 세례를 받고, 방언으로 기도하면 항상 성령 충만한 줄로 생각을 합니다. 그러나 잘못된 생각입니다. 항상 성령으로 충만 하려고 의지적인 노력을 해야 합니다. 사람은 육을 가지고 있기 때문입니다.

여기서 우리가 더 알아야 할 것이 있습니다. 첫째, 성령의 세례를 이론으로 알고 스스로 성령으로 세례를 받았다고 자처하는 성도들입니다. 이런 분들이 영육으로 문제가 생겨서 치유를 받으러 옵니다. 와서 본인이 기도를 하고, 안수를 해주어도 성령의 역사가 일어나지 않습니다. 몇 주를 다니면 그때에야 반응이 있기 시작합니다. 왜냐하면 자기만의 자아가 있어서 마음을 열지 않으니 영적인 말씀이 귀에 들리지 않기 때문입니다.

두 번째는 몇 년 전에 성령을 체험했다고 자랑하는 성도들입니다. 얼마 전에 여 집사가 2년 전에 성령을 체험했다고 하면서 치유와 능력을 받으러 왔습니다. 2일을 기도하고 안수를 하니까, 성령의 역사가 일어나 몸이 뒤틀리고 괴성을 지르는 것입니다. 한참을 안수하니 성령이 장악을 했습니다. 귀신들이 소리를 지르면서 떠나갔습니다. 지금 교회에는 몇 년 전에 성령을 체험했다고 안심하고 지내는 성도들이 있습니다.

이런 분들이 열심히 믿음 생활을 하면서도 여러 가지 문제로 고통을 당합니다. 왜냐하면 자기에게 역사하는 상처와 악한 영의 역사로 일어나는 것입니다. 그러므로 한번 성령 체험했다고 다 된 것이 아니라, 지속적으로 성령을 체험하며 성령 안에서 온몸기도를 하여 온몸을 정화시켜야 합니다. 그래야 성령으로 충만하게 되어 하나님과 교통하는 기도를 할 수가 있습니다. 한번 성령을 체험했다고 자랑삼아 말하는 분들은 자기 관리에 신경을 써야 할 것입니다. 우리가 육체가 있기 때문에 온몸이 성령의 지배가운데 들어가도록 꾸준하게 관심을 가져야 합니다. 한번 체험했다고 멈추면 얼마 있지 않아 육으로 돌아갑니다.

그래서 성도는 주일날이 중요합니다. 주일날 성령 충만을 받고 뜨겁게 성령으로 기도하며 안수 받아 깊은 영성을 유지할 수 있기 때문입니다. 저는 교회를 개척할 당시부터 주일 예배를 성령 충만한 예배로 드리고 있습니다. 주일날에도 최대한 기도를 오래하여 심령을 성령으로 정화하고 성령 충만을 받습니다.

이 기도 시간에 제가 일일이 안수하여 성령이 충만하고 기도가 깊어지도록 지도합니다. 왜냐하면 세상에서 먹고 살아가다가 보니 주일 하루 밖에 교회에 오지 못하는 분들이 많기 때문입니다.

결론적으로 물질축복을 받으려면 성령으로 세례를 받고 성령으로 충만을 받아야 서서히 하나님의 나라가 되면서 물질축복이나 건강이나 행복이나가 이루어지는 것입니다. 전적으로 하나님의 역사로 축복이 이루어지는 것입니다. 많이 강조했지만 하나님의 나라가 되면 하나님께서 주인 되어 물질의 축복을 받도록 역사하시면서 살아계신 하나님을 증명하시는 것입니다. 그러므로 물질축복을 받으려는 성도는 먼저 해야 할 일이 성령으로 세례를 받는 것입니다. 성령으로 세례를 받은 다음에 성령 충만해지면 하나님의 나라가 되기 때문에 옛 사람에게 역사하던 귀신들이 떠나가면서 가난 궁핍이 물러가는 것입니다. 차차로 물질의 축복이 이루어지기 시작을 합니다. 그래서 물질 축복을 받으려면 성령으로 세례를 받기 위하여 의지적인 노력을 해야 합니다. 성령의 세례는 말이 아니고 이론이 아니고 실제이기 때문입니다.

19장 물질축복은 하나님과 친밀해야 받는다.

(고전 10:31)"그런즉 너희가 먹든지 마시든지 무엇을 하든지 다 하나님의 영광을 위하여 하라"

자신의 주인이신 하나님과 관계가 열려서 친밀해야 영-혼-육이 건강할 수가 있습니다. 하나님께서는 하나님과 관계를 여시기 위하여 예수님을 보내주셨습니다. 그리고 믿는 자들에게 성령이 마음 안에 임재 하도록 하셨습니다. 성령을 통하여 하나님과 관계를 열기 위한 하나님의 깊은 배려입니다. 그만큼 하나님은 자녀들과의 관계를 중요하게 생각을 하십니다. 하나님과 관계가 열려야 자신 안에 임재하신 성령으로부터 영력을 공급받음으로 영-혼-육이 건강할 수 있는 것입니다. 그런데 안타까운 것은 일부 그리스도인들이 자신 안에 계신 하나님과 관계를 열어야 한다는 것을 이해하지 못합니다. 하나님은 영이시기 때문에 쉽사리 이해하기가 힘이 들기 때문입니다. 그러나 영이신 하나님과 말씀과 성령으로 관계가 열리면 하나님으로부터 모든 것을 공급받을 수 있습니다.

예를 들어서 설명하면 세상에서 불신자로 살다가 예수를 영접하는 분들이 정상적인 생활을 하는데 천국가려고 예수를 믿는 사람이 별로 없습니다. 모두 세상에서 영육의 문제로 고통을 해결하려고 이 방법 저 방법 별 방법을 다 동원했으나 해결하지 못합니다. 그러다가 예수를 믿으면 문제가 해결이 된다는 말을 듣고 예수를 영접하고 교회에 들어옵니다. 교회에 들어와서 문제만을 해결하려고 예배도 참석하고 봉사도 하고, 헌금도 하고, 철야기도도 합니다. 그런데 문제가 해결이 안 됩니다. 불평불만을 토로하거나, 믿음에서 떠나거나, 예수를 믿어도 소용없더라하면서 원망을 하기도 합니다. 그런데 바르게 알아야 할 것은 이렇게 자신의 문제만 해결하려고 하니 문제가 해결이 안 된다는 것입니다. 하나님의 나라 성전 되지 않은 육적인 상태로서는 영-혼-육의 건강도 장담할 수가 없는 것입니다. 건강도 자신 안에 계신 하나님으로부터 은혜가 올라와야 가능하기 때문입니다.

하나님은 분명하게 "그런즉 너희는 먼저 그의 나라와 그의 의를 구하라 그리하면 이 모든 것을 너희에게 더하시리라(마 6:33)"말씀하셨습니다. 자신 안에 하나님의 나라가 먼저 이루어지게 하라는 말씀입니다. 그래서 교회에 들어오면 먼저 예배를 드리면서 기도하고 찬양하다가 성령으로 세례를 체험해야 합니다. 성령으로 세례를 받으면 성령께서 자신이 살아오면서 받은 상처를 치유하십니다. 말씀과 성령으로 자아를 부수십니다. 그러면서 자신 안에 계신 하나님과의 관계가 열립니다. 하나님과 관계가 열리니 심령이 점차로 하늘나라가 이루어집니다. 하늘나라가 이루어지면서 혈통에 역사하던 귀신이 떠나갑니다. 귀신이 떠나가니 하나님과 친밀한 관계가 됩니다. 친밀한 관계가 되니 하나님으로부터 은혜가 올라와 영-혼-육이 건강해지는 것입니다. 그리고 기도할 때마다 하나님께서 음성이나 감동이나 꿈이나 환상을 통해서 자신의 문제를 해결하는 지혜를 주십니다. 주신 지혜대로 순종하니 문제가 해결이 됩니다. 마음 안에 계신 성령님의 역사로 귀신이 떠나가기 때문입니다. 그러므로 예수를 믿었으면 예배드리고 기도하며 성령으로 세례를 받아 하나님과 관계를 먼저 열어야 합니다.

우리가 바르게 알아야 할 것은 예수만 믿으면 모든 문제가 해결이 되고 만사가 형통한 것이 아닙니다. 예수를 믿으면 원죄가 해결이 됩니다. 자범죄와 상처는 자신이 성령의 인도를 받아가며 해결해야 합니다. 예배를 드리며 말씀 듣고 기도하며 찬양하다가 성령으로 세례를 받게 됩니다. 성령으로 세례를 받은 후에 자신이 인생을 살아오면서 지은 자범죄를 해결합니다. 조상들이 지은 죄도 해결합니다. 왜냐하면 죄를 지으면 반드시 죄를 타고 귀신이 들어왔기 때문입니다. 인생을 살아오면서 받은 상처를 치유해야 합니다. 상처 뒤에는 귀신이 역사하면서 하나님의 말씀을 듣지 못하게 하거나 이해하지 못하는 문제를 발생하게 하거나 믿음이 자라지 못하도록 방해합니다. 하나님으로부터 영력을 공급받지 못하게 방해합니다. 이와 같은 방해 요소들을 말씀과 성령으로 몰아내야 하나님으로부터 영력을 공급받아 영-혼-육이 건강해지는 것입니다.

영-혼-육이 건강하게 지내려면 이것을 이해해야 합니다. 아브라함은 25년간 하나님의 인도를 받으면서 하나님께서 원하시는 영적인 사람으로 변했습니다. 그러므로 자신이 성령의 인도를 받으면서 변화되려고 관심을 가져야 합니다. 하나님께서 원하시는 사람으로 변했을 때 하나님으로부터 영력을 공급받을 수가 있는 것입니다. 성령으로 온몸에 섞인 세상적이고 육적이고 혼적인 것을 정화해야 영-혼-육이 건강해지는 것입니다.

크리스천들이나 목회자나 할 것 없이 예수를 믿는 순간 죽었습니다. 그리고 다시 예수로 태어났습니다. 예수를 믿고 성령으로 거듭난 성도가 인생을 살아가면서 일어나는 모든 일은 자신의 일이 아닙니다. 죽은 자는 일을 할 수가 없는 것입니다. 다시 사신 예수님의 일입니다. 예수를 믿을 때, 자신은 죽고, 예수로 다시 태어났기 때문입니다. 이제 자기가 세상을 사는 것은 자신 속에 주인으로 임재하신 예수님이 사시는 것입니다. 성도는 자신 앞에 있는 문제를 자신의 능력이나 힘으로 하지 말아야 합니다. 크리스천이 영-혼-육의 고통을 당하는 것은 매사를 자신의 힘으로 하다가 상처를 받기 때문입니다. 예수님의 일이므로 예수님께 문의하여 예수님께서 하라는 대로 순종하면 믿음을 보시고 예수님이 하십니다.

일부 크리스천들이나 목회자들이 자신 앞에 일어나는 일을 자신의 힘으로 하려고 합니다. 하나님의 일을 인간인 자신의 힘으로 하려고 하니 얼마나 힘이 들고 스트레스를 받겠습니까? 자신의 힘으로 인생을 살아가려니 힘이 들고 버거워서 탈진이 찾아오기도 합니다. 건강에 문제가 생기기도 합니다. 목회자들도 마찬가지입니다. 목회는 예수님의 일인데 자신의 힘으로 하려고 합니다. 그러다가 힘들어서 목회를 포기하기도 합니다. 예수님을 믿고 성령으로 거듭난 크리스천이나 목회자나 할 것 없이 하나님과 관계를 열어, 성령의 인도를 받으면서 문제를 해결하는 것입니다. 성령님께 질문하여 지혜를 받아 해결하는 것입니다. 푯대를 향하여 가는 길에 부딪치는 모든 일은 예수님의 일이라고 믿는 믿음이 중요합니다. 문제가 나타나거든 하나님께 기도하는 것입니다. 하나님 이 문제를 어떻게 해결해야 합니까? 기도하여 성령께서 감동하시는 대로 순종하면 성령께서 문제를 해결하시는 것입니다. 문제를 만나거든 하나님께 기도하여 알려주신 지혜대로 순종하여 통과하시기를 바랍니다. 그러면 스트레스를 받지 않아 영-혼-육이 건강하게 지내는 것입니다.

우리는 모두 관계 속에 살아가고 있습니다. 관계를 떠나서 존재하는 사람은 한 사람도 없습니다. 관계 속에서 태어나 관계 속에서 살아갑니다. 관계를 떠나서는 삶의 의미나 가치를 찾을 수 없습니다. 가장 아름다운 사랑도 관계를 떠나서는 생각할 수 없습니다. 이 세상은 관계를 맺으려고 애를 씁니다. 좀 더 유익을 얻으려고, 좀 더 덕을 보려고 보다 나은 사람이 있으면 관계를 맺으려고 합니다. 국가적인 차원에서도 마찬가지입니다. 외교라고 하는 것 역시 관계입니다. 관계라는 말은 대단히 중요합니다. 실제로 영향력 있는 사람과 관계를 잘 맺으면 덕을 보는 경우가 있습니다. 동창관계라든지, 친구관계라든지, 선후배관계라든지 이 세상을 살아가는 데는 관계가 중요합니다. 그러나 이보다 더 중요한 관계는 하나님과의 관계입니다. 영-혼-육이 건강하게 지내려는 분들은 무엇보다도 하나님과 관계가 열리는 것이 중요합니다. 관계를 잘 맺은 사람과 맺지 못한 사람은 차이가 있습니다. 아무래도 관계를 잘 맺은 사람이 세상을 살아나가는데 더 많은 유익을 얻습니다.

1. 하나님을 주인으로 모시는 삶이다. 하나님은 말씀으로 세상을 만드시고 빛과 어둠, 궁창과 바다 모든 것을 창조하셨습니다. 그 분은 모든 만물의 주인이십니다. 사람을 만드신 하나님은 당신이 주인이라는 것을 우리에게 나타내시고, 우리로 하여금 하나님을 주인으로 삼기를 원하십니다. 그래서 우리는 주인이신 하나님께 무엇이든 여쭤보며 살아가야 하는 것입니다. 묻지 않고 내 마음대로 하는 것이 죄에 죄를 더한다고 성경은 말씀하고 계십니다. 우리가 하나님께서 주인 되심을 인정한다면 우리의 모든 행동은 주님께 묻고 행동해야 한다는 것입니다. 내 온몸의 주인은 내가 아닌 하나님이 되셔야 한다는 것을 우리는 알아야 합니다. 주인이신 하나님의 뜻대로 하는 것이 가장 중요하다는 것입니다. 우리가 성경 속의 선지자들과 사도들을 살펴보면 그들은 모두 하나님께서 뜻하시는 대로 행동하였고, 그 뜻대로 하는 자들을 하나님은 크게 쓰시고, 기사와 이적을 행하셨다는 것을 알 수가 있습니다.

주님은 우리의 왕이시고, 우리를 만드신 주인이신데, 우리가 마음대로 살았기 때문에 인류에게 죄와 사망이 들어왔다고 성경은 말씀하십니다. 하나님은 질투의 하나님이십니다. 우리가 그 분의 뜻대로 하지 않았을 때, 하나님은 풍랑도 일으키시는 분이십니다. 요나는 니느웨로 가라 명하심을 받았는데 다시스로 하나님의 낯을 피해 도망을 하다가 풍랑을 만나게 됩니다. 풍랑도 주인이신 주님은 못하시는 것이 없으십니다.

이스라엘 백성들은 가나안 복지를 인도하심을 따라 들어갔어도 하나님 말씀에 청종치 않아 바벨론으로 끌려가는 역사를 우리는 볼 수 있습니다. 하나님께서는 우리에게 좋은 것만 하라고 말씀하지 않으십니다. 아브라함이 이삭을 칼로 잡았을 때 인정하심을 받았듯이 상함도 해함도 받으라 하실 때에 그 명령을 순종하고 시험을 통과하는 자에게 여호와 이레로 준비하시고, 은총을 내려 주시는 것입니다. 영-혼-육이 건강하게 살아가는 축복도 주시는 것입니다. 하나님께서 자신의 주인이 되셨는데 영-혼-육이 건강하지 않을 수가 없는 것입니다. 모든 순간순간마다 하나님의 뜻대로 하는 것이 주인을 인정하는 것이고, 왕으로 인정하는 것입니다. 하나님은 당신을 왕으로 삼는 자의 앞에 나가 싸우시고 그의 팔을 돕는 것입니다.

2. 하나님을 영화롭게 하는 삶이다. 하나님은 이렇게 말씀하십니다. "그런즉 너희가 먹든지 마시든지 무엇을 하든지 다 하나님의 영광을 위하여 하라"(고전 10:31). 예수님께서도 "아버지께서 내게 하라고 주신 일을 내가 이루어 아버지를 이 세상에서 영화롭게 하였사오니."(요17:4). 라고 했습니다. 우리 믿는 자들의 삶은 하나님의 영광을 위해서 사는 것입니다.

영광이란 말은 히브리 원문 카보드(dwObK(kabod), 헬라 원문은 '독산 또는 독사조(δοξαν, δοξαζω)'란 말로 나타냅니다.

"기쁘게 하다. 광채 나게 하다. 위엄 있게 하다. 명성을 높이다. 찬양하게 하다." 등의 뜻을 가지고 있습니다. 믿는 자는 하나님 나라 백성으로 하나님의 아들로서 하나님을 영화롭게 하는 것이 믿는 자들의 삶의 목적입니다. 아들로서는 자연히 아버지를 영화롭게 해야 합니다. 백성으로서는 당연히 임금을 영화롭게 하여야 합니다. 이것이 절대적인 진리입니다. 이유는 영-혼-육의 축복을 누리는 은혜를 입고 살기 때문입니다

영화롭게 한다는 말은? 보이지 않는 하나님을 자신으로 하여금 나타내는 생활을 말하는데 하나님의 높으신 이름이 드러나게 하는 것이며, 자신으로 하여금 하나님의 이름이 빛나게 하는 것이며, 자신의 생활로 하여금 하나님이 찬양을 받으실 분임을 알게 하는 것이며, 그리고 자신의 생활이 하나님이 기뻐하시는 생활을 하는 것입니다.

자신으로 하여금 하나님의 이름이 높아지게 하는 것이며, 귀하게 여겨지는 것이며, 사람들의 마음이 하나님의 참된 사랑과 은혜의 하나님으로 향하도록 하는 생활을 하는 것이며, 나로 하여금 하나님의 진실하심과 거룩하심과 선하심이 나타나는 것을 말합니다. 하늘의 천사들이 하나님의 영광을 드러내었고 동방의 박사들이 하나님의 영광을 드러내었습니다. "지극히 높은 곳에서는 하나님께 영광이요 땅에서는 하나님이 기뻐하신 사람들 중에 평화로다 하니라(눅 2:14)" "집에 들어가 아기와 그의 어머니 마리아가 함께 있는 것을 보고 엎드려 아기께 경배하고 보배 합을 열어 황금과 유향

과 몰약을 예물로 드리니라(마 2:11)" 우리가 영-혼-육의 건강을 누리며 살아가려면 하나님의 영광을 드러내는 삶을 살아야 합니다. 한번 생각해보시기를 바랍니다. 자신이 하나님의 영광을 드러내는 삶을 사는데 영-혼-육에 문제가 생길 이유가 없는 것입니다.

3. 하나님과 동행하는 삶이다. 하나님과 관계가 열려서 영-혼-육이 건강한 삶을 살아가려면 하나님과 동행하는 삶을 살아야 합니다. 동행 한다는 말은 히브리 원문으로 '하라크'이며, 헬라 원문으로 '오이 페리'라고 합니다. 또는 '수네코데모스'로서 '함께 여행하다.'라는 뜻과, '동료, 여행자'란 뜻도 됩니다. '수네시다'란 표현으로, '함께 여행하다, 동반하다, 얽히다, 함께 살다,' 란 뜻입니다.

에녹과 같은 삶을 살아야 합니다. 창세기 5장 24절에서 "에녹이 하나님과 동행하더니 하나님이 그를 데려가시므로 세상에 있지 아니하였더라." 에녹은 도덕적 능력이 매우 약한 부패한 세대에 살았습니다. 그의 주위는 더러움이 만연하였으나 그는 하나님과 더불어 동행하였습니다.

에녹은 마음을 하나님께 바치도록 교육받았기 때문에 순결하고 거룩한 사물들을 생각하였습니다. 그러므로 에녹은 거룩하고 신령한 사물에 관하여 이야기하였습니다. 에녹은 하나님의 동료가 되었습니다. 에녹은 하나님과 동행하였으며 그의 권면을 받았습니다. 에녹은 우리와 마찬가지로 우리가 만나는 동일한 시험들과 더불어 싸우지 않으면 안 되었습니다.

에녹을 둘러쌌던 사회는 현재 우리를 둘러싸고 있는 사회보다 더 의롭지 못하였습니다. 에녹이 숨을 쉬는 분위기는 우리의 분위기와 마찬가지로 죄와 부패로 더럽혀져 있었습니다. 그러나 에녹은 그가 살았던 세대의 만연된 죄로 인하여 더럽혀지지 않았습니다. 그러므로 우리도 충실한 에녹이 행한 것처럼, 순결하고 부패되지 않은 채 남아 있을 수 있습니다.

하나님과 동행하려면 하나님을 알길 열망해야 합니다. 하나님의 길을 따라가야 합니다. 성령의 인도를 받으라는 말입니다. 그래서 늘 성경을 가까이 하고 성경을 볼 때에도 하나님의 관점에서 하나님이 무엇을 말씀하시고자 하는 지에 초점을 두어야 합니다. 하나님의 뜻대로 행하는 것이 의무가 아니라, 하나님과 교통하는 것이 즐거움이 되어야 하나님과 동행합니다. 주님과 동행하니 그 어디나 하늘나라가 됩니다. 자연스럽게 영-혼-육이 건강하게 되는 것입니다.

4. 순종하는 삶이다. 하나님과 관계가 열려서 영-혼-육이 건강한 삶을 살아가려면 순종하는 삶을 살아야 합니다. 사실 '하나님의 선택을 받았다'는 사실보다 '하나님께 순종한다'는 사실이 더 큰 축복을 불러옵니다. 하나님의 선택이란 사명을 맡기는 선택이지 물질과 지위를 주는 선택이 아닙니다. 그 하나님의 선택을 잘못 이해하면 이스라엘 백성들처럼 선택받은 것 때문에 더 고난을 당합니다.

축복은 '선택된 사람'보다는 '순종하는 사람'에게 주어집니다. 하나님은 선택받고 불순종하는 사람보다 선택과 상관없이 순종하는 사람을 더 기뻐하십니다. 하나님은 어린 시절 부모에게 순종 잘하는 사람을 찾고 계십니다. 순종이 습관이 되어 하나님의 말씀에도 순종을 잘하기 때문입니다. 사람은 말씀에 순종해야 잘 살 수 있도록 창조되었습니다. 말씀은 비행기의 항로와 같습니다. 아무리 큰 비전을 가지고 솟아올라도 말씀에서 이탈하면 언제 충돌할지, 언제 미사일에 맞을지 모르는 불안한 인생이 됩니다. 말씀대로 살아야 결국 비전도 이룰 수 있습니다.

특별히 순종할 때도 즉각 순종해야 합니다. 토론 후에 순종하는 것은 순종이 아니고, 변명하고 순종하는 것도 순종이 아니고, 한참 지체하다가 순종하는 것도 참된 순종이 아닙니다. 하나님이 감동을 주시면 그것은 하나님이 우리를 어떤 일로 부르신 것입니다. 그 일에 즉각적으로 기쁘게 순종해야 합니다. 어떤 성공학 연구가가 성공한 사람들에 대해 면밀히 연구를 했습니다. 그리고 성공의 최대 요인을 '순종'이라고 결론을 냈습니다. 순종하는 사람이 결국 성공적인 삶을 산다는 것입니다. 삶이 지루하고 답답하게 느껴지면 더욱 헌신과 순종을 다짐해보십시오. 순종은 축복을 가져다줍니다. 더 나아가 순종하는 마음을 가진 것 자체가 큰 축복이고 영-혼-육의 건강입니다.

5. 성령으로 기도해야 한다. 예수를 믿는 성도가 하는 기도는 세

상 사람들이 하는 기도와 다릅니다. 자신이 매일 철야하며 새벽기도를 해도 영육이 변화되지 않고, 환경이 어려운 것은 죄인인 육체가 세상적인 기도를 하기 때문입니다. 육체가 기도하니 하나님께서 들을 수가 없으니 아무리 기도를 오래 많이 해도 독백이 되기 때문입니다. 기도를 바르게 해야 합니다. 성령 안에서 온몸기도를 해야 합니다. 그럼 어떻게 해야 한다는 말입니까? 숨을 들이쉬고 내쉬는 것을 바르게 해야 합니다. 아기가 잠을 자는 것을 유심히 본 성도는 필자가 설명하는 것을 쉽게 이해 할 수가 있을 것입니다. 아기는 배로 숨을 쉽니다. 이와 같이 우리도 기도할 때 배로 숨을 쉬는 것입니다. 복식호흡이라고 합니다. 자신의 배꼽 아래에 의식을 두고 코로 숨을 들이쉬는 것입니다. 그러면 아랫배가 불숙하고 올라올 것입니다. 다시 내쉽니다. 자신이 평소에 숨을 쉬는 속도로 들이쉬고 내쉽니다. 이렇게 지속적으로 합니다. 어느 정도 숙달이 되면 이제 들이쉬고 내쉴 때에 주여! 하고 소리를 내는 것입니다. 숨을 들이쉬고 내쉬는 것이 숙달이 되었기 때문에 잘 될 것입니다. 이렇게 숨을 들이쉬고 내쉬면서 주여! 하면은 자신 안에 주인으로 계시는 성령님이 불로 역사하시기 시작을 하십니다. 그러면 자신의 육체와 정신과 마음에 남아서 역사하던 귀신들이 두려움에 빠집니다. 그러면 기도를 방해하기 시작을 합니다. 잡념을 주든지, 두려움을 주든지, 아랫배를 아프게 하든지, 허리가 아프게 하든지, 상태가 나빠지든지, 좌우지간 몸의 여러 부위를 이용하여 숨을 들이쉬고 내쉬면서 기도하지 못하도록 방해를 합니다.

그러면 귀신의 방해하는 행위에 관심을 두지 말고 지속적으로 숨을 들이쉬고 내쉬면서 주여! 숨을 들이쉬고 내쉬면서 주여! 계속하는 것입니다. 그러면 성령으로 충만해집니다. 성령께서 온몸을 지배하시니까 차츰 귀신의 방해 행위가 하나둘씩 없어지기 시작을 하는 것입니다. 성령의 역사로 귀신들이 하나둘씩 도망치기 때문입니다. 성령의 역사가 일어나야 귀신이 도망갑니다.

주의해야 할 것은 이상한 현상이 일어날 때 예수이름으로 명하노니 떠나가라. 떠나가라. 하면은 안 됩니다. 자신의 힘으로 떠나보내려고 함으로 몇 시간을 명령해도 떠나가지 않습니다. 그냥 숨을 들이쉬고 내쉬면서 주여! 숨을 들이쉬고 내쉬면서 주여! 계속하면 성령으로 충만 됨으로 방해하는 세력이 없어집니다.

어떤 분들은 자신 안에서 해괴한 역사가 일어나 두렵고 불안해서 호흡을 들이쉬고 내쉬었더니 더 심해지더라는 것입니다. 그래서 호흡을 들이쉬고 내쉬는 것을 멈추었더니 서서히 안정을 찾았다는 것입니다. 이는 호흡을 들이쉬고 내쉬니까, 성령의 역사로 무의식이 드러나는 것입니다. 사람의 무의식에는 자신도 알 수 없는 독소들이 쌓여있습니다. 이것들 뒤에 귀신들이 역사합니다. 이 귀신들이 호흡을 들이쉬고 내쉬니까, 성령으로 충만해지기 시작을 하니까, 이해하지 못하는 여러 해괴한 역사를 일으키는 것입니다. 이는 과거에 자신이 고통을 당하던 현상이라고 보면 맞습니다. 과거부터 들어와 집을 짓고 있는 귀신들이 기도를 하지 못하게 하려고 역사하는 것입니다. 그래서 호흡으로 기도하는 것을 멈추니까,

서서히 잠잠해지는 것입니다. 왜 그럴까요. 귀신이 하라는 대로 하니까, 귀신이 도망치지 않아도 같이 지낼 수가 있으니까, 잠잠해지는 것입니다. 한번 생각해 보시기를 바랍니다. 몇 십 년을 같이 살던 귀신들이 그렇게 쉽게 도망을 가겠습니까? 귀신들은 어떻게 하든지 기도하는 사람이 괴로워하던 상황을 연출함으로 두렵고 불안하게 하여 기도를 쉬도록 하는 것입니다. 그러기 때문에 속지 말고 성령 안에서 호흡을 깊게 들이쉬고 내쉬면서 기도를 계속해야 합니다. 그렇게 하여 자신 안에서 성령의 불이 나와서 온몸이 성령으로 충만하게 되면 서서히 하나님의 나라 성전이 됨으로 귀신들의 역사도 서서히 약해지기 시작을 하는 것입니다. 지속적으로 기도하니 귀신이 완전하게 물러가는 것입니다.

20장 빈곤 탈출하고 물질 복을 받는 사례

1. 대적 기도하니 가계 수입이 증가

우리교회가 지방에 있을 때 조그마한 중소기업을 하는 성도가 있었습니다. 이 성도가 영적인 것을 알고 순수하여 조그마한 개척 교회에 다닌 것입니다. 이 성도에게 대적기도 하는 방법을 알려주었습니다. 방법은 특별한 것이 아니고 영적인 것입니다. 아침마다 공장의 문을 열기 전과 문을 닫을 때 문고리를 잡고 기도하는 것입니다. 성령이여 임하소서. 성령이여~ 우리 공장을 점령하여 주옵소서. 성령님! 우리 공장을 장악하여 주옵소서. 영광의 하나님 은혜를 주셔서 공장을 주시고 사업을 하게 인도 하시니 감사합니다. 우리 공장이 하나님의 나라 확장에 크게 쓰임을 받도록 인도하여 주옵소서. 우리 공장을 통하여 하나님의 영광이 나타나게 하옵소서. 천군 천사를 동원하여 둘러서 진을 치고 보호하게 하시고. 우리 공장의 거래처가 날마다 늘어나게 하옵소서. 우리 공장을 통하여 하나님이 영광을 받으시옵소서. 내가 나사렛 예수 이름으로 명하노니 우리 공장에 역사하는 흑암의 권세는 물러갈지어다. 우리 공장에 역사하는 흑암은 떠나갈지어다. 천사들아 공장 앞에 둘러 진을 칠지어다. 손님들을 많이 모시고 올지어다. 거래처가 날마다 늘어나도록 도울지어다. 수입이 달마다 늘어나도록 도울지어다. 이렇게 날마다 대적 기도를 하라고 했습니다. 그리고 아침에 공장을 가동하기 전에 전 직원을 모아놓고 간단하게 예배를 드리고 일을 시작하도록 알려주었습니다. 이분이 순종을 했습니다. 믿고 선포한 대로 정말로 거래처가 늘어났습니다. 거래처가 늘어나니 매출이 늘어났습니다. 항상 지난달보다 이번 달이 수입이 늘어나는 것입니다. 믿고 선포한대로 역사가 일어난 것입니다. 어느 달은 배로 수입이 늘어나기도 했습니다. 하나님에게 십일조를 빠짐없이 드렸습니다. IMF 시절이라 다른 모든 공장이 어려워도 어려움을 몰랐습니다. 하나님이 믿음을 보시고 역사하신 것입니다. 이렇게 믿음으로 하는 대적 기도는 기적을 체험하게 하십니다. 성령의 임재 하에 담대하게 선포하시기를 바랍니다. 그러면 눈에 보이는 가시적인 현상이 일어날 것입니다. 여기에는 아주 중요한 영적인 원리가 있습니다. 공장을 성령의 권능으로 장악하게 했다는 것입니다. 아침, 저녁으로 공장 문을 잡고 대적하며 선포하며 기도를 했습니다. 날마다 업무 시작 전에 예배를 드렸습니다. 이 모든 것이 성령께서 공장 지역과 장소를 장악하도록 하는 적극적인 영적인 활동 이었다는 것입니다. 사업장이든지, 공장이든지, 교회이든지, 성령이 장악을 해야 성장하는 것입니다. 우리 모두 성령으로 충만한 상태에서 영적으로 사고합시다. 이렇게 하면 누구든지 하나님의 기적적인 역사를 체험하게 될 것입니다.

2. 빈곤의 대물림을 끊고 복 받은 간증

부부가 믿음생활 잘하는 데 거지의 영이 대물림되어 고통당하는 집사 부부의 이야기입니다. 이분들이 믿음도 좋고 신앙생활도 모범적으로 잘합니다. 그런데 이 집사 부부에게 문제가 있습니다. 두 분이 맞벌이를 하는데도 불구하고 늘 물질로 고생을 하고 있는 것입니다. 그래서 담임 목사님이 하나님에게 기도하니 그 집안에 거지영이나 빈곤의 영이 흐르는지 분별해 보라고 하라는 감동을 주시더랍니다.

그래서 목사님이 기도를 하고 있는데 두 부부가 상담을 요청하고 온 것입니다. 목사님 목사님이 아시다시피 우리 부부는 돈도 열심히 벌고, 믿음생활도 열심히 하고 십일조 생활도 잘하는데 왜 그러는지 물질로 늘 고생을 합니다. 왜 그럴까요, 그렇지 않아도 제가 집사님 부부를 위하여 기도를 하는데 집안에 거지 영이나 빈곤의 영이 흐르는지 찾아보세요. 그리고 회개하시고, 예수 이름으로 빈곤이나 거지의 영의 줄을 끊고 귀신을 쫓아내세요. 이렇게 가르쳐 주었답니다. 그래서 두 분이 열심히 마귀의 저주를 끊고 저주하던 귀신을 쫓아내는 기도를 하는데 어느날 여 집사님의 꿈에 돌아가신 시아버지가 거지꼴을 하고 자신을 따라오는 것입니다. 우리가 여기서 알아야 할 것은 시아버지가 거지귀신이 되어 꿈에 나타난 것이 아닙니다. 자신의 시댁을 거지같이 살게 하던 타락한 천사 마귀가 시아버지를 가장하고 나타난 것입니다. 절대로 미혹당하지 마시기를 바랍니다. 죽은 사람이 세상에 나오지 못합니다. 예수를 믿고 죽었으면 천국에 가있고, 예수를 믿지 않고 죽었으면 지옥에 가있는 것입니다. 여러분 한번 잘 생각해 보시기를 바랍니다. 군대에 간 아들이 아버지가 돌아가셨다고 마음대로 집에 옵니까? 아닙니다. 관보가 부대에 도착해야 보내줍니다. 세상에서도 이 정도인데 어떻게 천국이나 지옥에 간 사람이 세상에 나옵니까? 이것은 분명한 타락한 천사 마귀가 시아버지의 형상을 입고 나타나 미혹하는 것입니다. 절대로 속지 말고 강하게 대적기도 하시기를 바랍니다.

그래서 이 여 집사님이 꿈속에서 예수 이름으로 명하노니 거지는 떠나가라! 예수 이름으로 명하노니 거지는 떠나가라! 예수 이름으로 명하노니 거지는 떠나가라! 아무리해도 계속 예수 이름으로 명령을 해도 따라오는 것입니다. 그래서 하나님 어떻게 해야 합니까? 하고 물어보니까, 성령께서 하시는 말씀이 물과 불을 통과하라! 물과 불을 통과하라! 물과 불을 통과하라! 물과 불을 통과해야 저 거지 귀신이 떠나간다. 그래서 앞을 보니 큰 강이 흐르는데 불이 훨훨 타면서 흐르더랍니다. 무서워서 도저히 통과할 수가 없더랍니다. 시아버지는 계속 따라오고 에라 모르겠다하고 불이 훨훨 타오르는 불타는 강을 통과 했습니다. 그리고 나서 뒤를 돌아보니 거지 시아버지가 따라오지 않더랍니다. 여러분 그래서 불같은 성령으로 세례를 체험해야 빈곤의 영들이 떠나가는 것입니다. 당신도 이런 경우에 처해 있다면 불같은 성령을 체험하여 말씀과 성령으로 분별하여 찾아서 해결하시기를 바랍니다. 좌우지간 이 부부는 이렇게 영적인 전쟁을 하고난 그 다음부터 물질이 서서히 풀려서 지금은 거지같이 살던 삶을 청산하고, 빈곤의 고통도 청산하고 간증하며 더 열심히 교회 봉사하고 헌신하고 있습니다. 당신도 머지않아 이런 간증을 하게 될 것입니다. 믿으시면 복이 됩니다. 그리고 믿은 대로 역사가 일어납니다.

3. 대적기도로 빈곤을 청산하다.

대적기도로 "대물림된 빈곤과 거지의 영이 끊어졌어요."라는 제목의 간증입니다. 어느 여 성도가 결혼을 했는데 남편과 자신의 가문에 빈곤이 대물림되어 너무너무 빈곤했습니다. 헐벗고 굶주리면서 고통을 당하던 중 이웃의 전도를 받고 예수님을 믿게 되었습니다. 성령을 체험하고, 내적 치유도 받은 가운데 가문에 대물림되는 마귀 역사를 끊는 집회에도 참석하여 은혜를 받았습니다. 성령으로 충만하여 가정에 역사하는 빈곤의 대물림의 원인을 찾아 회개하고 빈곤의 줄을 끊는 대적기도를 수없이 하고 나니 하나님의 은혜로 서서히 물질적인 문제가 풀리면서 조그마한 주택도 마련하는 등 가정의 삶이 평안하게 되었습니다. 계속적으로 대물림된 빈곤의 마귀 저주를 예수 이름으로 끊고 귀신을 몰아낸 결과입니다.

여 성도님은 빈곤의 고통을 끊는 교회의 집회에 참석하여 우리 가계의 빈곤의 대물림도 끊어질 수 있다는 믿음을 가지고, 강사 목사님이 하라고 한 영적인 원리대로 성령이 충만한 가운데 가정예배를 드릴 때나 교회에서 기도할 때나 매일 입버릇처럼 다음과 같이 마음속으로 외치고 다녔다고 합니다. "예수 이름으로 명하노니 우리 가정에 대물림된 빈곤의 저주는 끊어질지어다. 빈곤하게 역사하는 귀신은 예수 이름으로 명하노니 떠나갈지어다." "예수 이

름으로 명하노니 우리 가정에 대물림된 빈곤의 저주는 끊어질지어다. 빈곤하게 역사하는 귀신은 예수 이름으로 명하노니 떠나갈지어다." "예수 이름으로 명하노니 우리 가정에 대물림된 빈곤의 저주는 끊어질지어다. 빈곤하게 역사하는 귀신은 예수 이름으로 명하노니 떠나갈지어다."

그러던 어느 날 남편이 꿈을 꾸었습니다. 꿈속에서 누군가가 자꾸 문을 두드리면서, "주인 있소? 주인 있소?" 하면서 주인을 부르는 소리가 나더랍니다. 문을 열고 나가보니 자신의 할아버지 거지, 할머니 거지와 함께 자신의 아버지, 어머니 거지가 와 있더랍니다. 거기다가 세상에 있는 거지란 거지는 다 모인 것 같이 많은 거지가 모였더랍니다. 깡통을 차고 아주 험한 거지 옷을 입은 거지 할아버지가 와서 하는 말이 "우리가 몇 십 년 동안 이 집에서 거지노릇을 하면서 같이 살았는데, 왜 새로 들어온 손자며느리가 그놈의 예수를 믿으면 자기만 믿을 것이지 손자까지 예수를 믿게 해가지고, 항상 가정에서 예배드리고 예수 그리스도와 함께 밥 먹고, 기도하고 예배하고 자면서 거지 귀신 떠나라고 예수 이름으로 명령하고, 예수 이름으로 명하노니 거지 귀신아 물러가라고 그러느냐? 우리를 쫓아낼 너의 권한이 무엇이냐? 이유를 말해 달라. 라고 했습니다."

그래서 그 거지 할아버지에게 어떻게 대답할까 생각하다가 성령께서 알려주시는 예수님의 말씀을 기억하고 "증명이 있다. 내가 예수 이름으로 명령한다. 알겠느냐? 나사렛 예수 이름으로 명하노니 거지 귀신들은 물러갈 지어다."라고 하자, 다다다 발걸음 소리를 내면서 거지 떼 전부가 걸음아 날 살려라 하면서 도망을 치더라고 했습니다. 그 꿈을 꾸고 나자 마음이 아주 평안해지면서 빈곤과 거지의 영의 줄이 끊어졌다는 성령의 감동이 오더랍니다. 이 꿈은 거지 영의 저주가 예수 이름으로 물러가는 꿈입니다. 성령께서 기도에 응답하여 가문에 흐르는 빈곤의 귀신들이 떠나갔다는 것을 꿈으로 보증해 주신 것입니다. 아주 좋은 꿈입니다. 당신도 이와 같이 꿈속에서라도 대적기도를 하시기를 바랍니다.

하나님은 우리에게 복 주시기를 원하십니다. 믿음과 부요의 꿈을 가지고 하나님의 뜻을 쫓아가시기를 바랍니다. 꿈은 반드시 이루어집니다. 꿈을 이루려면 우리가 꿈을 갖고 믿은 것을 입으로 시인해야만 되는 것입니다. (막11 22-23)"예수께서 그들에게 대답하여 이르시되 하나님을 믿으라 내가 진실로 너희에게 이르노니 누구든지 이 산더러 들리어 바다에 던져지라 하며 그 말하는 것이 이루어질 줄 믿고 마음에 의심하지 아니하면 그대로 되리라"

말을 해야 되는 것입니다. 입을 다물고는 우리가 믿을 수 없습니다. 꿈꾸고, 기도하고, 믿은 사실을 입으로 시인해야 되는 것입니다. 현재 이루어지지 아니해도 하나님은 죽은 자를 살리시며 없는 것을 있는 것 같이 부르시는 하나님이신 것입니다. 지금 없어도 있는 것처럼 내가 꿈꾸고, 믿고, 입으로 시인해야 되는 것입니다.

왜냐하면 입으로 시인하는 말씀은 하나님의 창조적인 수단이었습니다. 하나님은 우주만물을 지으셨을 때 친히 손으로 지으신 것이 아니라, 말씀으로 지으신 것입니다. 말씀하심에 이루어진 것입니다. 그러므로 우리는 성령의 충만한 모습을 마음속으로 꿈꾸어 보고 이것을 믿어야 되는 것입니다.

4. 부자가 하루아침에 거지가 된 사례

제가 시화에서 교회를 개척하고 한창 전도를 하러 다닐 때의 이야기입니다. 전도를 하다가 시화 주공 5단지 노인정에 갔습니다. 노인정은 항상 노인들이 있기 때문에 사람을 만나기가 쉬운 장소입니다. 가서 한창 복음을 전도 하는데 한 여성분이 이러는 것입니다. 목사님이 하시는 말씀모두가 맞습니다. 우상숭배는 하나님의 진노를 사는 일입니다. 저는 대구에서 아들과 함께 전자 제품 도매상을 했습니다. 그 당시(1980년대) 재산이 50억 가량이 되었습니다. 그런데 하루아침에 다 날아가고 졸지에 거지가 되었습니다. 이유는 이렇습니다. 우리 가계는 대대로 예수를 믿었습니다. 그런데 큰 딸이 결혼을 했는데 불교를 믿는 사람하고 결혼을 했습니다.

그래도 저의 집이 사위의 집보다 부자이기 때문에 사위가 교회를 다녔습니다. 문제가 하나 생겼습니다. 딸이 아들을 생산하지를 못하는 것입니다. 사위가 장손인데 아들을 낳지를 못하는 것입니다. 딸만 넷을 낳았습니다. 그러니까, 시어머니가 성화가 심합니다. 절에 다니던 사람이 교회를 가서 저주를 받아 아들을 낳지를 못한다는 것입니다. 그러면서 나는 절에 가서 빌고 너는 교회에 가서 빌어서 누가 더 용한가 시험을 해보자고 하더랍니다. 아주 큰 죄악을 저지른 것입니다. 하나님을 시험하다니 말입니다.

그런데 문제가 발생했습니다. 딸이 어느날 꿈을 꾸니, 중이 파란 구슬을 주더랍니다. 받아가지고 뒤를 돌아서 손을 펴보니, 아무것도 없더랍니다. 이는 꿈을 정확하게 해석을 하면 이렇습니다. 절에 중은 아무것도 줄 수가 없다는 것입니다. 즉, 말로는 좋은 것을 준다고 하지만 실상은 아무것도 받지를 못한다는 꿈입니다. 그 꿈을 꾸고 나서 시어머니에게 이야기를 했습니다. 이야기를 하니 이번에 분명히 부처님이 아들을 주실 것이라고 했다는 것입니다. 얼마 있지 않아서 임신이 되었습니다. 낳고 보니 아들입니다. 그래서 시어머니가 내가 절에서 빌어서 아들이 생겼다고 좋아했습니다. 절이 더 능력이 있다는 것입니다.

딸이 믿음이 깊었으면 속지 않았을 것인데 믿음이 깊지를 못해서 며느리도 시어머니 말에 공감을 했습니다. 그 후에 시어머니가 다니는 사찰에 행사나 일이 있으면 사찰에 물질을 가져다가 주었답니다. 사찰을 지을 때 큰돈으로 시주를 했답니다. 행사가 있으면 시주도 했답니다. 쌀도 사다가 바쳤답니다. 사위가 사업을 하는데 좀 더 크게 하기 위하여 은행대출을 받아야 했습니다. 당시 재산이 모두 아들 앞으로 되어있어서 아들이 보증을 서서 은행 대출을 받았습니다.

사업이 잘되지 않으니 자꾸 은행에서 대출을 받았습니다. 급기야는 부도가 났습니다. 그러자 보증을 선, 아들에게 갚도록 했다는 것입니다. 아들이 갚지를 못하니, 경매에 들어가 경매를 당하여 졸지에 알거지가 되어서 모든 재산을 정리하고 나니 돈 50억이 다 날아가고 삼천만원밖에 남지 않더라는 것입니다. 그 돈으로 시화에 와서 은행 대출을 끼고 아파트를 분양을 받았습니다. 그런데 은행 대출 이자를 갚지를 못했습니다, 아파트를 팔고 단독주택 지하실 방으로 옮겨야 한다는 것입니다.

하나님의 믿는 자녀가 사찰에 물질을 가져다가 주면 망합니다. 혼자만 망하는 것이 아니고 가계가 다 망합니다. 우리 영의 눈을 뜹시다. 그래서 이 분들과 같이 귀신의 저주를 자처하지 말아야 합니다.

5. 지긋지긋하던 빈곤의 고통이 청산

할렐루야! 먼저 나의 영육의 질병과 빈곤의 고통을 청산하여 주신 하나님께 감사와 영광을 돌립니다. 그리고 매 시간마다 인수와 기도를 해 주신 목사님과 사모님께 감사를 드립니다. 저는 약 10개월간 영성훈련과 영육을 치유 받고 교회를 개척하여 목회하고 있는 박○○목사입니다. 주님의 이름으로 인사드립니다. 목사님, 사모님, 모두 안녕하십니까? 주님께 받은 은혜 너무 감사하여 간증을 드립니다.

저는 2001년 10월에 대한예수교장로회 ○○노회에서 목사안수를 받고 2002년 서울 관악구에서 개척을 하였습니다. 개척을 하면 목회가 잘 될 줄 알았는데 생각처럼 쉽지 않았습니다. 2년 동안 몸부림쳤지만 교회는 부흥이 되지 않아 후임목사님께 인계를 하고 목회를 접었습니다.

그리고 ○○금식기도원에 들어가서 40일 금식을 하였습니다. 금식을 하면 다 될 줄 알고 했지만 아무런 응답을 받지 못했습니다. 목회하기 전에도 ○○금식기도원에서 40일 금식을 하였습니다. 그때는 병도 치료받고 교회 개척 응답도 받았는데 두 번째 금식기도 때에는 아무런 응답을 받지 못하고 고생만 한 것 같습니다.

그 후 마음에 갈등이 생기기 시작했고 목회의 길이 내 길인가 아닌가 하는 의구심이 생기기 시작했습니다. '세상에 나가서 돈을 벌어 볼까? 차라리 기도원에 들어가 버릴까?' 이런 여러 가지 생각 때문에 몸과 마음은 지칠 대로 지쳐 있었습니다. 그러던 중에 사업을 하던 남동생의 사업이 어렵게 되자 갑자기 자살을 하는 사건이 일어나고 급기야 동생이 하던 사업은 부도가 나고 집안은 엉망이 되고 말았습니다. 어머니가 살고 있는 아파트와 동생이 살고 있던 아파트가 모두 넘어가고 졸지에 거지가 되고 말았습니다.

가정이 이렇게 되고 나니, 사람들은 이상한 눈초리로 저를 쳐다보는 것 같고 마음은 너무나 고통스러웠습니다. 어머니는 우울증과 불면증에 시달리고 너무 견디기가 힘들었습니다. 그러던 중 서울성령내적치유센터를 알게 되어 마지막으로 여기 한번 가보고 목회를 하든지 말든지 결정해야 되겠다는 마음을 먹고 2005년 6월에 오게 되었습니다. 하나님께서는 나의 마음을 알았는지 첫날부터 은혜를 주시고 지쳐 있던 나에게 치유의 역사를 체험하게 하셨습니다.

나는 '내가 살 길은 이곳에서 영성훈련하고 영육을 치유 받는 길이다.'라는 생각을 갖고 적극적으로 집회에 참석하게 되었습니다. 그리고 내 속에 그렇게 더럽고 악한 영들이 그렇게 많이 공격하는지를 알게 되었고 내 가정에서 일어났던 일들이 귀신역사라는 것을 알게 되었습니다. 빈곤하게 하는 모든 것들이 귀신들의 역사라는 것도 깨달아 알게 되었습니다. 또한 내가 목회가 되지 않았던 것도 악한 영의 공격이 있어서 그렇다는 것을 알게 되었습니다. 그리고 가정을 파탄나게 한 것도 귀신의 역사라는 것을 알게 되었습니다.

그래서 영육을 치유 받아야 되겠다는 마음으로 생명을 걸고 매달렸습니다. 그런 나에게 놀라운 일이 매 시간 일어났습니다. 목사님께 안수 받을 때 악한 영이 떠나가고 이상한 증상들이 일어났습니다. 사지가 뒤틀리고 악이 써지고 기침이 사정없이 나오고 괴성이 나오는 것이었습니다. 그리고 악한 형상으로 보여 주며 귀신들이 떠나가는 것을 보여 주셨습니다. 괴성이 나오고 기침이 나오고 몸이 뜨거워지고 회개가 터지고 감사가 생기고, 또한 목회에 대한 자신감이 생기고 생기가 넘쳐 나기 시작했습니다. 매 시간 목사님과 사모님의 안수를 받으면서 나의 강퍅했던 마음이 녹아지고 성령님의 임재를 느끼기 시작했습니다.

목사님께 안수 받을 때마다 온몸에 감전되듯 성령님의 불이 임함을 느끼기 시작했습니다. 약 10 개월 동안 열심히 다니면서 영성훈련과 영성에 대한 말씀공부와 성령으로 영육의 치유와 불같은 성령과 능력을 받았습니다. 그리고 기도 중 목회에 대한 하나님의 응답을 받았습니다. 개척할 장소와 교회 이름까지 하나님은 응답을 주셨습니다. 그래서 06년 4월 10일 춘천에서 충만한교회라는 이름을 걸고 개척을 시작했습니다. 성령의 역사가 일어나는 목회를 하니 개척 3개월 만에 물질이 풀려서 자립이 되었고 작은 아파트도 하나 구입하게 되었습니다. 우리 교회 집사님께서 9인승 차량도 교회를 위해 사 주셨습니다. 이 모든 것은 내가 불같은 성령을 체험하고 성령으로 문제들을 찾아서 치유하고 영적으로 바로서니 하나님께서 역사해 주신 것입니다.

이렇게 되기까지 서울 충만한교회 목사님과 사모님의 기도와 안수가 있었습니다. 또한 이것은 집회 때마다 안내를 갖고 참석하여 은혜 받은 증거하고 할 수 있습니다. 특히 개척 교회 목사님들과 성도들이 마음과 육신의 병과 빈곤으로 고통당하는 분들은 충만한 교회 치유집회에 참석하기만 한다면 모든 문제는 풀어지고, 놀라운 하나님의 은혜와 성령을 체험할 수 있고, 능력이 나타나고, 모든 삶에 활력이 넘치게 되며 감사의 생활을 할 수 있습니다. 제가 체험한 바로는 하루 이틀에 자신의 영육의 문제가 치유되지 못한다는 것입니다. 느긋한 마음을 가지고 자신이 말씀과 성령으로 새롭게 태어난다고 생각하고 훈련에 참석해야 저와 같이 영육이 말씀과 성령으로 변하여 성령이 보증하는 목회자, 사역자가 될 수 있습니다. 조급하지 마시기를 바랍니다. 느긋한 마음으로 지속적으로 다니면 모든 문제가 풀어지고 자신이 성령의 사람으로 변하는 것을 체험하게 됩니다. 읽어주신 여러분 감사합니다. 여러분도 저와 같은 간증을 하기를 소원합니다. 부디 성령님의 역사로 소원 성취하시기를 바랍니다.

6. 예수 믿고 빈곤과 고통을 청산한 간증.

우리 교회가 시화에 있을 때 어느 교회 집사님이 치유 받으러 와서 저에게 한 간증을 들어보면 놀랍습니다. 가족을 대물림의 저주에서 해방해 주신 주권자 하나님에 대한 간증입니다. 집사님 외가에 알 수 없는 재난이 끊이지 않았습니다. 큰 외삼촌 아들 셋 중 한 아들은 사업이 파산하고, 다른 아들은 교통사고로 장애자가 되고, 막내아들은 심장마비로 30대에 죽고, 둘째 외삼촌 아들은 교통사고로 죽고, 셋째 외삼촌은 간이 나빠 사망했습니다.

집사님은 동생은 세 명인데 한 동생은 정신 질환 환자이고 다음 동생은 사회에 적응 못해 혼자 집에서 살고 있고, 막내 동생은 정신질환으로 자살했습니다. 한번은 친지들 모임에 참석하려고 봉고차를 두 대 움직였는데 집사님 어머니와 동생이 타려고 하다가 못 타고, 먼저 출발했던 봉고차가 사고로 전복되어 아기 한명 만 살고, 일가친척 6명이 다 즉사했다는 소식을 듣고 온몸에 소름이 끼쳤습니다.

왜 우리 집안에 저주가 흐를까? 집사님은 항상 두려움에 살았습니다. 그러던 중 큰외삼촌이 돌아가셔서 고향에 가서 장례를 치르고 돌아오려 하는데 마을의 교회당 십자가를 보면서 마음이 감동되어 하나님을 간절히 찾게 되었습니다. 그리고 하나님 저주를 끊어 달라고 기도했습니다.

그런데 한번은 극동방송을 듣다가 설교를 들었는데 십자가의 보혈만이 저주의 사슬에서 해방시킬 수 있다는 말씀을 듣고 순간 눈앞이 환해지면서 우리도 대물림의 저주에서 해방을 얻을 수 있다는 신념이 들어와서 인근 성령의 역사가 있다는 교회에 와서 등록을 했습니다.

그리고 어느날 주일 예배를 드렸는데 예배가 끝나고 나오는 데 어떤 성도님들이 이야기를 하는 데, 조상 때부터 이어진 가계의 대물림의 저주를 끊으려면 전문적인 치유를 받아야한다고 말하는 것이었습니다. 그래서 그곳이 어디냐 물어보니 시화에 있는 충만한 교회에 가라고 해서 왔다는 것입니다.

충만한 교회에 와서 혈통에 대물림을 이렇게 끊으라는 집회에 와서 대물림 치유에 관련된 여러 은혜의 말씀과 성령의 역사에 은혜 받고, 목사님이 안수하실 때 불같은 성령도 체험하고, 귀신도 쫓아내고 집으로 돌아와 세미나에서 배운 대로 성령의 임재 가운데 계속 대적 기도하며 영적전쟁을 했습니다. 그런데 어느날 마음에 감동이 오는 데 혈통에 흐르는 마귀 저주가 주님의 보혈로 끊어졌다. 그렇게 성령께서 마음에 감동을 주시더랍니다. 순간 온몸이 굳어지면서 말씀으로 마음이 뜨거워졌습니다.

그 후 집안의 대물림의 마귀 저주가 성령의 불로 깨끗이 태워져 버리고 말았습니다. 회사가 어려워 많은 직원의 퇴사를 강요하여 1만 명중 4천명이 회사를 그만두게 될 상황인데도 승진을 계속

했고, 장막을 두고 오래 기도했는데, 아파트를 구입하게 해주시고, 평소에 간절히 원하던 부서로 발령도 났습니다. 어머니와 동생도 예수님을 믿기 시작해서 관절염을 고침 받고 무속을 믿던 신앙을 다 포기했습니다.

자기는 술도 끊고 온가족이 주일성수하고 열심히 봉사하고 회사에 남보다 30분 먼저 출근해서 성경 읽고 열심히 기도하고 전도하려고 노력하면서 마귀의 저주에서 해방해 주시고 아브라함의 복을 주신 하나님을 찬미하면서 살게 되었다는 간증을 했습니다. 여러분 마귀의 저주는 무섭습니다. 그러나 이러한 고난을 통하여 예수 그리스도를 만나 근원을 치유하여 복의 근원이 되는 기회가 되는 것입니다. 그래서 고난은 꼭 불행만은 아닙니다. 고난을 통하여 하나님을 만나는 계기가 되기 때문에 유익합니다. 이렇게 당하는 고난은 예수 믿고 성령을 받으면 성령으로 영적인 세계를 이해하고 마귀를 대적하면 치유가 됩니다.

7. 십일조로 축복받은 록펠러

세계적인 재벌 록펠러는 자신의 간증에서 "만일 내가 처음 교회에 갔을 때에 '적게 심는 자는 적게 거두고 많이 심는 자는 많이 거둔다.'(고후9:6)는 말씀을 듣고서 그 때 당시의 월급 6달러에서 십일조 60센트를 심지 않았다면, 내가 오늘날과 같이 1백만 달러를 십일조로 바칠 수 없었을 것이다." 라고 말하였습니다.

록펠러는 빈곤한 집에 태어났기에 학교도 다니지 못하고 어린 시절부터 남의 집에 가서 점원 노릇을 하였습니다. 그가 처음 교회에 가서 감명 깊게 들었던 말씀은 바로 십일조란 축복의 씨앗을 하늘 농장에 심으라는 말씀이었습니다. 록펠러는 빈곤에 찌들었음에도 불구하고 이 말씀을 즉시 실천하였던 것입니다. 그리고 그는 착실히 교회에 다니면서 돈을 한 푼,두 푼 모았습니다. 성실을 무기로 록펠러는 상당한 양의 돈을 모을 수 있었습니다.

어느날 친구가 찾아와 광산업에 손을 대면 돈을 많이 벌 수 있다하여 저축한 돈을 다 털어 산을 사서 금광을 캐기 시작하였습니다. 그러나 금광은 찾지도 못했고 모은 돈만 고스란히 날려 버리고 말았습니다. 알고 보니 사기꾼에게 속은 것이었습니다. 체불 임금으로 인하여 매일 같이 광부들에게 시달리던 그는 광산 한 모퉁이에 무릎을 꿇고 하나님께 이렇게 기도하였습니다. "하나님, 당신의 말씀은 일 점, 일획도 어김없는 진리인 줄 믿습니다. 이 어린 종은 빈곤한 집에 태어나 평생에 부자가 되는 것이 소원이었습니다. 그래서 하나님의 말씀을 믿고 십일조를 온전히 바쳤습니다. 그러나 이제 모든 것은 허사로 돌아가고 거지가 될 신세입니다. 살길도 막막합니다. 하나님 당신은 진정 살아 계십니까? 살아 계시다면 이제 응답해주소서." 그는 땅을 치고 통곡하며 부르짖었습니다. 그 때 마음속에 감동이 왔습니다.

"선을 행하되 낙심하지 말지니 피곤하지 아니하면 때가 이르매 반드시 거두리로다." 라는 감동이었습니다. 마음속에서 성령이 감동하시기를 "더 깊이 파라. 더 깊이 파라"고 그럽니다. 폐광이 된

곳에 빚더미 위에 올라앉아서 절망 중에 부르짖는데 더 파라니 어떻게 합니까? 그러나 자꾸 더 파라. 더 파라. 그래서 하나님의 음성을 듣고 그는 빚을 내어서 더 광산을 깊이 파기 시작했습니다. 사람들은 그를 보고 드디어 이제는 미쳤다고 수군거렸습니다. 록펠러는 개의치 않고 광산파는 일을 계속했습니다. 그 결과 얼마 지나지 않자 광산에서 황금대신 검은 물이 분수처럼 솟아올랐습니다. 광산 깊은 곳에 유전이 담겨 있었던 것입니다. 기름이 분수처럼 솟아올랐습니다. 그래서 그는 문자 그대로 검은 황금을 캐낸 록펠러 그는 미국의 최고가는 부자가 된 것입니다. 하나님의 큰 축복을 받았던 록펠러는 죽으면서 자손들에게 다음과 같은 유언을 남겼다고 합니다.

"나는 십일조로 축복을 받았으며, 이 사업은 십일조의 축복으로 된 사업이니, 너희는 이 믿음을 버리지 않도록 하라. 너희는 십일조를 하나님께 드리는 것을 평생의 교훈으로 삼아야 한다." 하나님께서 우리에게 십일조를 바치라고 명령하는 것은 우리를 곤경에 빠트리려는 것이 아닙니다. 하나님은 우리가 십일조를 바침으로써 우리로 하여금 물질세계의 주권이 하나님께 있음을 인정하게 하시고, 이 말씀에 순종함으로 물질보다 크신 하나님을 섬기게 하려는 것입니다.

모든 것은 다 주께로부터 온 것입니다. 그 은혜에 감사함으로 그 중 일부를 주님께 돌려 드리는 것이 바로 십일조입니다. 우리가 십일조 생활을 온전히 할 때, 하나님은 그 마음을 받으시고 더 큰 물질을 관리하도록 우리에게 맡기시는 것입니다. 록펠러는 이 세상에서 가장 큰 부자였다고 합니다. 그리고 그 부를 그의 자녀들이 이어받고 있습니다.

대부분 재벌의 자녀들이 허랑방탕한데 반하여 록펠러의 자녀들은 아주 훌륭한 재벌이자 신앙인이자 사회사업가들입니다. 거기에는 아버지 록펠러의 교육이 있었습니다. 자녀들은 모두 신문배달, 우유배달, 세차장 일등을 시켜 용돈을 벌게 했다고 합니다. 그리고 대학에서도 스스로 학비를 벌게 했다고 합니다. 노력 없이 얻어진 물질이 주는 병폐를 아는 록펠러의 교육이 자녀들을 멋진 하나님의 사람들로 키운 것입니다. 여러분 우리도 바른 신앙을 자녀들에게 전수 합시다. 하나님을 향한 신앙이 백억을 상속해주는 것보다 낫다는 것입니다. 모두 하나님에게 소득의 십일조를 감사함으로 드리셔서 록펠러와 같은 하나님의 복을 받으시기를 바랍니다.

21장 빈곤을 탈출하고 복받는 능력기도문

1. 빈곤을 탈출하는 능력기도 일반적인 순서

1) 성령의 임재를 요청합니다. 성령의 임재가 귀신을 물러가게 하기 때문입니다.

2) 영적상황을 살핍니다. 악한 영의 활동 증상을 지각하거나 감지하는 것입니다. 혈기, 분노, 환경, 물질, 믿음생활방해 등등 비정상적인 일들은 영상기도를 하면서 자신과 주변의 상황을 그림으로 그립니다. 한 단계 깊은 영의 차원에서 진단하라는 말입니다.

3) 예수 이름으로 악한 영의 활동에 대적 기도합니다. 마음이 강팍하고 육이 강하다. "내가 나사렛 예수 이름으로 명하노니 ○○○은 결박될 지어다. 결박을 받을 지어다." 성령의 임재가 되었다. "내가 나사렛 예수 이름으로 명하노니 ○○○은 나에게서 떠나가라."

4) 떠나간 자리에 성령의 능력과 ○○○으로 채워질지어다. 반대 영을 공급하는 것입니다. 예를 들면 혈기가 심하다면, 혈기는 떠나고 유순한 영이 임할 지어다. 가난은 떠나가고 물질의 축복이 임할지어다.

5) 떠나간 마귀는 항상 다시 찾아오기 위하여 취약상황을 노립니다. 그래서 떠나보낸 다음에 관리가 아주 중요합니다. (마12:43-45) "더러운 귀신이 사람에게서 나갔을 때에 물 없는 곳으로 다니

며 쉬기를 구하되 쉴 곳을 얻지 못하고 이에 이르되 내가 나온 내 집으로 돌아가리라 하고 와 보니 그 집이 비고 청소되고 수리되었 거늘, 이에 가서 저보다 더 악한 귀신 일곱을 데리고 들어가서 거 하니 그 사람의 나중 형편이 전보다 더욱 심하게 되느니라. 이악한 세대가 또한 이렇게 되리라."

2. 악령의 속박들을 푸는 능력기도

자신이 직접 하지 않았더라도 무당에게 이름을 올렸던지, 복을 빌었다든지 하면 예수를 믿었어도 여전히 악령의 속박에 묶여 있 을 수 있습니다. 반드시 회개를 하고 끊어내고 그때 들어온 귀신을 축귀해야 합니다. 많은 분들이 예수만 믿으면 모든 속박이 풀리는 줄 알고 방심했다가 영육으로 고통을 당하는 경우가 많습니다. 반 드시 성령의 임재 하에 찾아서 회개하여 속박을 풀어야 합니다. 그 리고 대물림되는 저주의 줄을 끊어야 합니다. 귀신을 축귀하고 축 복으로 채워야 합니다. 지속적으로 해야 합니다. 환경으로 변화가 나타날 때까지 해야 합니다. 성령의 임재 가운데 마음 중심으로 회 개해야 합니다.

능력기도는 이렇게 합니다. 반드시 성령의 깊은 임재 가운데 영 으로 해야 합니다. 아버지 하나님, 전능하신 예수 그리스도의 이름 으로 그동안 저의 삶과 육체를 괴롭게 했던 악령의 속박들을 끊어 버리고 제 속에서 역사하는 ○○○(개별적인 이름)을 쫓아버리기 위해 주님 앞에 왔습니다.

저는 그동안 술수, 우상숭배, 사탄숭배 등에 관계하고, 절에 이름을 올리고 무당에게 이름을 올린 죄악을 지금 예수님의 이름으로 회개합니다. 사랑의 하나님, 용서하여 주시옵소서. 나도 모르게 부모들이 무당과 맺은 속박은 풀어질지어다. 그동안 내 속에서 나를 괴롭게 했던 모든 귀신들과 그 세력들에게 예수 이름으로 명하노니, 너희들은 이제 나에게 머무를 곳이 없다. 이 시간 예수 그리스도의 이름으로 명하노니 너는 지금 당장 나에게서 뿐 만 아니라, 나의 가문과 가족들에게서 떠나가라.

예수 이름으로 명하노니 절에 이름을 올리고 무당에게 이름을 올린 모든 계약은 파기될지어다. 모든 계약은 파기되고 그 계약을 통해 들어온 귀신의 속박은 풀어질지어다. 그 때 들어온 귀신은 떠나갈지어다. 떠나간 자리에 예수 이름과 성령으로 충만해질지어다.

주 예수님의 보혈과 그 거룩하신 이름으로 저는 완전한 자유를 가질 수 있게 되었습니다. 감사합니다. 주님, 예수님의 이름으로 기도드립니다. 아멘.

3. 저주로부터 해방을 선언하는 능력기도

자신에게 마귀의 저주가 있다고 느낀다면 마귀의 저주를 풀어야 합니다. 그리고 대물림되는 저주의 줄을 예수 이름으로 끊어야 합니다. 저주의 줄을 끊고 역사하던 귀신을 축귀해야 합니다. 지속적으로 축복해야 합니다. 그러면 마귀의 저주로부터 해방이 되어 마음에 참 평안이 나타납니다. 반드시 성령의 임재 가운데 회개하고 저주의 줄을 끊고 귀신을 쫓아내야 합니다.

능력기도는 이렇게 합니다. 성령의 임재 하에 예수님은 하나님의 아들이시요, 나의 모든 죄를 위해 십자가에서 죽으시고 다시 살아나신 구세주이심을 믿습니다. 또한 십자가 위에서 모든 저주(환란과 풍파)를 짊어지신 것을 믿습니다. 저는 저 자신의 죄와 조상들의 죄를 고백하며 용서를 구합니다.

주님께서 저를 용서하신 것 같이 다른 사람들을 용서 합니다. 그동안 제 삶 속에서 저를 더럽게 하고 상처를 주었던 모든 환란과 풍파를 끊어 버리고 자유하게 하옵소서.

예수 이름으로 명하노니 나에게 역사하며 저주하던 귀신의 속박은 풀어질지어다. 예수 이름으로 명하노니 내 삶속에서 나를 더럽게 하고 상처를 주었던 귀신은 떠나갈지어다. 나에게 역사하며 환란과 풍파를 일으키던 귀신은 예수 이름으로 명하오니 떠나갈지어다. 떠나간 자리에 성령으로 충만하게 채워질지어다. 이 시간 예수의 이름으로 환란과 풍파와 속박으로부터 나 자신이 자유하게 되었음을 선포하노라.

나는 예수님의 십자가의 공로로 자유하게 되었음을 선포한다. 하나님, 마귀의 저주로부터 풀어주심을 감사드립니다. 저를 십자가 위에서 그리스도의 희생을 통해 율법의 모든 환란과 풍파로부터 구속하시고 아브라함을 복 주신 것과 같이 저에게도 복 주심을 감사드립니다. 마귀가 떠나간 곳에는 말씀과 성령으로 채워주시옵소서. 예수님의 이름으로 기도드립니다. 아멘.

4. 빈곤의 저주를 끊는 능력기도

성령이여 임하소서. 성령이여 우리 가문을 사로잡아 주옵소서. 아버지 하나님 이 시간 우리 가문의 가난과 채무의 결박을 끊고 풀기 위하여 기도합니다. 이 시간 우리 조상들의 죄악을 회개합니다.

나와 나의 조상들이 유해한 직업과 하나님께서 주신재물을 선하게 사용하지 못한 죄, 우상 앞에 바친 제물과 제물을 만드는 데 재물을 사용한 죄, 자신의 욕심과 정욕과 쾌락을 위해 재물을 탕진한 죄, 남의 것을 떼어먹은 죄, 말의 저주 속에 가난을 초청한 죄악으로 인하여 가문에 가난의 영과 채무의 영이 흐르게 되었음을 인정하며 자백합니다.

진실로 이 모든 죄를 회개합니다. 용서하여 주옵소서! 이제 내가 예수 그리스도의 이름으로 잘못된 직업과 잘못된 재물 사용의 모든 죄악의 결박들을 끊고 풀기를 선언하고 선포한다. 그리고 예수의 보혈을 뿌리고 바르고 덮는다. 이 더러운 가난의 악한 영들아, 거지의 영들아, 채무의 영들아, 내가 예수 이름으로 명하노니 이제부터 나와 내 가정과 내 자녀와 생업 위에 접근할 수 없고, 공격할 수 없고, 상관할 수 없음을 예수의 이름으로 선포하노라.

나와 우리 가정과 가문에서 영원히 떠나갈지어다. 지금까지 손해나게 하고 가지고 간 모든 물질을 돌려놓고 영원히 떠나갈지어다. 우리 가문에 재정에 복을 주는 영이 임할지어다. 우리 주 예수 그리스도의 이름으로 기도합니다. 아멘.

5. 불치병의 저주를 끊는 능력기도

성령이여 임하소서. 성령이여 우리 가문을 사로잡아 주옵소서. 아버지 하나님, 이 시간 우리 가문의 불치병의 대물림의 결박을 끊고 풀기 위하여 기도합니다. 예수님, 이 시간 우리 조상들의 죄악을 회개합니다. 아버지 하나님! 조상으로부터 흐르는 모든 부정적 영향력을 이 시간 예수 그리스도의 이름으로 차단해 주시고 우리의 행위와 조상들의 모든 죄를 회개합니다.

저와 조상이 하나님 외에 다른 신들을 숭배하고 의식적, 무의식적으로 지은 죄악을 예수 그리스도 이름으로 회개하고 파기합니다. 이 죄악을 통해 내 삶을 묶고 있는 사탄의 모든 결박을 예수님의 보혈의 공로로 끊어 버리고 이 보혈을 통해 사탄이 나의 가계를 공격할 수 있는 모든 법적 권리와 그 효력을 박탈하고 무효임을 선포하노라. 사랑의 아버지 하나님! 저와 저의 조상이 의식적, 무의식적으로 자신이나 후손을 저주한 것을 회개합니다. 그리고 임신부터 현재까지의 삶에 미친 모든 저주의 효력을 예수님의 이름으로 박탈하고 모든 종류의 저주를 하나님의 복으로 바꾸어 주옵소서. 또한 나는 나와 연결된 모든 인간관계 속에서 하나님께서 원하지 않으시고 허락하지 않으시는 모든 부정적 혼의 결속을 예수님의 이름으로 차단하노라. 동물과 물건과 이념과 사건과 연결된 모든 부정적 혼의 결속을 차단하고 예수님의 십자가를 모든 인간관계 속에 세우노라.

유전병, 정신이상, 암, 당뇨병, 심장병, 고혈압, 온몸의 통증, 나쁜 시력, 눌림 등 질병을 가져온 모든 영들을 예수 그리스도의 이름으로 명하노니 떠나갈지어다. 떠나갈 때 가지고 들어 왔던 모든 질병을 가지고 떠나갈지어다. 모든 장기, 혈액, 뼈, 신경관절은 정상으로 회복될지어다. 모든 질병은 깨끗하게 치유될지어다. 이제 우리 가문은 장수하며 하나님께 영광 돌리는 가문이 될지어다. 거룩하신 예수님의 이름으로 기도합니다. 아멘.

6. 우상숭배의 저주를 끊는 능력기도

성령이여 임하소서. 성령이여 우리 가문을 사로잡아 주옵소서. 하나님 아버지 이 시간 우리 가문의 우상숭배와 마귀의 결박을 끊고 풀기 위하여 기도합니다. 하나님 아버지, 우리 주 예수 그리스도의 이름으로 나아와 기도합니다. 지난날 우리 조상들이 무지로 인해서 호기심 때문에 혹은 복을 받으려고 우상을 섬겼나이다.

이제 우리가 이것이 죄라는 사실을 깨닫고 회개하오니, 우리 조상들이 행악했던 제사와 주술과 점술들을 우리의 가계 혈통을 따라 내려오게 했던 죄를 회개하오니 용서하소서.

우리는 조상들이 사탄과 맺은 모든 제사와 약속들을 파기합니다. 우리는 더는 사탄과 아무 상관이 없으며, 이제는 우리를 위해서 십자가에서 죽으시고, 장사지낸바 되시고, 부활하셔서 하나님 아버지 우편에 앉으신 주 예수 그리스도와 더불어 보배로운 피의 언약을 맺었나이다.

우리는 어린양의 보배 피로 깨끗함을 받고, 구속함을 얻고, 의롭다 하심과 거룩함을 받았나이다.

우리는 지금 흑암의 권세에서 벗어나 우리 주 예수 그리스도께 속한 참 빛의 나라로 옮기었나이다.

우리를 영광의 빛으로 강력히 비추어 주셔서, 우리가 이제 명령하고 선포하는 모든 말씀과 기도가 하나라도 헛되이 땅에 떨어져 버리지 않도록 붙들어 주시옵소서.

더러운 사탄아, 우리는 이제 너희와 아무 상관이 없다. 예수님의 이름 권세로 명하노니 지금 떠나갈 지어다! 주 예수 그리스도의 이름으로, 우리 조상들이 사탄과 맺었던 모든 약속과 관계들을 끊고 파기하노라! 우리의 가계 혈통을 타고 더러운 악의 세력들이 우리를 영원히 지배하고자 저주하는 모든 주문과 찬가와 계략들을 끊어 버리노라!

점치는 주술적인 영들, 종교적인 영들, 능력 행하는 영들, 거짓과 교만의 영들, 폭력의 영들, 지적인 영들, 중독의 영들, 잘못된 성경 해석을 하게 하는 영들 그리고 대대로 이어져 온 미혹의 영들에게, 예수님의 이름으로 명하노니 지금 떠나갈 지어다!

혹시라도 우리 조상들이 다른 가문을 지배하거나 망하게 하려고 걸어놓았던 모든 저주와 주문, 마술들을 주 예수 그리스도의 이름으로 끊어 버리며, 모두 다 무효임을 선포하노라!

예수님의 이름으로 명하노니, 악한 세력들아 너희는 이제 우리 가계에 분깃이 없나니 우리 가정에서 떠나갈 지어다! 우리는 지금 주 예수 그리스도의 광명의 나라에 속해 있나니, 너희는 우리 가정에 들어올 자리가 없노라.

더러운 귀신들아, 지금 우리와 우리 자녀들에게서 손을 떼고 떠나가라! 예수님의 이름으로 명하노니, 더러운 귀신들아 너희는 더는 우리를 우상숭배에 빠지게 할 수 없노라. 우리는 예수님의 이름으로 우리의 속사람에 인을 쳐서 모든 가족 식구들이 사탄의 세력들로부터 벗어났노라! 나는 현재나 과거 어느 때든지, 우리 집안 식구들이 미신과 잡신과 우상숭배 했던 모든 것들을 예수님의 이름으로 파기하노라!

사탄아, 내가 예수의 이름으로 너를 저주하고 꾸짖노라! 우리 옛 조상들이 너를 섬김으로 인해서 우리가 하늘의 통치자와 권세와 주관자들의 악한 세력에 눌렸었지만, 이제는 그 열렸던 모든 통로와 문들을 닫아 버리노라!

너희 군대로 지배하고 왕 노릇하던 세상에서 우리들은 이제 단절되었노라! 우리 가문은 이제 주 예수 그리스도의 보혈과 부활의 능력으로 하나님 나라 확장에 큰일을 감당하며 하나님에게 영광을 돌릴 것을 예수님의 이름으로 선포하노라.

영광의 하나님, 조상들의 죄와 행악함으로 인해 우리에게 내려왔던 모든 저주들에 대해 도끼를 대고 끊습니다. 우리 조상들의 우상숭배와 사탄과 맺은 우리 조상들을 용서하오니, 주 예수 그리스도의 이름으로 우리를 용서하여 주시옵소서. 이제는 모든 죄에서 우리를 깨끗하게 하옵소서.

우리는 그리스도의 것이고, 예수님은 우리의 주님이시며, 우리 삶의 주인이십니다. 이 모든 말씀을 권세 높으신 주 예수 그리스도의 이름으로 기도합니다. 아멘.

7. 부부 가정문제의 저주를 끊는 능력기도

성령이여 임하소서. 성령이여 우리 가문을 사로잡아 주옵소서. 아버지 하나님 이 시간 우리 부부와 가정에서의 마귀의 결박을 끊고 풀기 위하여 기도합니다.

하나님 아버지! 조상으로부터 흐르는 모든 부정적 영향력에 대하여 이 시간 예수 그리스도의 이름으로 끊어주시고 이 영향을 받게 된 조상들의 행위와 저의 모든 죄를 회개합니다.

지금까지 저와 조상이 하나님 외에 다른 신들을 숭배하고 마음속에 하나님보다 더 중하게 여긴 또 다른 우상숭배가 있었음을 용서하여 주옵소서.

그리고 저와 조상이 의식적, 무의식적으로 한 모든 죄악을 예수 그리스도 이름으로 회개하고 파기합니다. 그리고 이 죄악을 통해 내 삶을 묶고 있는 사탄의 모든 결박은 예수님의 보혈의 공로로 끊어질지어다.

이 죄악을 통해 사탄이 나의 가문을 공격할 수 있는 모든 법적 권리와 그 효력을 박탈하고 무효임을 예수 이름으로 선포한다.

하나님 아버지! 저와 저의 조상이 지금까지 의식적, 무의식적으로 자신이나 후손을 저주한 것을 회개합니다.

그리고 태아 때부터 현재까지의 제 삶에 미친 모든 저주의 효력을 예수님의 이름으로 박탈하고 모든 종류의 저주를 하나님의 복으로 바꾸어 주시옵소서.

또한 저는 저와 연결된 모든 인간관계 속에서 하나님께서 원하지 않으시고 허락하지 않으시는 모든 부정적 혼의 결속을 회개하고 또한 예수님의 이름으로 끊어 버립니다.

동물과 물건과 이념과 사건과 연결된 모든 부정적 혼의 결속을 차단하고 예수님의 십자가를 모든 인간관계 속에 세우고 그 위에 예수의 피를 뿌리고 부어 버립니다.

이제 아버지의 가문을 통해 역사하는 귀신들과 어머니의 가문을 통해 역사하는 귀신들은 예수 그리스도의 이름으로 떠나갈지어다. 죽음, 폭력, 배척, 교만, 반항, 거역, 분노, 분리, 두려움, 호색 및 성도착, 이혼, 중혼, 이별, 이간질, 불화, 우울증, 비관, 고독, 방랑벽, 한 및 슬픔, 학대와 중독의 영은 나사렛 예수 그리스도의 이름으로 떠나갈지어다. 내가 예수의 이름으로 저주하노라.

떠나갈 때 지금까지 저주하던 모든 것을 가지고 떠나갈지어다. 모든 부부문제와 가정의 문제와 자녀들의 문제는 깨끗하게 치유될 지어다. 이제 우리 가문은 행복하고 타인에게 본이 되는 복된 가문이 될지어다. 우리를 죄에서 구원하신 예수님의 이름으로 기도합니다. 아멘.

8. 무속적인 관계를 파기하는 능력기도

사랑이 풍성하신 예수님! 저는 예수님이 하나님의 독생자이심을 믿습니다. 예수님이 저의 죄를 위하여 십자가에서 죽으셨고 다시 사셨음을 믿습니다. 그리고 성령으로 제 안에 들어와 계신 것을 믿습니다. 저는 예수님의 이름으로 그동안의 모든 무속적인 관계를 청산함을 선언합니다.

예수 이름으로 명하노니 나도 모르게 절이나 무당과 맺어진 계약은 파기될지어다. 예수 이름으로 명하노니 무속적인 관계로 인하여 연결된 저주의 줄은 끊어질지어다. 예수 이름으로 명하노니 무속적인 관계를 통하여 나도 모르게 들어온 귀신은 떠나갈지어다. 나는 예수님의 십자가 보혈의 공로로 자유인이 되었음을 선포한다. 저는 예수님의 십자가 대속을 믿고 받아들입니다. 저를 예수 그리스도의 이름으로 구원하시는 하나님께 감사드리며 예수님의 이름으로 기도드립니다. 아멘.

9. 영적인 매임을 끊는 능력기도

하늘에 계신 하나님 아버지시여! 예수 그리스도의 이름의 권세에 의지하여 하나님 앞에 나와서 저의 육신과 영혼에 관계한 사탄의 모든 영적인 매임을 끊어 버립니다. 나의 육신과 영혼에 알게 모르게 영향을 미친 모든 악한 영들아! 예수 그리스도의 이름으로 명하노니 너희에게는 나를 저주할 권리가 없다. 나와 내 가족에게서도 지금 즉시 떠나갈지어다. 예수님! 예수 그리스도의 보혈과 권세 있는 예수 이름을 주심을 감사드립니다.

사탄아! 나는 이제 진리 안에서 자유인임을 선언한다. 나에게 지금까지 행하던 모든 영육의 저주를 풀고 떠나갈지어다. 즉시 예수님 발 앞으로 떠나갈지어다. 저를 마귀의 저주에서 자유하게 해주신 예수님 감사합니다. 예수님의 이름으로 기도드립니다. 아멘.

10. 저주 속박을 푸는 능력기도

전능하신 하나님! 독생자 예수님은 저의 죄들 때문에 십자가에서 죽으셨고 삼일 만에 다시 살아나셨음을 믿습니다. 십자가에서 마귀의 모든 저주를 파기해 버리셨음을 믿습니다. 저 자신의 죄들과 조상의 죄들을 자백하옵나이다. 주님의 용서를 구하옵나이다. 그리고 주님이 저를 용서하여 주신 것처럼 다른 사람들을 용서합니다.

다른 사람이 저를 비난하였던 것처럼, 예수님을 비난하였던 저를 용서하여 주옵소서. 특별히 저를 헛되게 그리고 해롭게 하였던 부정적인언어들에 묶여 있었던 저의 삶에 놓인 저주, 그것들을 예수 이름으로 폐기 처분합니다.

그 모든 저주에서 자유하기를 간구합니다. 저는 예수 이름으로 모든 저주의 속박으로부터의 자유를 선언합니다. 확신합니다. 십자가상의 희생을 통하여 저는 율법의 저주로부터 구속받았습니다. 그리고 하나님께서 모든 것에 복을 주심과 아브라함의 복이 저의 복이 되는 줄을 믿습니다. 하나님 아버지 감사합니다. 예수 그리스도의 이름으로 기도드립니다. 아멘.

11. 사업 방해하는 영을 축귀하는 능력기도

하나님은 축복하시는 하나님이십니다. 하나님은 하나님의 자녀들을 통하여 이 땅에 하나님의 나라를 세워야 하기 때문에 하나님의 자녀가 모두 복을 받고 잘되기를 소원하시는 것입니다(빌 2:13). 하나님의 복은 그냥 저절로 오는 것이 아닙니다. 우리가 해야 할 부분이 있습니다. 사업에 축복을 받으려면 적용해야 할 영적인 원리가 있습니다. 영적인 원리를 적용하여 회개할 것은 회개해야 합니다. 방해하는 세력이 있다면 능력기도로 몰아내야 합니다.

절대로 가만히 앉아서 하나님이 해주시기를 기다리면 안 된다는 것입니다. 하나님의 말씀과 성령으로 진단을 하고 적극적으로 조치해야 하나님이 우리에게 주시기로 작정한 복을 받을 수가 있습니다. 무조건 대적하며 선포한다고 될 일이 아닙니다. 바르게 진단하고 바른 영적인 조치를 취해야 합니다. 어떤 분들과 같이 막연하게 "나의 사업장에 축복이 임할지어다" 하면서 능력기도 한다고 축복이 찾아오는 것이 아닙니다. 모든 것을 말씀과 성령으로 진단하고 바르게 조치해야 합니다. 문제의 원인을 찾아 적극적으로 해결하고 능력기도 하여 빈곤을 축복으로 바꾸어야 합니다.

능력기도로 나에게 임한 사단이 일으키는 재정의 고통의 줄을 끊으시기 바랍니다.

① 갈라디아서 3장 13절에 의하여 나는 예수의 희생으로 저주에서 속량되었다. 예수의 이름으로 믿음을 실천하여 나와 나의 자손들에게 혈통으로 대물림되는 모든 재정의 저주는 끊어질지어다.

② 예수의 피로 말미암아 조상들의 죄와 나의 모든 죄는 사함을 받았고 하나님의 말씀에 대한 불순종과 반항의 결과로 내린 마귀의 저주로 인하여 나와 가족들에게 혈통으로 대물림되는 모든 재정의 저주는 끊어질지어다.

③ 나는 예수의 이름으로 나와 가족 위에 내린 모든 마귀의 저주를 모두 끊노라! 사업의 어려움, 가난, 궁핍, 부채의 모든 마귀의 저주는 끊어질지어다.

④ 나의 경제상태, 대인관계에 영향을 주는 마귀의 역사는 끊어질지어다. 사업방해, 가난, 궁핍, 부채, 거지, 환난의 영의 줄은 예수 이름으로 끊어질지어다.

⑤ 나의 경제상태, 사업의 문제, 대인관계에 영향을 주는 마귀의 역사는 예수 이름으로 끊어질지어다. 사업, 가난, 궁핍, 부채, 거지, 환난의 영은 예수의 이름으로 명하노니 내게서 영원히 떠나갈지어다!

⑥ 사업을 방해하던 악한 마귀 악귀가 떠나간 자리에 축복의 영이 임할지어다. 우리 사업장에 축복이 임할지어다. 거래처가 날마다 늘어날지어다. 손님이 자꾸 늘어날지어다. 천사들아 거래처를 늘려라. 천사들아 손님들을 모셔올 지어다. 나의 손에 재물을 얻는 능력이 임할지어다. 우리 남편의 손에 재물을 얻는 능력이 임할지어다. 절대로 비워두지 말아야 합니다. 심령을 비워두면 마귀가 다시 들어와 집을 짓게 됩니다.

사단이 사업이 잘되지 않게 방해하던 대물림의 줄이 끊어짐을 믿고 감사하세요. 담대하게 대적하며 선포하세요.

① 나는 믿음을 실천하며 또 입으로 시인하여 구원에 이름을 알고 있다. 나는 아브라함의 축복이 나의 것임을 시인한다. 나는 저주 아래 있지 않고 축복을 받았다. 나는 꼬리가 아니고 머리다. 나는 밑에 있지 않고 위에 있다.

② 나는 들어와도 복을 받고 나가도 복을 받는다. 나는 축복을 받았고 또 하나님께서 앞으로 더욱 축복하실 것이다. 주님, 저의 인생에 작용했던 모든 마귀의 저주에서 저를 자유하게 하심을 감사드립니다.

12. 사업장 출입을 막는 영을 축귀하는 능력기도

우리가 영안을 열고 보면 사업장에 들어오지 못하도록 막는 악한 영들이 있다는 것입니다. 이러한 악한 영들을 대적하여 몰아내야 사업장에 손님들이 들어올 수 있는 것입니다. 사업을 방해하는 악한 영들이 방망이를 들고 가게 앞에 보초를 섭니다. 들어오는 사람들에게 역사하는 악한 영들에게 겁박하여 되돌아가게 하는 것입니다. 다른 방법은 시시하게 보이게 하는 것입니다. 세상말로 별볼일이 없게 보이게 한다는 것입니다. 악한 영들이 이런 다양한 방법을 가지고 사업을 방해합니다. 고로 사업이 되지 않는 원인이 있다는 것입니다. 우리는 이것을 알고 대적하는 것입니다.

능력기도는 이렇게 합니다. 첫째 방법은 출입구 앞에서 왔다 갔다 하면서 능력기도를 하는 것입니다. 둘째 방법은 문고리를 잡고 기도하는 것입니다. 성령이여 임하소서. 성령이 임해야 출입구를 장악할 수 있습니다. 성령이여 임하소서. 충만하게 임하소서. 내가 나사렛 예수의 이름으로 명하노니 지역에 역사하는 영들은 떠나갈지어다. 지역에 역사하는 악한 영들은 떠나갈지어다. 우리 사업장에 손님 들어오지 못하게 막고 있는 귀신들은 떠나갈지어다. 우리 사업장에 손님 들어오지 못하게 막고 있는 귀신들은 떠나갈지어다. 멀리 떠나갈지어다. 천사들아 우리 가게 앞에 와서 진을 칠지어다. 우리 가게에 들어오지 못하게 막고 있는 귀신들을 몰아낼지어다. 천사들아! 손님들을 많이 모시고 올지어다. 많은 분들을 모시고 올지어다. 가게 앞에서 경비를 설지어다. 매출이 날마다 늘어나도록 도울지어다. 예수님의 이름으로 기도합니다. 아멘!

13. 사고 나게 하는 영을 축귀하는 능력기도

사업장에서 사고가 유발하게 하는 영들이 있습니다. 사고가 나서 사람을 다치게 합니다. 집기류가 파괴되게 합니다. 가게가 제대로 운영이 되지 못하게 역사하는 것입니다. 우리는 이를 능력기도로 몰아내고 예방해야 합니다.

능력기도는 이렇게 합니다. 첫째 방법은 문고리를 잡고 기도하는 것입니다. 둘째 방법은 가게 안에서 기도하는 것입니다. 성령이여 임하소서. 성령이 임해야 가게를 장악할 수 있습니다. 성령이여 임하소서. 충만하게 임하소서. 내가 나사렛 예수의 이름으로 명하노니 지역에 역사하며 사업을 방해하는 영들은 떠나갈지어다. 지역에 역사하는 악한 영들은 떠나갈지어다.

우리 사업장에 사고가 나서 손해나게 하는 귀신들은 떠나갈지어다. 우리 사업장에 사고가 나서 종업원 다치게 하는 귀신들은 떠나갈지어다. 우리 사업장에 사고가 나서 손님 떨어지게 하는 귀신들은 떠나갈지어다. 멀리 떠나갈지어다. 천사들아! 우리 가게 앞에 와서 진을 칠지어다. 우리 가게에 사고 나게 하는 귀신들을 몰아낼지어다. 천사들아. 우리 가게에 기거하며 매사에 안전하게 지켜 보호할지어다. 천사들아 지켜 보호할지어다. 가게 안과 밖에서 경비를 설지어다. 안전하도록 지켜 보호할지어다. 예수님의 이름으로 기도합니다. 아멘!

14. 질병이 생기게 하는 영을 축귀하는 능력기도

우리가 영안을 열고 사업장을 보면 사업장에 질병의 영이 역사하여 사업을 하지 못하게 하는 영들이 있습니다. 실제로 어느 가게는 입주하는 사업주마다 허리에 병이 들어 가게를 하지 못하고 나오는 경우가 있었습니다. 그래서 새로 입주한 분이 한 동안 성령의 임재를 요청하고 능력기도를 하니 오년이 넘도록 질병이 발생하지 않았다는 것입니다. 이 가게에 앞서 사업하던 사람들이 허리 병이 들어서 나오게 됨으로 권리금을 받지 못했답니다. 권리금 없이 들어가서 능력기도하며 영적인 전쟁을 하여 승리하여 나오면서 권리금을 오천만원을 받았다는 것입니다. 이것이 하나님의 권능으로 가게를 장악한 보증의 역사입니다. 영적으로 깨어있는 성도를 하나님이 축복하신 것입니다.

능력기도는 이렇게 합니다. 첫째 방법은 문고리를 잡고 기도하는 것입니다. 둘째 방법은 가게 안에서 기도하는 것입니다. 성령이여 임하소서. 성령이 임해야 가게를 장악할 수 있습니다. 성령이여 임하소서. 충만하게 임하소서. 내가 나사렛 예수의 이름으로 명하노니 가게에 역사하며 허리 병이 생기게 하는 영들은 떠나갈지어다. 지역에 역사하는 악한 질병의 영들은 떠나갈지어다. 우리 사업장에 질병이 생기게 하여 사업을 방해하는 귀신들은 떠나갈지어다. 우리 사업장에 질병이 발생하여 입원하게 하는 귀신들은 떠나갈지어다. 우리 사업장에 질병이 생겨 일하지 못하게 하는 귀신들은 떠나갈지어다. 멀리 떠나갈지어다. 사업장에 건강의 축복이 임할지어다. 천사들아! 우리 가게 앞에 와서 진을 칠지어다. 우리 가게에 질병이 발생하게 하는 귀신들을 몰아낼지어다. 천사들아! 지켜 보호할지어다. 가게 안과 밖에서 경비를 설지어다. 가게를 지켜 보호할지어다. 예수님의 이름으로 기도합니다. 아멘!

15. 종업원을 충동하는 영을 축귀하는 능력기도

영안을 열고 사업장을 보면 종업원들이 사업장에 들어와서 일을 능숙하게 할 만하면 나가게 역사하는 귀신들이 있다는 것입니다. 사업은 무엇보다 종업원들이 전문성이 있어야 합니다. 그런데 일을 가르쳐서 능숙하게 할 만하면 충동하여 떠나가게 한다는 것입니다. 우리는 영적인 눈을 열고 악한 영들과 싸워야 합니다. 성령의 권능으로 대적하여 승리하라는 것입니다.

능력기도는 이렇게 합니다. 첫째 방법은 문고리를 잡고 기도하는 것입니다. 둘째 방법은 가게 안에서 기도하는 것입니다. 성령이여 임하소서. 성령이 임해야 가게를 장악할 수 있습니다. 성령이여 임하소서. 충만하게 임하소서. 내가 나사렛 예수의 이름으로 명하노니 지역에 역사하며 사업을 방해하는 영들은 떠나갈지어다. 지역에 역사하는 악한 영들은 떠나갈지어다. 우리 사업장에 종업원들의 마음을 충동하여 떠나가게 하는 귀신들은 떠나갈지어다. 우리 사업장에 종업원들의 마음을 충동하여 떠나가게 하는 귀신들은 떠나갈지어다. 우리 사업장에 종업원들을 떠나가게 역사하는 귀신들은 떠나갈지어다. 멀리 떠나갈지어다. 천사들아! 우리 가게 앞에 와서 진을 칠지어다. 우리 가게에 종업원들을 떠나가게 조종하는 귀신들을 몰아낼지어다. 천사들아! 지켜 보호할지어다. 가게 안과 밖에서 경비를 설지어다. 종업원들의 마음을 사로잡을지어다. 예수님의 이름으로 기도합니다. 아멘!

16. 손님들과 분란하게 하는 영을 축귀하는 능력기도

영안을 열고 보면 사업장에 역사하며 손님들과 종업원 사이에 역사하여 의견충돌이 일어나게 하는 영들이 있다는 것입니다. 아무것도 아닌 일에 언성을 높이고 다투게 하는 영이 있습니다. 악한 영들은 어찌하든지 성도가 하는 사업을 방해합니다. 우리는 영안을 열고 분별하여 성령의 권능을 가지고 대적해야 합니다.

능력기도는 이렇게 합니다. 첫째 방법은 문고리를 잡고 기도하는 것입니다. 둘째 방법은 가게 안에서 기도하는 것입니다. 성령이여 임하소서. 성령이 임해야 가게를 장악할 수 있습니다. 성령이여 임하소서. 충만하게 임하소서. 내가 나사렛 예수의 이름으로 명하노니 가게에서 역사하며 손님들과 분란을 일으키는 영들은 떠나갈지어다. 지역에 역사하며 사업을 방해하는 악한 영들은 떠나갈지어다. 우리 사업장에 손님들의 마음을 격동 시켜서 종업원들과 다투게 하는 귀신들은 떠나갈지어다. 우리 사업장에 손님과 종업원들 간에 다투게 하는 귀신들은 떠나갈지어다. 우리 사업장에 분란이 일어나게 하는 귀신들은 떠나갈지어다. 멀리 떠나갈지어다. 천사들아! 우리 가게 앞에 와서 진을 칠지어다. 우리 가게에 손님과 종업원들 간에 분란이 일어나게 하는 귀신들을 몰아낼지어다. 천사들아! 지켜 보호할지어다. 가게 안과 밖에서 경비를 설지어다. 가게에 유화의 영이 충만할지어다. 예수님의 이름으로 기도합니다. 아멘!

17. 상처받게 하는 영을 축귀하는 능력기도

제가 지금까지 성령치유 사역을 하면서 상담하면서 체험한 바로는 직장에서 상처를 잘 받는 사람들이 있습니다. 이런 사람의 유형을 종합해본 결과 상처가 많은 사람들이 직장에서 상처를 잘 받고 직장생활의 수명이 짧았습니다. 저는 항상 이렇게 말합니다. 마음의 상처는 만 가지 문제의 원인이 된다는 것입니다.

상처를 치유하는 것은 하나님과의 관계나 인간관계에 유익하게 된다는 것입니다. 상처가 많으면 상처를 잘 받습니다. 그러므로 직장생활을 하면서 상처를 잘 받는다면 상처를 주는 사람들이 문제가 있는 것이 아니고, 자신에게 문제가 있는 것입니다. 우리가 세상을 살아가면서 상처받지 않을 수가 없습니다. 세상에는 마귀가 있기 때문입니다.

첫째는 상처를 받게 하는 요인을 말씀과 성령으로 찾아서 내적 치유를 해야 합니다. 둘째는 능력기도를 해야 합니다. 능력기도는 이렇게 합니다. 성령이여 임하소서. 성령이 임해야 상처받게 하는 영이 떠나가기 때문입니다. 성령이여 임하소서. 충만하게 임하소서. 내가 나사렛 예수의 이름으로 명하노니 나에게 역사하며 직장에서 사람들에게 상처받게 하는 더러운 영들은 떠나갈지어다. 나에게 역사하며 상처받게 하는 악한 영들은 떠나갈지어다. 나에게 역사하며 상처받게 하는 귀신들은 떠나갈지어다. 나에게 역사하며 상처받게 하는 귀신들은 떠나갈지어다. 천사들아! 나를 지켜 보호할지어다. 상처받지 않도록 나를 지켜 보호할지어다. 천사들아! 지켜 보호할지어다. 예수님의 이름으로 기도합니다. 아멘!

18. 직장 옮기게 하는 영을 축귀하는 능력기도

제가 지금까지 성령치유 사역을 하면서 상담하면서 체험한 바로는 직장을 잘 옮기는 사람들이 있습니다. 앞에서 말씀드린 직장에서 상처를 잘 받는 사람들과 같이 상처가 있는 분들이었습니다. 상처가 많은 사람들이 직장에서 상처를 잘 받고 직장생활의 수명이 짧아서 직장을 자주 옮겼습니다. 저는 항상 이렇게 말합니다. 마음의 상처는 만 가지 문제의 원인이 된다는 것입니다.

상처를 치유하는 것은 하나님과의 관계나 인간관계에 유익하게 된다는 것입니다. 상처가 많으면 상처를 잘 받습니다. 그러므로 직장을 자주 옮기는 분들은 자신에게 문제가 무엇이 있는지 찾아보아야 할 것입니다. 원인이 없는 문제는 없기 때문입니다. 원인을 찾아 치유해야 합니다.

원인을 찾아 내적치유를 하고 능력기도도 해야 합니다. 능력기도는 이렇게 합니다. 성령이여 임하소서. 성령이 임해야 직장 생활 장수하지 못하게 하는 영이 떠나가기 때문입니다. 성령이여 임하소서. 충만하게 임하소서. 내가 나사렛 예수의 이름으로 명하노니 나에게 역사하며 이 직장 저 직장 옮기게 하는 더러운 영들은 떠나갈지어다. 나에게 역사하며 앞길을 방해 하는 악한 영들은 떠나갈지어다. 나에게 역사하며 직장생활 방해하는 귀신들은 떠나갈지어다.

나에게 역사하며 직장 생활 방해하는 귀신들은 떠나갈지어다. 천사들아 나를 지켜 보호할 지어다. 직장 생활 장수하며 잘 하도록 지켜 보호 할지어다. 천사들아 지켜 보호할지어다. 예수님의 이름으로 기도합니다. 아멘!

19. 직장에서 믿음생활 방해하는 영을 축귀하는 능력기도

제가 교회를 개척하여 목회를 하다 보니 주일날 직장에서 소집하여 믿음생활을 제대로 못하는 분들이 있습니다. 아무일이 없다가 갑자기 주일날 아침에 일이 발생했다고 출근하라고 하는 일들이 있다는 것입니다. 교회에 예배를 드리러 오다가 직장으로 향하는 성도들도 있습니다. 그런가 하면 토요일 날 직장 사람들이 집으로 찾아와 밤늦도록 놀다가 늦잠이 들어 교회에 오지 못하는 분들도 있습니다. 이 모든 것이 귀신의 장난입니다. 이것은 제가 체험한 사실입니다. 시화에서 우리 교회성도가 이런 경우가 있었습니다. 그래서 지속적으로 능력기도를 하게 했더니 얼마가지 않아 영적인 생활을 방해하는 빈도수가 점점 줄었습니다. 이런 경우가 있다면 반드시 성령의 임재 하에 대적하여 몰아내야 합니다.

능력기도는 이렇게 합니다. 성령이여 임하소서. 성령이 임해야 직장 일로 믿음 생활 방해하는 영이 떠나가기 때문입니다. 성령이여 임하소서. 충만하게 임하소서. 내가 나사렛 예수의 이름으로 명하노니 나에게 역사하며 직장 일로 믿음 생활 방해하는 더러운 영들은 떠나갈지어다. 나에게 역사하며 믿음 생활 방해하는 악한 영들은 떠나갈지어다. 나에게 역사하며 믿음 생활 방해하는 귀신들은 떠나갈지어다. 나에게 역사하며 직장에 일을 만들어 영적인 생활 방해하는 귀신들은 떠나갈지어다. 천사들아 나를 지켜 보호할지어다. 믿음 생활 잘 하도록 지켜 보호 할지어다. 천사들아 지켜 보호할지어다. 예수님의 이름으로 기도합니다. 아멘!

20. 부동산이 나가지 못하게 하는 영을 축귀하는 능력기도

임대 사업을 하는 성도가 임대 아파트를 분양받아 임대를 내 놓았습니다. 그런데 다른 아파트는 모두 임대가 나가는데 성도의 아파트만 임대가 나가지를 않는 것입니다. 그래서 목사님을 청해다가 심방을 하고 아파트를 나가지 못하게 방해하는 영을 대적하여 몰아내니 나갔다는 것입니다. 이 경우는 이렇게 설명할 수가 있습니다. 성도가 내 놓은 아파트 앞에 귀신들이 보초를 서면서 들어오는 사람들의 마음을 주장하여 임대를 하지 못하게 방해하는 것입니다. 영의 세계를 참으로 이해하지 못할 이상한 일이 많이 일어납니다. 알고 대비하시기를 바랍니다. 이런 경우 대적 기도하여 방해하는 영들을 몰아내야 합니다. 별별 인간방법을 다 동원해도 해결이 되지 않습니다.

능력기도는 이렇게 합니다. 성령이여 임하소서. 성령이 임해야 부동산이 나가지 못하도록 방해하는 영이 떠나가기 때문입니다. 성령이여 임하소서. 충만하게 임하소서. 하나님 우리가 임대 사업을 하는 줄 잘 아십니다. 그런데 임대가 나가지를 않습니다. 빨리 나가도록 역사하여 주옵소서. 그리하여 하나님의 살아 역사하심을 체험하게 하옵소서. 내가 나사렛 예수의 이름으로 명하노니 아파트를 나가지 못하도록 방해하는 더러운 영들은 떠나갈지어다.

아파트 앞에 서서 나가지 못하도록 방해하는 악한 영들은 떠나갈지어다. 아파트에 역사하며 임대 나가지 못하도록 방해하는 귀신들은 떠나갈지어다. 천사들아 나가서 새 주인을 모시고 올지어다. 빨리 나가도록 도울지어다. 천사들아 나가서 새 주인을 모시고 올지어다. 많은 성도님들이 이사를 가려고 집을 부동산에 내 놓았는데 나가지 않는다고 어떻게 해야 하느냐고 질문을 많이 합니다. 이때에는 이렇게 능력기도를 하면 됩니다.

성령이여 임하소서. 성령이여 임하소서. 성령이 임해야 부동산이 나가지 못하도록 방해하는 영이 떠나가기 때문입니다. 성령이여 임하소서. 충만하게 임하소서. 하나님 우리가 은혜 가운데 이곳에 살다가 다른 곳으로 이사를 가려고 집을 내 놓았습니다. 계획된 날짜에 은혜롭게 나가게 하여 주옵소서. 하나님의 살아 역사하심을 체험하게 하옵소서.

내가 나사렛 예수의 이름으로 명하노니 집을 나가지 못하도록 방해하는 더러운 영들은 떠나갈지어다. 집 앞에 서서 나가지 못하도록 방해 하는 악한 영들은 떠나갈지어다. 집주변에 역사하며 집이 나가지 못하도록 방해하는 귀신들은 떠나갈지어다. 천사들아 나가서 새 주인을 모시고 올지어다. 빨리 나가도록 도울지어다. 천사들아 나가서 새 주인을 모시고 올지어다. 예수님의 이름으로 기도합니다. 아멘!

이 책을 통해 예수님이 땅끝까지 전파 되기를 소원합니다.
(출판으로 인한 이익금은 문서선교와 개척교회 선교에 사용합니다.)

물질축복 받는 비결

발 행 일 l 2023.04.13초판 1쇄 발행

지 은 이 l 강요셉

펴 낸 이 l 강무신

편집담당 l 강무신

디 자 인 l 강무신

교정담당 l 강무신

펴 낸 곳 l 도서출판 성령

신고번호 l 제22-3134호(2007.5.25)

등록번호 l 114-90-70539

주   소 l 서울 서초구 방배천로 4안길 20(방배동)

전   화 l 02)3474-0675/ 3472-0191

E-mail l kangms113@hanmail.net

유   통 l 하늘유통. 031)947-7777

ISBN l 978-89-97999-89-7 부가기호 l 03230

가   격 l 16,000원